Analoges Recht in der digitalen Welt

Europäische Hochschulschriften Recht

European University Studies in Law

Publications Universitaires Européennes de Droit

Band/Volume **6065**

Jens Grabosch

Analoges Recht in der digitalen Welt

Braucht das BGB ein Update? Eine Untersuchung am Beispiel digitaler Inhalte

PETER LANG

Bibliografische Information der Deutschen Nationalbibliothek
Die Deutsche Nationalbibliothek verzeichnet diese Publikation in der Deutschen Nationalbibliografie; detaillierte bibliografische Daten sind im Internet über http://dnb.d-nb.de abrufbar.

Zugl.: Dissertation, Juristische Fakultät der Heinrich-Heine-Universität Düsseldorf, 2018

D 61
ISSN 0531-7312
ISBN 978-3-631-77970-5 (Print)
E-ISBN 978-3-631-78500-3 (E-PDF)
E-ISBN 978-3-631-78501-0 (EPUB)
E-ISBN 978-3-631-78502-7 (MOBI)
DOI 10.3726/b15413

PETER LANG Open

Peter Lang GmbH
Internationaler Verlag der Wissenschaften
Berlin

Peter Lang – Berlin · Bern · Bruxelles · New York · Oxford · Warszawa · Wien

Diese Publikation wurde begutachtet.

www.peterlang.com

Meiner Frau

Vorwort

Die vorliegende Arbeit wurde von der Juristischen Fakultät der Heinrich-Heine-Universität Düsseldorf als Dissertation angenommen und für die Veröffentlichung überarbeitet und aktualisiert. Die mündliche Prüfung fand im Juli 2018 statt.

Für die Betreuung meiner Arbeit und die richtungsweisenden Gespräche im Rahmen ihrer Entstehung sage ich Herrn Prof. Dr. Jan Busche meinen aufrichtigen Dank. Herrn Prof. Dr. Andreas Feuerborn danke ich für die rasche Erstellung des Zweitgutachtens.

Großer Dank gebührt auch meinen Eltern Ute und Dr. Volker Grabosch, die während meiner gesamten Ausbildung in jeder Hinsicht und bedingungslos für mich da waren. Mein Vater hat mich durch wertvolle Anmerkungen und Denkanstöße bei der Endkorrektur des Manuskripts unterstützt.

Schließlich gilt mein Dank vor allem meiner Ehefrau Marayke Grabosch, die ich bereits seit Beginn des Studiums an meiner Seite weiß. Gerade in den schwierigen Phasen war sie mein wichtigster Rückhalt und hat damit wesentlich zum Gelingen dieser Arbeit beigetragen.

Inhaltsverzeichnis

1. Teil: Einführung

A. Einleitung

Es ist das Jahr 1900. Das Deutsche Bürgerliche Gesetzbuch tritt in Kraft. In den meisten Haushalten gibt es keinen Strom. Man begegnet einander persönlich in der Straßenbahn, die noch von Pferden gezogen wird. Die Imker des Landes freuen sich über die Normierung des Bienenrechts.

Mittlerweile ist die persönliche Kommunikation in großen Teilen der über soziale Netzwerke und Messenger gewichen. Apps sind das Tor zur Welt und Helfer in jeder Lebenslage. Musik befindet sich nicht mehr auf Vinyl- oder gar Schellackplatten, sondern wird via Musik-Stream an jedes Handy an fast nur jeden denkbaren Ort transportiert. Verträge schließt man nicht mehr per Handschlag, sondern per Mausklick. Gestritten wird heute wohl weniger über den lahmenden Ackergaul und seinen zu hohen Preis, als über die ständigen Abstürze von Computersoftware. An der Stelle, wo heute noch immer das Eigentum an Bienenschwärmen geregelt ist, würde mancher womöglich lieber das Eigentum oder ein vergleichbares Recht an digitalen Daten verortet wissen.

All das und noch viel mehr zeigt, wie sehr sich das tägliche Leben in die digitale Welt verschoben hat. Niemand konnte zur damaligen Zeit vorhersehen, wie die Welt mehr als hundert Jahre später aussehen würde.

Diese Untersuchung soll sich mit dem Phänomen des analogen Rechts in der digitalen Welt beschäftigen. Den Untersuchungsgegenstand bilden „digitale Inhalte". Mit Umsetzung der Richtlinie über die Rechte der Verbraucher[1] ins BGB ging die größte Reform seit dem Schuldrechtsmodernisierungsgesetz einher. Erstmalig wurden diese Inhalte ausdrücklich geregelt. Es stellt sich die Frage, ob das ausreichen kann und das weiterhin größtenteils alte „analoge" Recht und die heutige „digitale" Zeit zusammenpassen, oder ob weiterer Reformbedarf besteht. Diese Arbeit will sich bemühen, jene Frage zu beantworten, zumindest aber Denkanstöße für weitere Diskussionen liefern.

---

1 Richtlinie 2011/83/EU des Europäischen Parlaments und des Rates vom 25. Oktober 2011 über die Rechte der Verbraucher, zur Abänderung der Richtlinie 93/13/EWG des Rates und der Richtlinie 1999/44/EG des Europäischen Parlaments und des Rates sowie zur Aufhebung der Richtlinie 85/577/EWG des Rates und der Richtlinie 97/7/EG des Europäischen Parlaments und des Rates, auch „Verbraucherrechterichtlinie" oder kurz und im Folgenden „VRRL".

B. Eingrenzung des Untersuchungsgegenstandes

Wegen der mannigfaltigen Auswirkungen, die die Digitalisierung auf das Recht haben kann, muss der Untersuchungsgegenstand eingegrenzt werden.

Die Arbeit widmet sich Fragen des Verbrauchervertragsrechts. Schwerpunkt ist dabei der Versuch der vertragstypologischen Erfassung digitaler Inhalte mit den derzeit zur Verfügung stehenden Mitteln des BGB. Im Übrigen werden Vorschläge für gesetzliche Anpassungen unterbreitet und die Themen Gewährleistungsrecht und Verbraucherschutz untersucht.

Nicht vertieft behandelt werden Fragen des Urheber- oder des Urhebervertragsrechts. Ebenso bleibt die kontrovers diskutierte Debatte um ein Dateneigentum außen vor.

Von großer Bedeutung für die aktuelle Diskussion ist der im Dezember 2015 veröffentlichte Vorschlag für eine *Richtlinie über bestimmte vertragsrechtliche Aspekte der Bereitstellung digitaler Inhalte.*[2] Wegen seines Umfangs und der potenziell weitgreifenden Auswirkungen auf andere Bereiche soll er hier nur zum Teil behandelt werden. Die Zielvorgabe dieses Richtlinienvorschlags ist, das Wachstum des digitalen Binnenmarktes zu fördern. Hierfür sollen vertragsrechtliche Hindernisse für den grenzüberschreitenden Handel beseitigt und durch einheitliche Vorschriften im Bereich der Bereitstellung digitaler Inhalte eine Fragmentierung der nationalen Rechtsvorschriften verhindert werden.

C. Gang der Untersuchung

Im Hauptteil der Arbeit bilden „digitalen Inhalte" den Dreh- und Angelpunkt sämtlicher Überlegungen. Es ist daher unentbehrlich, sich mit dieser Begrifflichkeit ausführlich auseinanderzusetzen und Klarheit zu schaffen, um was es sich bei dem Untersuchungsgegenstand eigentlich handelt (zweiter Teil: Bestandsaufnahme). Dafür wird die Entstehungsgeschichte des Begriffes bis zum Inkrafttreten der VRRL nachgezeichnet, um anschließend die Legaldefinitionen weiterer Regelwerke vergleichend zu untersuchen. Um einen gemeinsamen Nenner zu finden, werden die Merkmale digitaler Inhalte herausgearbeitet und die Definition der VRRL präzisiert.

---

2 Vorschlag für eine Richtlinie des Europäischen Parlaments und des Rates über bestimmte vertragsrechtliche Aspekte der Bereitstellung digitaler Inhalte, KOM(2015) 634 endgültig, im Folgenden auch Richtlinienentwurf für digitale Inhalte, kurz „DigInRL-E" oder „Vorschlag für eine DigInRL".

Um es nicht bei abstrakten Beschreibungen zu belassen, werden im dritten Teil der Arbeit konkrete Erscheinungsformen aus der digitalen Wirtschaft skizziert und unter die angepasste Definition zu subsumieren versucht.

Im vierten Teil wird wegen der schier grenzenlosen Vielfalt an Produkten sodann eine Systematisierung vorgenommen, die aus der Bildung dreier Kategorien besteht. Verknüpft mit einer vertragstypologischen Untersuchung bildet dies den Schwerpunkt der Arbeit.

Neben Grundlagen wie dem Zweck der Vertragstypologie und der verwendeten Methode kommt es dort unter Heranziehung der zuvor gebildeten Kategorien zu einer Ähnlichkeitsprüfung. Dabei werden die Kategorien mit den vorgefundenen Vertragstypen verglichen. Kommt es hier zu unbefriedigenden Ergebnissen, werden diese durch die Heranziehung darüber hinaus bestehender Möglichkeiten rechtlicher Erfassung zu korrigieren versucht. Die Deckung des möglichen Reformbedarfes in gesetzgeberischer Hinsicht wird im Anschluss daran ebenfalls untersucht. Hierfür werden verschiedene Möglichkeiten zur zukünftigen Behandlung digitaler Inhalte vorgeschlagen.

Schließlich wird in diesem vierten Teil der Vorschlag für eine DigInRL herangezogen. Neben der Frage, ob die zuvor gebildeten Kategorien sich dort generell wiederfinden, wird deren Kompatibilität mit einigen Regelungen des Richtlinienvorschlags überprüft, wobei das digitale Gewährleistungsrecht im Mittelpunkt steht.

Die abschließende, zusammenfassende Stellungnahme in der Schlussbetrachtung des fünften Teils rundet die Bearbeitung ab.

2. Teil: Bestandsaufnahme

A. Überblick

Digitale Inhalte sind „Daten, die in digitaler Form hergestellt und bereitgestellt werden". Diese Legaldefinition des Art. 2 Nr. 11 VRRL ist alles, was sich dem Normtext der VRRL hinsichtlich der Begriffsbestimmung entnehmen lässt.

Da die VRRL digitale Inhalte als Rechtsbegriff aufgreift, stellt sie naturgemäß den Ausgangspunkt der Überlegungen dar. Die Entstehung der Richtlinie soll daher unter besonderer Berücksichtigung digitaler Inhalte kurz nachgezeichnet werden.

Zur besseren Orientierung bietet sich die Aufführung einiger häufig benutzter Synonyme für den Untersuchungsgegenstand „digitale Inhalte" an.

Im Fortgang wird die Legaldefinition digitaler Inhalte herangezogen und mithilfe der klassischen Auslegungsmethoden untersucht. Bedingt durch den teilweise technischen Ursprung der Wörter „Daten" und „digital" wird auch nichtjuristisches Schrifttum für eine übergreifende Wortlautauslegung herangezogen.

Aufgrund des zivilrechtlichen Untersuchungsschwerpunktes der Arbeit erfolgt sodann eine Untersuchung der Umsetzung des Begriffspaares ins BGB, insbesondere mit Blick auf das neu strukturierte Verbraucherrecht.

Für die Begriffsfindung hilfreich sind zwei weitere Instrumente europäischen Ursprungs. Zum einen ist das der Vorschlag der Europäischen Kommission über ein Gemeinsames Europäisches Kaufrecht,[3] das parallel zur VRRL entwickelt wurde und ebenso digitale Inhalte als Regelungsgegenstand aufgegriffen hat. Zum anderen kann der DigInRL-E herangezogen werden, der Teil eines neuen Rechtsrahmens[4] ist, der den Vorschlag für ein GEKR ersetzt.

Auch wird bereits ein kursorischer Überblick darüber gegeben, wie andere Rechtsordnungen digitale Inhalte bisher behandelt haben und wie sie diesen Komplex nach der Richtlinienumsetzung handhaben. Rechtsvergleiche erfolgen nur vereinzelt an den Stellen, wo es sachdienlich erscheint.

---

3 Vorschlag für eine Verordnung des Europäischen Parlaments und des Rates über ein Gemeinsames Europäisches Kaufrecht, KOM(2011) 635 endgültig, im Folgenden auch kurz „GEKR".

4 Der zweite Bestandteil ist der Vorschlag für eine Richtlinie des Europäischen Parlaments und des Rates über bestimmte vertragsrechtliche Aspekte des Online-Warenhandels und anderer Formen des Fernabsatzes von Waren, KOM(2015) 635 endgültig.

Gegen Ende dieses Kapitels wird es – als Ergebnis der vorgenommenen Präzisierung – möglich sein, Merkmale digitaler Inhalte bestimmen zu können, die letztlich einer von der VRRL leicht abweichenden Definition zugeführt werden. Diese kann dann im weiteren Verlauf der Arbeit zugrunde gelegt werden.

B. Entstehungsgeschichte digitaler Inhalte in der VRRL

Die VRRL und mit ihr die digitalen Inhalte sind das Ergebnis eines langwierigen Normsetzungsprozesses. Können die Beweggründe für die Einführung digitaler Inhalte in europäisches Sekundärrecht nachvollzogen werden, trägt dies zu einem besseren Begriffsverständnis bei. Aus diesem Grund soll der Gang der Entwicklung der VRRL mit Fokus auf digitale Inhalte hier kurz nachgezeichnet werden.

I. Vom Grünbuch zum Verbraucherschutz

Der Grundstein für die VRRL wurde mit der Verabschiedung des Grünbuches zur Überprüfung des gemeinschaftlichen Besitzstands im Verbraucherschutz[5] – „Verbraucher-Acquis" – gelegt. Als übergeordnetes Ziel der Überprüfung wurde „die Verwirklichung eines echten Binnenmarktes für Verbraucher mit einem möglichst ausgewogenen Verhältnis zwischen einem hohen Verbraucherschutzniveau und wettbewerbsfähigen Unternehmen unter gleichzeitiger strenger Einhaltung des Subsidiaritätsprinzips"[6] vorgegeben. Das dabei avisierte Idealergebnis sollte eine Botschaft an die Verbraucher in der ganzen EU sein: Alle sollten die gleichen grundlegenden Rechte besitzen, egal was sie und wo sie es kaufen.[7] Gegenstand der Überprüfung waren insgesamt acht Richtlinien zum Verbraucherschutz.[8]

Wesentlicher Hintergrund hierfür war die Tatsache, dass durch das bis dato vorherrschende Prinzip der Mindestharmonisierung eine Rechtszersplitterung begünstigt wurde. Denn Mindestharmonisierungsbestimmungen sind solche, die es den Mitgliedstaaten überlassen, ob sie neue strengere Verbraucherschutzvorschriften einführen oder bereits bestehende beibehalten. Von dieser Freiheit haben die Mitgliedstaaten auch Gebrauch gemacht, um so einen höheren Verbraucherschutzstandard sicherzustellen.[9] Deren unterschiedliches Verständnis

---

5 KOM(2006) 744 endgültig.
6 KOM(2006) 744 endgültig, S. 3 f.
7 KOM(2006) 744 endgültig, S. 4.
8 Siehe Auflistung in KOM(2006) 744 endgültig, Anhang II.
9 KOM(2006) 744 endgültig, S. 7.

von Verbraucherschutz führte nunmehr aber zu einer uneinheitlichen Rechtslandschaft.

In dem Grünbuch wurde deshalb festgehalten, dass die bis dahin bestehenden Richtlinien aus vergangenen Zeiten den neuen Entwicklungen am Markt nicht mehr gerecht würden. Die Kommission stellte dabei die wachsende Bedeutung von Digitaltechnik und digitalen Dienstleistungen im Zusammenhang mit Nutzerrechten heraus.[10] Auch wurde das fehlende Verbrauchervertrauen in den grenzüberschreitenden Handel zum zentralen Parameter erhoben, um die angestrebten einheitlichen europäischen Regeln zu rechtfertigen.[11]

Im Anhang I des Grünbuches war eine Konsultation interessierter Kreise enthalten.[12] Die dort formulierten Fragen richteten sich an Unternehmer, Verbraucher(organisationen), das Europäische Parlament, Mitgliedstaaten sowie Wissenschaftler. Ebenso vorgegeben waren erste Lösungsvorschläge, die entweder diskutiert oder durch völlig neue Ansätze ausgetauscht werden konnten. Auch die Regelung digitaler Inhalte war vor dem Hintergrund einer möglichen Verbraucherschutzlücke bereits ausgewiesenes Diskussionsthema: Unter der Frage H1[13] wurde um Stellungnahme gebeten, ob die Bestimmungen über den Verbrauchsgüterkauf auch auf Verträge Anwendung finden sollten, in denen es um den Bezug digitaler Inhalte ging. Bei dieser Art von Geschäften wurde ein Schutzbedürfnis der Verbraucher also erkannt und sollte berücksichtigt werden.

Zu diesem und anderen Themen des Grünbuches gingen letztlich über 300 Stellungnahmen bei der Kommission ein.[14] Die ausdrückliche Frage nach der Handhabung digitaler Inhalte sorgte dafür, dass zahlreiche Interessenvertreter hierzu Position bezogen.

II. Vom Vorschlag bis zur Verkündung

Das Ergebnis der Überprüfung des Verbraucher-Acquis war die Veröffentlichung des Vorschlags für eine *Richtlinie des Europäischen Parlaments und des Rates über Rechte der Verbraucher* am 8. Oktober 2009.[15] Dieser Vorschlag wurde

---

10 KOM(2006) 744 endgültig, S. 6.

11 KOM(2006) 744 endgültig, S. 8.

12 KOM(2006) 744 endgültig, Anhang I.

13 KOM(2006) 744 (endgültig), Anhang I, S. 27.

14 *Föhlisch*, MMR 2009, 75 (75); zusammenfassender Bericht der Kommission über die Konsultation, abrufbar unter: www.ec.europa.eu/consumers/archive/cons_int/safe_shop/acquis/acquis_working_doc.pdf.

15 KOM(2008) 614 endgültig, kurz auch VRRL-E; übergreifend zur Entwicklung bis zu diesem Entwurf siehe *Föhlisch*, Widerrufsrecht im Onlinehandel, S. 489; eine

einen Tag später an den Rat und das Europäische Parlament übermittelt. Er hatte sich zum Ziel gesetzt, „die Funktionsfähigkeit des Binnenmarktes für Geschäfte zwischen Unternehmen und Verbrauchern durch Stärkung des Vertrauens der Verbraucher in den Binnenmarkt und durch Förderung der Bereitschaft der Unternehmen, im grenzüberschreitenden Handel tätig zu werden, zu verbessern."[16] Von den zunächst acht zu untersuchenden Richtlinien blieben jedoch nur noch vier übrig: Die *Richtlinie über missbräuchliche Vertragsklauseln*,[17] die *Richtlinie über den Verbrauchsgüterkauf und Garantien*,[18] die *Fernabsatz-Richtlinie*[19] und die *Richtlinie über Haustürgeschäfte*[20]. Diese wurden im VRRL-E durch ein einziges horizontales Rechtsinstrument zusammengefasst. Damit sollten die gemeinsamen Aspekte dieser Richtlinien systematisch geregelt sowie Unstimmigkeiten und Regelungslücken beseitigt werden, um das geltende Recht somit zu vereinfachen.[21]

Bereits in den Stellungnahmen zum Grünbuch war der Grad der Harmonisierung ein wichtiges Thema. So sprach sich die Mehrheit für eine gezielte Harmonisierung aus („full targeted harmonisation").[22] Eine Harmonisierung der rechtlichen Grundlagen in den Mitgliedstaaten sollte nach Meinung Vieler also nur dort stattfinden, wo tatsächlich Hemmnisse für den europäischen Binnenmarkt ausgemacht wurden. Im VRRL-E wurde darauf Bezug nehmend von dem Mindestharmonisierungskonzept, das den vier oben genannten Richtlinien zugrunde lag, zwar Abstand genommen. Anstatt aber die vorgeschlagene gezielte Harmonisierung aufzugreifen, wurde ein Konzept vollständiger Harmonisierung verfolgt. Damit sollte es Mitgliedstaaten also grundsätzlich nicht möglich sein, Rechtsvorschriften beizubehalten oder neu einzuführen, die von dem VRRL-E abwichen.

---

historische Einführung zu unionalem Gesetzgebungsverfahren und Umsetzungsgesetzgebungsverfahren liefert auch *Hilbig-Lugani*, ZJS 2013, 441 (441).

16 KOM(2008) 614 endgültig, S. 2.

17 Richtlinie 93/13/EWG über missbräuchliche Klauseln in Verbraucherverträgen.

18 Richtlinie 1999/44/EG zu bestimmten Aspekten des Verbrauchsgüterkaufs und der Garantien für Verbrauchsgüter.

19 Richtlinie 97/7/EG über den Fernabsatz.

20 Richtlinie 85/577/EG über außerhalb von Geschäftsräumen geschlossene Verträge.

21 KOM(2008) 614 endgültig, S. 3.

22 *Europäische Kommission*, Commission Staff Working Paper, abrufbar unter: www.ec.europa.eu/consumers/archive/cons_int/safe_shop/acquis/acquis_working_doc.pdf, S. 3.

Auf diesen Entwurf folgten wiederum zahlreiche Stellungnahmen, Tagungen, Änderungsvorschläge und Pressemitteilungen.[23] Hinsichtlich digitaler Inhalte hervorzuheben ist die Studie von *Schmidt-Kessel*,[24] der sich im Auftrag des Ausschusses für Binnenmarkt und Verbraucher (IMCO) mit der kontrovers diskutierten Frage zu beschäftigen hatte, ob diese Rechtsobjekte in der geplanten VRRL berücksichtigt werden sollten. Im Laufe des Jahres 2011 erschienen zwei weitere, umfassende Studien,[25] die im Ergebnis die Frage nach der Regelungsbedürftigkeit digitaler Inhalte in der VRRL bejahten und für den Normgebungsprozess zumindest teilweise noch berücksichtigt werden konnten.[26] Auch aufgrund dieser Studien wurde der Entschluss gefasst, Verträge über digitale Inhalte in die VRRL aufzunehmen.

Nach rund drei Jahren Verhandlungsdauer trat die VRRL schließlich am 12. Dezember 2011 in Kraft und war damit der erste Rechtsakt auf europäischer Ebene, der den Begriff der digitalen Inhalte zum Rechtsbegriff machte und als „Daten, die in digitaler Form hergestellt und bereitgestellt werden“, definierte (Art. 2 Nr. 11 VRRL).

C. Vorkommen digitaler Inhalte

I. Synonyme

Der Terminus „digitale Inhalte“ im Sinne des Art. 2 Nr. 11 VRRL ist durch sein junges Alter noch kein eindeutiger und unverwechselbarer Begriff. Es

23 So etwa Stellungnahmen des Ausschusses der Regionen: „Rechte der Verbraucher“; der Bundesrechtsanwaltskammer; des Rechtsausschusses des Europäischen Parlaments zur Verbraucherrechterichtlinie; Ratstagung durch das Centrum für Europäische Politik, Pressemitteilung des Bayerischen Staatsministeriums für Justiz und Verbraucherschutz; Änderungsvorschlag P7_TA(2011)0116, abrufbar unter: www.europarl.europa.eu/sides/getDoc.do?type=TA&reference=P7-TA-2011-0116&language=DE&ring=A7-2011-0038.

24 *Schmidt-Kessel*, The application of the Consumer Rights Directive to digital content, 2011, abrufbar unter: www.europarl.europa.eu/document/activities/cont/201101/20110113ATT11670/20110113ATT11670EN.pdf; darauf basierend der Beitrag von *Schmidt-Kessel/Young/Benninghoff u.a.*, GPR 2011, 7.

25 *Europe Economics*, Digital Content Services for Consumers: Assessment of problems experienced by consumers, 2011, zuletzt abgerufen am 17.05.2017 unter: www.ec.europa.eu/justice/consumer-marketing/files/empirical_report_final_-_2011-06-15.pdf; *Loos/Helberger/Guibault u.a.*, Digital content contracts for consumers, abrufbar unter: https://link.springer.com/content/pdf/10.1007%2Fs10603-012-9201-1.pdf.

26 *Unger*, ZEuP 2012, 270 (299).

existieren ähnliche Begriffe, etwa „digitale Güter",[27] „digitale Waren",[28] „digitale Produkte",[29] oder „Multimediadateien".[30] Inhalte-Anbieter bedienen sich teilweise des Ausdrucks „digitale Materialien".[31] Erwähnt seien außerdem die Begriffe „digitale Medien"[32] und „digitale Werke"[33]. Auch die englische Sprache hält einige Synonyme bereit, die häufig in den deutschen Fachsprachgebrauch übernommen wurden. Beispiel hierfür ist der Begriff des „paid content"[34] und des „digital content" als bloße Übersetzung der englischsprachigen Urfassung digitaler Inhalte. Als Abgrenzung zu Waren und Dienstleistungen, die physisch geliefert oder erbracht werden, wird für digitale Inhalte auch der Begriff „informational goods" benutzt.[35]

Da sich letztlich aber all diese Ausdrücke mit derselben Thematik befassen, ist eine Unterscheidung zwischen ihnen nicht erforderlich. Sie können für den weiteren Verlauf der Arbeit als Synonyme für digitale Inhalte im Sinne des Art. 2 Nr. 11 VRRL gesehen werden.

II. Legaldefinition in der VRRL

Nachdem der Rahmen abgesteckt ist, der digitale Inhalte und seine Synonyme umgibt, kann mit einer Analyse der Begrifflichkeit begonnen werden. Sie setzt

---

27 *Druschel/Lehmann*, CR 2016, 244 (244); *Grübler*, Digitale Güter und Verbraucherschutz; *Hauck*, NJW 2014, 3616; *Redeker*, CR 2014, 73 (73); *Terhaag/Telle*, K&R 2013, 549 (549).

28 Newsletter der Bundesrechtsanwaltskammer vom 26.06.2015, abrufbar unter: www.brak.de/zur-rechtspolitik/newsletter/nachrichten-aus-bruessel/2015/ausgabe-12-2015-vom-26062015.news.html#hl59853.

29 OLG Hamm, Urt. v. 15.05.2014, 22 U 60/13, NJW 2014, 3659 (3659); *Hoeren/Jakopp*, MMR 2014, 646 (648).

30 LG Bielefeld, Urt. v. 05.03.2013, 4 O 191/11, ZUM 2013, 688 (690).

31 Siehe https://play.google.com/intl/ALL_de/about/developer-distribution-agreement.html.

32 So etwa die digitale Ausleihplattform „Onleihe", siehe http://www.onleihe.net/news/aktuelles/titel/stabil-im-digitalen-wandel-onleihe-mit-breiterem-medienangebot-und-konsolidierter-nutzung.html.

33 *Ensthaler*, NJW 2014, 1553 (1554).

34 Die Begrifflichkeit verwendend etwa *Rudkowski/Werner*, MMR 2012, 711 (711); darunter versteht man ausschließlich den kostenpflichtigen Vertrieb und/oder die Nutzung von digitalen Inhalten über technische Infrastrukturen direkt an den Nutzer, so *Böxler*, Paid Content im Web 2.0, S. 14 f.

35 *Hoeren*, in: v. Westphalen/Thüsing, Teil „Klauselwerke", E-Commerce-Verträge, Rn. 42.

an der VRRL an, die eine Legaldefinition digitaler Inhalte vorgibt und diese damit als Rechtsbegriff etabliert hat.

1. Klassische Auslegung

Für eine Annäherung an den Begriff bieten sich die Werkzeuge der klassischen Auslegung an, also eine Auslegung nach den bekannten Methoden Wortlaut, Systematik, Historie und Telos.

a) Wortlaut

Die Definition in Art. 2 Nr. 11 der VRRL[36] enthält die Begriffe „*Daten*", „*digitale Form*" sowie „*herstellen* und *bereitstellen*".[37] Es soll neben einer Wortlautauslegung dieser einzelnen Definitionsbestandteile auch eine etymologische Betrachtung des Definiendums „Inhalt" erfolgen.

aa) Daten

Etymologisch handelt es sich beim Wort Daten zunächst nur um den Plural von Datum als „das Gegebene" (lat. data).[38] Eine einheitliche Definition dieses Wortes existiert nicht. Für die Annäherung an den Hauptdefinitionsbestandteil digitaler Inhalte können aus verschiedenen Fachbereichen unterschiedliche Begriffsbestimmungen heranzogen werden, die sich jedoch recht ähnlich sind.

Gemeinhin und wissenschaftsunabhängig kann man unter Daten Angaben, formulierbare Befunde oder (Zahlen)Werte verstehen, die durch Beobachtungen, Messungen oder statistische Erhebungen gewonnen werden.[39] Umgangssprachlich ist auch von Gegebenheiten, Tatsachen oder Ereignissen die Rede, wenn man von Daten spricht.[40] Mit dem Aufkommen der elektronischen Datenverarbeitung im 20. Jahrhundert wurde der Begriff immer häufiger gebraucht.[41] In diesem Zusammenhang versteht man Daten daher etwas spezifischer als elektronisch gespeicherte Zeichen, Angaben oder Informationen.[42] Eine rein

---

36 Siehe oben S. 21: „Daten, die in digitaler Form hergestellt und bereitgestellt werden".

37 Hervorhebung durch den Verfasser.

38 *Kluge*, Etymologisches Wörterbuch der deutschen Sprache, Stichwort „Daten".

39 Duden Online zum Stichwort „Daten", abrufbar unter: www.duden.de/rechtschreibung/Daten.

40 *Proebster*, Rechnernetze, S. 59.

41 *Kluge*, Etymologisches Wörterbuch der deutschen Sprache, Stichwort „Daten".

42 Duden Online zum Stichwort „Daten", abrufbar unter: www.duden.de/rechtschreibung/Daten.

technische Definition liefert das Deutsche Institut für Normierung,[43] wonach Daten beschrieben werden als „Gebilde aus Zeichen oder kontinuierlichen Funktionen, die aufgrund bekannter oder unterstellter Abmachungen Informationen darstellen, vorrangig zum Zwecke der Verarbeitung und als deren Ergebnis".[44]

Im deutschen Strafrecht befasst sich § 202a StGB näher mit dem Datenbegriff und schränkt ihn für den Tatbestand des Ausspähens von Daten in Abs. 2 auf solche ein, „die elektronisch, magnetisch oder sonst nicht unmittelbar wahrnehmbar gespeichert sind oder übermittelt werden." Das Wort Daten selber wird jedoch auch hier bereits vorausgesetzt. Im allgemeinen juristischen Schrifttum werden Daten knapp und unabhängig von deren Bedeutung als maschinenlesbar codierte Information definiert, wobei es nicht auf die Bedeutung (semantische Ebene), sondern auf die Codierung als Zeichenmenge (syntaktische Ebene) ankommt.[45] Gemeint ist also Information als Menge von Zeichen, die durch Informationstechnik verarbeitet werden kann.[46] Es muss getrennt werden zwischen dem Datum als bloßem Gebilde und der eigentlichen Information (Inhalt).[47] Eine zwar nichtjuristische, aber ähnliche Abgrenzung liefert der Fachbereich des Informationsmanagements, wo der Ausdruck Datum mithilfe einer Begriffspyramide erklärt wird. An deren unterster Stelle stünden schlichtweg verschiedene Zeichen. Darauf aufbauend seien Daten angesiedelt, die dann vorliegen sollen, wenn die Zeichen ihrerseits in einen definierten, strukturierten Zusammenhang gebracht würden. Erst wenn diese Daten in einem bestimmten Kontext aggregiert seien, erlangten sie eine Bedeutung, weil dann eine Information entstehe. Werde diese Information mit weiteren Informationen vernetzt, entstehe Wissen.[48]

Die wichtigste rechtliche und auch tatsächliche Ebene soll für diese Arbeit die des Inhalts, also der Information sein. Damit lässt sich zugleich an den Ausgangsbegriff digitale *Inhalte* anknüpfen. Ohne den sinnvoll hergestellten Zusammenhang kann man nichts mit einzelnen Zeichen anfangen. Als Zwischenergebnis soll das Verständnis des Begriffes Daten ein nicht zu technisches,

---

43 Zur Erläuterung dieser Institution siehe „DIN – kurz erklärt", abrufbar unter: www.din.de/de/ueber-normen-und-standards/basiswissen.

44 *Dierstein*, Definitionen und Erklärungen, 2003, abrufbar unter: wwwbayer.in.tum.de/lehre/WS2003/ITS-dierstein/DefDV03.pdf, S. 2.

45 *Zech*, CR 2015, 137 (138).

46 *Zech*, CR 2015, 137 (138).

47 So für die Frage des Eigentums an Daten *Hoeren/Völkel*, in: Big Data und Recht, S. 12, die zudem noch den physischen Träger als dritte rechtliche Ebene hinzunehmen.

48 Zum Ganzen *Krcmar*, Einführung in das Informationsmanagement, S. 4.

wohl aber ein auf der elektronischen Datenverarbeitung basierendes sein. Daten sind also Informationen, die elektronisch codiert vorliegen und einen Inhalt darstellen können.

bb) Digitale Form

Nach der Definition in der VRRL konkretisiert die „digitale Form" den Datumsbegriff, indem sie seinen Ursprung näher eingrenzt.

Der Begriff „digital" entstammt der lateinischen Sprache[49] und ist abgeleitet von „digitus"[50], was „Finger" bedeutet. „Numerare per digitos" beziehungsweise „computare digitis" bedeutet an den Fingern abzählen beziehungsweise an den Fingern berechnen.[51] Die italienische Sprachfassung der VRRL verwendet das Wort „digitale", was neben „digital" auch „Finger-" heißt. Im Englischen wird digit zudem in der Bedeutung „Ziffer" verwandt, also der Zahlen eins bis neun einschließlich der Null. Nach DIN 44300 handelt es sich um eine Darstellungsart von Daten mit den Ziffern eines Zahlensystems, bei der die einzelnen Zeichen voneinander abgrenzbar sind.[52] Digital bedeutet demnach vereinfacht „in Ziffern dargestellt".[53] So heißen digitale Inhalte in der französischen Sprachfassung der VRRL auch „contenu numérique". „Numérique" wiederum wird nicht nur mit „digital", sondern auch mit „numerisch" oder „zahlenmäßig" übersetzt.

Greifbarer wird der Begriff „digital", wenn man sich das Gegenstück dazu vor Augen hält, also „analog". Der Unterschied soll anhand des Beispiels zweier Lampen verdeutlicht werden: Eine Lampe, die nur ein- oder ausgeschaltet werden kann, kennt nur diese beiden Zustände, die klar definiert sind. „Aus" bedeutet „dunkel" und „an" bedeutet „hell". Zwischenstufen existieren nicht. Dies steht für digital: Simpel ausgedrückt ist damit der sprunghafte Übergang vom einen Zustand in den anderen gemeint. Werte werden binär[54] dargestellt, also in den Zuständen „0" und „1". Auf der anderen Seite kann eine Lampe mit Dimmer die

---

49 ITWissen, Das große Online-Lexikon für Informationstechnologie, Stichwort „digital", abrufbar unter: www.itwissen.info/definition/lexikon/Digital-digital.html.

50 Pons Online Wörterbuch, Stichwort „digitus", abrufbar unter: de.pons.com/übersetzung/latein-deutsch/digitus.

51 *Georges*, Ausführliches lateinisch-deutsches Handwörterbuch, abrufbar unter: www.zeno.org/Georges-1913/A/digitus.

52 ITWissen, Das große Online-Lexikon für Informationstechnologie, Stichwort „digital", abrufbar unter: www.itwissen.info/definition/lexikon/Digital-digital.html.

53 Duden Online zum Stichwort „digital", abrufbar unter: www.duden.de/rechtschreibung/digital.

54 Zum Begriff „binär" siehe *Gumm/Sommer*, Einführung in die Informatik, S. 5.

Helligkeit stufenlos regulieren. Es gibt also unendlich viele Zustände zwischen „hell“ und „dunkel“. Das entspricht „analog“. Hier erfolgt der Übergang zwischen diesen Zuständen allmählich. Analog ist also nicht nur die Darstellung von 0 und 1 möglich, sondern auch von Werten dazwischen, die sich mit Kommazahlen abbilden lassen wie zum Beispiel 0,1, 0,2, 0,3 usw.

Der Vorteil der Digitaltechnik liegt in den klar definierten Zuständen (nur 0 und 1). Komplexere Informationen als „hell“ und „dunkel“, also etwa eine ganz bestimmte Helligkeitsstufe, lassen sich digital nur durch die Kombination verschiedener Abfolgen von 0 und 1 darstellen. Die kleinste Informationseinheit, in der sich diese Darstellung realisiert, ist das „Bit“, das also lediglich den Zustand „an“ oder „aus“ festlegt.[55] Acht Bits werden zusammengefasst zu einem „Byte“,[56] was die nächst größere Informationseinheit darstellt.[57] Gegenüber analogen Werten haben digitale auch den Vorteil der Maschinenlesbarkeit. Dadurch lassen sie sich schneller verarbeiten und in elektronische Datenverarbeitungssysteme einbetten. Analoge Inhalte verlieren mit jedem Kopiervorgang an Qualität.[58] Die digital transportierten abstrakten Werte hingegen werden von entsprechenden Übertragungssystemen detektiert und wieder zu der ursprünglichen Information zusammengesetzt,[59] sodass eine exakte Wiedergabe der Ausgangsinformation erfolgen kann.

Wird der Datumsbegriff mithin durch das Kriterium „digital“ konkretisiert, müssen von vornherein in analoger Form bereitgestellte Daten wie etwa Musik- oder Filmmaterial auf herkömmlichen Kassetten[60] oder auch Bücher[61] ausscheiden.

---

55 Genauer: „Spannung (bzw. Strom) vorhanden“ und „Spannung (bzw. Strom) nicht vorhanden“, *Ernst/Beneken/Schmidt*, Grundkurs Informatik, S. 12.

56 *Eisenbarth/Stögmüller*, CR 2015, 794 (795).

57 Zum Ganzen *Gumm/Sommer*, Einführung in die Informatik, S. 5.

58 Die Fotokopie eines analogen Bildes weist nach jeder Vervielfältigung eine minimal andere Farbgebung als das Original auf; von „Qualitätsgefälle“ ist daher die Rede bei *Schippan*, ZUM 2001, 116 (120); zur verlustfreien Kopierbarkeit später unter D.I.3, S. 73.

59 So *Baumgartner*, Privatvervielfältigung im digitalen Umfeld, S. 5, der das Beispiel der Tonaufnahme anführt: „So werden etwa bei Tonaufnahmen in Digitaltechnik die Tonschwingungen elektronisch gemessen, in Zahlenbeträge umgesetzt und in dieser Form gespeichert. Bei der Wiedergabe werden die Zahlenwerte eingelesen und in Tonschwingungen umgesetzt.“.

60 Vgl. *Wendehorst*, in: Schulze, CESL Commentary, Art. 5 CESL Rn. 18.

61 Vgl. *Zahn*, ZEuP 2014, 77 (82).

cc) Herstellen und Bereitstellen

Der letzte Teil der Legaldefinition des Art. 2 Nr. 11 VRRL verlangt, dass die digitalen Daten „hergestellt und bereitgestellt" werden müssen. Soll etwas hergestellt werden, muss darunter notwendig die Schaffung von etwas zuvor nicht Vorhandenem verstanden werden.[62] Die Herstellung digitaler Daten ist für sie auch existentiell, da sie nicht von Natur aus vorliegen, sondern immer das Ergebnis eines informationstechnologischen Schaffungsprozesses sind.

Die Daten müssen nicht nur in digitaler Form hergestellt, sondern auch in demselben Zustand „bereitgestellt" werden. Herstellung und Bereitstellung müssen kumulativ vorliegen („und"[63]). Bereitstellen impliziert, dass die digitalen Inhalte Gegenstand des Wirtschaftslebens und des Handels sein sollen. Auch wird durch die Verwendung dieses Wortes automatisch eine Art „Aussonderung" der Inhalte vorgegeben. Dies erinnert an das „seinerseits Erforderliche" des Schuldners, das er leisten muss, um die Konkretisierung nach § 243 Abs. 2 BGB bei einer Holschuld herbeizuführen: Aussonderung der Sache und Benachrichtigung des Gläubigers.[64]

In Abgrenzung von dieser Aussonderung einer körperlichen Sache ist mit der Bereitstellung jedoch nicht gemeint, dass diese Zurverfügungstellung auf einem körperlichen Datenträger erfolgen muss. Zwar trifft die VRRL unmittelbar in Art. 2 Nr. 11 keine Aussage hierzu. Erwägungsgrund (19) VRRL stellt jedoch klar, dass die Verkörperung keine zwingende Voraussetzung ist. Vielmehr sind die digitalen Daten in jedweder Form erfasst, und zwar „unabhängig davon, ob auf sie durch Herunterladen oder Herunterladen in Echtzeit (Streaming), von einem körperlichen Datenträger oder in sonstiger Weise zugegriffen wird"[65].

Wie bereits beim Merkmal „herstellen" ist auch bei „bereitstellen" der Bezug zum Merkmal digital wichtig. Die Bereitstellung muss auch stets in rein digitaler Form vorgenommen werden. Man denke hier an ein E-Book, das digital hergestellt wurde und in dieser Form vorliegt. Erfolgt die Bereitstellung für den interessierten Kunden dann jedoch in ausgedruckter und damit gerade nicht in

---

62 So etwa für das Werkvertragsrecht, *Busche*, in: MüKo BGB, § 631 Rn. 69 (6. A. 2012); allgemeiner Duden Online, Stichwort „herstellen", abrufbar unter: www.duden.de/rechtschreibung/herstellen.

63 Ebenso andere Sprachfassungen der VRRL: Englisch „produced **and** supplied in digital form", Französisch „produites **et** fournies sous forme numérique", Spanisch „producidos **y** suministrados en formato digital", Italienisch „prodotti **e** forniti in formato digitale".

64 *Brox/Walker*, Allgemeines Schuldrecht, § 8 Rn. 6.

65 Erwägungsgrund (19) VRRL.

digitaler Form, liegt auf der Hand, dass ein solcher Ausdruck nicht unter den Begriff der digitalen Inhalte subsumiert werden soll.

dd) Etymologie „Inhalt"

Auch wenn der Begriff „Inhalt" als Teil des Definiendums bereits vonseiten des Richtliniengebers mit Leben gefüllt wird, lohnt eine etymologische Betrachtung desselben. Das Wort kann seit dem 15. Jahrhundert nachgewiesen werden und geht zurück auf das mittelhochdeutsche „innehalt".[66] Als Abstraktum zu „innehalten" bedeutet es „beinhalten, in sich schließen".[67] Daraus kann gefolgert werden, dass Inhalt etwas sein muss, das sich in einem auszufüllenden Bereich befindet. Im hiesigen Kontext müssen dabei die physischen von den nicht physischen (also abstrakten) Inhalten abgegrenzt werden. Physisch handelt es sich bei Inhalten dann um etwas, das von einer Form umschlossen wird, während sie abstrakt mit etwas „Dargestelltem" beschrieben werden können.[68] Für digitale Inhalte kann man daraus ableiten, dass nur solche Daten erfasst sein sollen, die einen Inhalt darstellen.[69] Bloß digitale Infrastruktur wie Speicherplatz im Internet wäre dann nicht erfasst.[70] Diese würde dann nämlich nur den oben genannten äußeren füllbaren Bereich, gewissermaßen den Behälter, darstellen.

Zahn leitet „Inhalt" hingegen vom Verb „halten" ab und führt auch die Entsprechungen in anderen Sprachen („content", „contenuto" und „contenu") auf das lateinische Verb „tenere", also ebenfalls „halten" zurück. Er sieht daher bereits in der Verwendung dieses Begriffes eine Analogie zu einem körperlichen Gegenstand. Gemeint seien damit all diejenigen digitalen Phänomene, die sich gleichsam in der Hand halten ließen, also wie eine Sache klar abgegrenzt seien.[71] Diese Interpretation ist jedoch stark auf den Anwendungsbereich digitaler Inhalte im Gemeinsamen Europäischen Kaufrecht bezogen. Seine Auslegung untermauert *Zahn* nämlich mit den in der dortigen Definition genannten Beispielen und

---

66 *Kluge,* Etymologisches Wörterbuch der deutschen Sprache, Stichwort „Inhalt".

67 *Kluge,* Etymologisches Wörterbuch der deutschen Sprache, Stichwort „Inhalt".

68 Das digitale Wörterbuch der deutschen Sprache (DWDS) zum Begriff „Inhalt", abrufbar unter: www.dwds.de/?qu=Inhalt.

69 So nur im Ergebnis für das GEKR *Zahn*, ZEuP 2014, 77 (81).

70 So zum Anwendungsbereich des GEKR *European Law Institute* (ELI), Statement of the European Law Institute on the Proposal for a Regulation on a Common European Sales Law COM(2011) 635 final – 1st Supplement: Response to the EP Legislative Resolution of 26 February 2014, 2014, abrufbar unter: https://www.europeanlawinstitute.eu/fileadmin/user_upload/p_eli/Publications/CESL_1st_Supplement.pdf, S. 21.

71 Zum Ganzen *Zahn*, ZEuP 2014, 77 (82).

hält fest, dass Verträge über die Bereitstellung digitaler Inhalte im GEKR solche sein müssten, die zu Kaufverträgen über bewegliche Sachen analog seien. Dies leuchtet durchaus ein, lässt aber unberücksichtigt, dass sich das eigentliche Wort Inhalt auch als „das Dargestellte“ deuten lässt, sodass der Begriff dann in eine rein immaterielle Richtung geht und gerade keinen Sachbezug aufweist. Diese ergebnisorientierte Deutung *Zahns* ist daher nur bedingt verallgemeinerungsfähig beziehungsweise für die Ausgangsdefinition der VRRL nutzbar.

ee) Zwischenergebnis

Als Ergebnis der Wortlautauslegung verbleibt die Erkenntnis, dass die digitale Darstellung der Daten absolute Grundvoraussetzung ist. Ihre Maschinenlesebarkeit macht sie für das Informationszeitalter unentbehrlich. Die Herstellung der Inhalte ist logisch notwendig und deren Bereitstellung in dieser digitalen Form die einzig sinnvolle Lesart. Die nähere Betrachtung des Wortes „Inhalt“ hat gezeigt, dass es sich bei digitalen Inhalten um etwas handeln muss, das mit etwas Dargestelltem gleichzusetzen und nicht bloße Hülle ist. Soweit andere Sprachfassungen der VRRL herangezogen wurden, ergaben sich keine Unterschiede zur deutschen.

b) Systematik

Auch die systematische Stellung digitaler Inhalte in der VRRL könnte zur besseren Einschätzung des Begriffes beitragen. Dafür soll zunächst kurz die Systematik der VRRL selbst dargestellt werden, ehe auf die Fundstellen digitaler Inhalte eingegangen wird.

aa) Aufbau der VRRL

Gegliedert ist die VRRL in sieben Kapitel, denen sich zwei Anhänge anschließen. Zunächst werden in Kapitel I, ähnlich eines „Allgemeinen Teils“[72], der Gegenstand der Richtlinie (Art. 1 VRRL), Begriffsbestimmungen (Art. 2 VRRL), Geltungsbereich (Art. 3 VRRL) sowie der Grad der Harmonisierung (Art. 4 VRRL) festgelegt. Art. 2 VRRL listet eine ganze Reihe von Ausdrücken auf, die der Richtliniengeber ob ihrer Bedeutung vorweg geklärt wissen wollte.[73] Hier kommt unter anderem erstmalig der Begriff der digitalen Inhalte vor.

---

72 *Unger*, ZEuP 2012, 270 (272).

73 Das Voranstellen von Definitionen ist klassisch für europäisches Sekundärrecht, *Druschel/Lehmann*, CR 2016, 244 (244).

Die Kapitel II und III beschäftigen sich laut ihren Überschriften beide mit zu erteilenden Informationen. Dabei wird zwischen den Situationen „bei anderen als Fernabsatzverträgen oder außerhalb von Geschäftsräumen geschlossenen Verträgen" (Kapitel II) und „bei Fernabsatz- und außerhalb von Geschäftsräumen geschlossenen Verträgen" (Kapitel III) unterschieden. Das zweite Kapitel beschränkt seinen Anwendungsbereich also auf den stationären Handel, indem es die beiden Sondersituationen des Vertragsschlusses im Fernabsatz und jenen außerhalb von Geschäftsräumen (AGV) ausschließt. Es enthält mit Art. 5 VRRL nur eine Vorschrift, die allgemeine Informationspflichten für diese Vertriebssituation vorgibt. Kapitel III hingegen, das als Kernstück der Richtlinie bezeichnet werden kann,[74] regelt über die Informationspflichten (Art. 6 VRRL) hinaus formale Anforderungen an die genannten Vertragssituationen (Art. 7 und 8 VRRL) sowie umfassend das Widerrufsrecht bei diesen Verträgen (Art. 9–16 VRRL).

Der Geltungsbereich des Kapitels IV (Art. 17–22 VRRL), das „Sonstige Verbraucherrechte" umfasst, ist zunächst nicht auf bestimmte Vertriebsformen beschränkt und gilt schlichtweg für „Kaufverträge" (Art. 17 Abs. 1 S. 1 VRRL). Ausnahmen finden sich in Art. 17 Abs. 1 S. 1 VRRL. Sind Waren Gegenstand des Kaufvertrags, so enthalten Art. 18 und 20 VRRL explizit hierfür Regelungen zur Lieferung und zum Übergang der Gefahr beziehungsweise des „Risikos", wie es im Wortlaut der VRRL heißt. Die übrigen Artikel des Kapitels finden sowohl bei Verträgen über Waren, als auch über Dienstleistungen Anwendung. Sie dienen dem Schutz des Verbrauchers vor (zu hohen) Entgelten bei Verwendung bestimmter Zahlungsmittel (Art. 19 VRRL), bei Nutzung von Telefonhotlines (Art. 21 VRRL) und bei vorangekreuzten Checkboxen, die mit Extrazahlungen verbunden sind (Art. 22 VRRL).

Kapitel V enthält in seinen Art. 23–30 VRRL „Allgemeine Vorschriften", die allgemeine Vorgaben zur Umsetzung der Richtlinie machen. Die Schlussbestimmungen des Kapitels VI (Art. 31–35 VRRL) heben vor allem die bis dato geltende *Richtlinie über Haustürgeschäfte* sowie die *Fernabsatz-Richtlinie* auf (Art. 31 VRRL). Im Übrigen werden die *Richtlinie über missbräuchliche Vertragsklauseln* (Art. 32 VRRL) und die *Richtlinie über den Verbrauchsgüterkauf* (Art. 33 VRRL) abgeändert.

Schließlich finden sich in Anhang I eine Muster-Widerrufsbelehrung (A.) sowie ein Muster-Widerrufsformular (B.), auf die im dritten Kapitel verwiesen wird. Unter Anhang II ist eine Entsprechungstabelle zu finden, auf die Art. 31 VRRL Bezug nimmt.

74 *Hörmann*, Der Internethandel und die VRRL, S. 55.

bb) *Digitale Inhalte im Text der VRRL*

(1) Definition

Wie bereits angedeutet sind digitale Inhalte zunächst unter Art. 2 Nr. 11 VRRL zu finden. Bei Begriffen, die ihrem Gehalt nach nicht ganz eindeutig sind, empfiehlt es sich, diese am Anfang der Richtlinie aufzuführen.[75] Es ist eine in längeren Normwerken übliche Technik, komplexe zentrale Begriffe gewissermaßen vor die Klammer zu ziehen. So geht der Richtliniengeber auch bei den digitalen Inhalten als gänzlich neuem Begriff vor. Dem Rechtsanwender muss vorgegeben werden, was genau dieser Ausdruck bezeichnet, wenn er von der Richtlinie aufgegriffen wird. Elementare Begriffe wie „Verbraucher", „Unternehmer" und „Waren", werden unter den ersten drei Ziffern erklärt. Gefolgt von den in der Richtlinie verwendeten Vertragstypen und den Ausdrücken „Geschäftsräume" sowie „dauerhafter Datenträger" werden schließlich digitale Inhalte definiert.

(2) Informationspflichten

Auch die Informationspflichten, die den Unternehmer im stationären Handel treffen, beinhalten Ausführungen zu digitalen Inhalten (Art. 5 Abs. 1 lit. g und h VRRL). Demnach muss seitens des Unternehmers – gegebenenfalls – über die „Funktionsweise digitaler Inhalte, einschließlich anwendbarer technischer Schutzmaßnahmen für solche Inhalte" informiert werden. Soweit erforderlich und wesentlich soll der Verbraucher auch über die Interoperabilität[76] der Inhalte mit Hard- und Software Bescheid wissen. Art. 5 Abs. 2 VRRL hält im Anschluss fest, dass die Informationspflichten aus Art. 5 Abs. 1 VRRL auch für die Lieferung von digitalen Inhalten gelten, die nicht auf einem körperlichen Datenträger geliefert werden. Damit lässt sich erstmalig dem „verfügenden Teil"[77] des Richtlinientextes eindeutig entnehmen, dass digitale Inhalte nach der Definition auch solche sind, die losgelöst von der Verkörperung auf einem Datenträger

75 So im Gemeinsamen Leitfaden des Europäischen Parlaments, des Rates und der Kommission, Ziffer 14, abrufbar unter: www.eur-lex.europa.eu/content/techleg/KB0213228DEN.pdf, S. 41.

76 „Fähigkeit unterschiedlicher Systeme, möglichst nahtlos zusammenzuarbeiten": Duden Online zum Stichwort „Interoperabilität", abrufbar unter: www.duden.de/rechtschreibung/Interoperabilitaet; im DigInRL-E wird der Begriff in Art. 2 Nr. 9 definiert als „die Fähigkeit digitaler Inhalte, in Bezug auf alle Funktionalitäten mit einer konkreten digitalen Umgebung zu interagieren".

77 Also nicht bloß in den Erwägungsgründen, siehe Gemeinsamer Leitfaden des Europäischen Parlaments, des Rates und der Kommission, Ziffer 7, abrufbar unter: www.eur-lex.europa.eu/content/techleg/KB0213228DEN.pdf, S. 24.

existieren. Diesen Schluss lässt die Klarstellung in Art. 5 Abs. 2 VRRL ohne Weiteres zu. An dieser Stelle sei abermals Erwägungsgrund (19) VRRL erwähnt, der, wie oben bereits gezeigt, das Ergebnis dieser Auslegung bestätigt.

Auch die speziellen Informationspflichten nach Art. 6 VRRL (Fernabsatz und AGV) enthalten Vorgaben zu digitalen Inhalten. Diese beiden Ziffern (Art. 6 Abs. 1 lit. r und s VRRL) entsprechen insoweit nahezu wörtlich[78] Art. 5 Abs. 1 lit. g und h VRRL (zu erteilende Informationen über Funktionsweise und Interoperabilität). Der einzige Unterschied findet sich in Art. 6 Abs. 1 lit. s VRRL, der dem Unternehmer das Erteilen von Informationen über Interoperabilität digitaler Inhalte mit Hard- und Software nur aufgibt, soweit ihm dies „bekannt ist oder vernünftigerweise bekannt sein *dürfte*".[79] Demgegenüber heißt es in Art. 5 Abs. 1 lit. h, „vernünftigerweise bekannt sein *muss*".[80] Das Pendant zu Art. 5 Abs. 2 VRRL, der auch unverkörperte digitale Inhalte in diesem Zusammenhang erfasst, findet sich in Art. 6 Abs. 2 VRRL. Bemerkenswert ist Art. 6 Abs. 5 VRRL, der die erforderlichen Informationen nach Art. 6 Abs. 1 VRRL festen Vertragsbestandteil werden lässt. Diese Neuerung[81] zeigt nicht nur die Bedeutung, die der Richtliniengeber den Informationspflichten generell beimessen wollte. Im Speziellen soll der Verbraucher damit auch rund um die digitalen Inhalte (besser) informiert werden und bei unzureichender Erteilung hierauf gestützt gegebenenfalls gegen den Unternehmer vorgehen können.

Durch die konkrete Forderung nach expliziten Informationen über digitale Inhalte zeigt sich also auch, dass man nicht nur die Notwendigkeit sah, diese generell und grob zu regeln. Die Unternehmer sollten vielmehr in die Pflicht genommen werden, den Verbrauchern umfassenderes Material an die Hand zu geben, damit diese zukünftig beim Erwerb solcher Produkte mehr Vertrauen in den Markt aufbringen. Dies ist letztlich eines der Hauptziele der VRRL.

Art. 8 VRRL bezieht zu den formalen Anforderungen bei Fernabsatzverträgen Position. In Abs. 4 geht es um Vertragsabschlüsse, bei denen wegen des genutzten Fernkommunikationsmittels nur begrenzter Raum beziehungsweise begrenzte Zeit zur Verfügung steht, um die vorvertraglichen Informationen zu übermitteln. Gemeint sind hiermit vor allem Vertragsabschlüsse im

---

78 Ungenau hinsichtlich der deutschen Fassung *Grundmann*, JZ 2013, 53 (60), der die Formulierung uneingeschränkt als wortgleich bezeichnet.

79 Hervorhebung durch den Verfasser.

80 Hervorhebung durch den Verfasser; zu dieser Abweichung später mehr im 2. Teil, C.III.2, S. 57.

81 Siehe dazu *Kramme*, NJW 2015, 279.

M-Commerce[82], also dort, wo mobile Endgeräte wie Smartphones genutzt werden, die häufig nur über einen kleinen Bildschirm verfügen. Um dem begrenzten Platz Rechnung zu tragen, sieht die Richtlinie in Art. 8 Abs. 4 vor, dass nur diejenigen Informationen erteilt werden müssen, „die in Art. 6 Absatz 1 Buchstaben a, b, e, h und o" genannt werden. Die spezifischen Informationspflichten über digitale Inhalte sind von dieser Auflistung also nicht umfasst. Nähere Angaben zur Interoperabilität oder zur Funktionsweise müssen beim Erwerb digitaler Inhalte mit dem Smartphone daher nicht gemacht werden. Das soll aber keineswegs deren Bedeutung schmälern. Denn die wesentlichen Eigenschaften von Waren oder Dienstleistungen (Art. 6 Abs. 1 lit. a VRRL) und die Identität des Unternehmers (Art. 6 Abs. 1 lit. b VRRL), über die auch im Bereich des M-Commerce zwingend zu informieren ist, sind elementar für einen Vertragsabschluss und stellen „unerlässliche Basisinformationen"[83] dar. Damit wird deutlich, dass der Wegfall bestimmter zusätzlicher Informationspflichten allein den äußeren Rahmenbedingungen (kleiner Bildschirm) geschuldet und damit technisch bedingt ist, nicht aber als Abwertung des Bereiches des M-Commerce verstanden werden kann.

(3) Widerrufsrecht

Fast noch wichtiger als die speziellen Informationspflichten ist für den Verbraucher das reformierte Widerrufsrecht. Eine wichtige Feststellung trifft indirekt Art. 9 VRRL, der allgemein das Widerrufsrecht für Fernabsatz- oder außerhalb von Geschäftsräumen geschlossene Verträge regelt. Zwar ist zunächst von Waren die Rede, worunter gemäß Art. 2 Nr. 3 VRRL „bewegliche körperliche Gegenstände" verstanden werden. Zum Ende der Widerrufsfrist bei Verträgen über die Lieferung von digitalen Inhalten aber nimmt Art. 9 Abs. 2 lit. c VRRL dann Stellung. Die hier normierte 14-tägige Frist gilt jedoch nur für Verträge über digitale Inhalte, die *nicht* auf einem körperlichen Datenträger geliefert werden. Aus dieser Klarstellung folgt, dass alle anderen digitalen Inhalte, also solche auf einem körperlichen Datenträger, als Ware im Sinne von Art. 2 Nr. 3 VRRL behandelt werden sollen. Diese Betrachtung wird dem Rechtsanwender so auch in den Erwägungsgründen zur VRRL nahegebracht: „Werden digitale Inhalte auf einem körperlichen Datenträger wie einer CD oder einer DVD bereitgestellt, sollten diese als Waren im Sinne dieser Richtlinie betrachtet werden."[84]

---

82 Zu Informationspflichten im M-Commerce siehe *Rose/Taeger*, K&R 2010, 159.

83 *Tamm*, VuR 2014, 9 (13).

84 Erwägungsgrund (19) VRRL.

Recht dezidiert handelt Art. 14 Abs. 4 lit. b VRRL die Pflichten des Verbrauchers im Falle des Widerrufes eines Vertrags über digitale Inhalte ab, die unverkörpert geliefert wurden. Danach trifft ihn nicht die Pflicht, die zunächst erhaltenen digitalen Inhalte zu bezahlen, wenn die dort näher beschriebenen Gegebenheiten nicht vorliegen. Art. 16 lit. m VRRL knüpft daran an und gibt vor, dass das Widerrufsrecht ausgeschlossen ist, wenn die Vertragsausführung mit vorheriger ausdrücklicher Zustimmung des Verbrauchers und seiner Kenntnisnahme, dass er hierdurch sein Widerrufsrecht verliert, begonnen hat. Digitale Inhalte, die für die Lieferung eine Verkörperung erfahren haben, werden grundsätzlich nicht vom Widerrufsrecht ausgenommen. Eine Einschränkung macht hierzu allerdings Art. 16 lit. i VRRL, der bei der Entsiegelung einer Packung mit Ton- oder Videoaufnahmen oder Computersoftware das Widerrufsrecht ausschließt. Zwar ist zumindest die Computersoftware digitaler Inhalt im Sinne der Richtlinie. Sie ist im Falle der Verkörperung jedoch als Ware zu behandeln. Hier deutet sich bereits an, dass der Richtliniengeber sich der umfangreichen Regelungsbedürftigkeit digitaler Inhalte insbesondere beim Widerruf bewusst war.

(4) Weder Kauf noch Dienstleistung

Im Kapitel IV über sonstige Verbraucherrechte zeigt sich abermals die von der Richtlinie vorgegebene Unterscheidung zwischen digitalen Inhalten, die bei ihrer Lieferung auf einem körperlichen Datenträger vorliegen und solchen, die auf anderem Wege übermittelt werden. So legt Art. 17 Abs. 1 VRRL fest, dass die Bestimmungen über Lieferung (Art. 18 VRRL) und Risikoübergang (Art. 20 VRRL) nur für Kaufverträge gelten und auf digitale Inhalte keine Anwendung finden, wenn sie als Vertragsgegenstand bei der Lieferung verkörpert sind.

Eine interessante Unterscheidung findet sich in Art. 17 Abs. 2 VRRL. Dieser legt fest, dass die Art. 19, 21 und 22 des Kapitels IV nur bei bestimmten Vertragsarten Anwendung finden. Zum einen nennt Art. 17 Abs. 2 VRRL Kauf- und Dienstleistungsverträge. Die andere „Vertragsgruppe“ wird charakterisiert durch den zentralen Begriff der Lieferung: Verträge über die Lieferung von Wasser, Gas, Strom, Fernwärme oder digitalen Inhalten. An dieser Stelle wird *nicht* die Einschränkung gemacht, dass nur körperlose digitale Inhalte gemeint sind. Die Fortführung dieser Differenzierung wäre jedoch konsequent gewesen, da die genannten Kaufverträge nach der Legaldefinition immer (zumindest auch) Waren zum Gegenstand haben,[85] worunter, wie oben gezeigt, digitale Inhalte auf einem körperlichen Datenträger verstanden werden.

---

85 Vgl. Art. 2 Nr. 5 VRRL.

Dass Verträge über verkörperte digitale Inhalte in der VRRL als Kaufverträge zu bewerten sind, konnte bereits festgestellt werden. Hinsichtlich der Frage, ob unverkörperte digitale Inhalte hingegen als Dienstvertrag behandelt werden sollen, lässt sich auf Art. 27 VRRL zurückgreifen. Dort heißt es: „Werden unter Verstoß gegen Artikel 5 Absatz 5 und Anhang I Nummer 29 der Richtlinie 2005/29/EG unbestellte Waren, Wasser, Gas, Strom, Fernwärme oder *digitale Inhalte geliefert oder unbestellte Dienstleistungen erbracht*, ...“[86]. Durch das Wort „oder“ zeigt sich, dass die Lieferung digitaler Inhalte ohne Verkörperung[87] nicht als Dienstvertrag bewertet werden soll. Ansonsten wäre die gesonderte Aufführung digitaler Inhalte nicht nötig gewesen und sie wären in dem Dienstleistungsbegriff aufgegangen. Diesen Weg ist der Richtliniengeber aber gerade nicht gegangen. Das zeigt sich auch in Erwägungsgrund (19):

> *„...sollten Verträge über digitale Inhalte, die nicht auf einem körperlichen Datenträger bereitgestellt werden, für die Zwecke dieser Richtlinie weder als Kaufverträge noch als Dienstleistungsverträge betrachtet werden.“*

Wie bereits kurz angesprochen enthält die Vorschrift über die Berichterstattung gegenüber der Kommission (Art. 30 VRRL) einen Hinweis darauf, dass „insbesondere eine Bewertung der Bestimmungen dieser Richtlinie über digitale Inhalte, einschließlich des Widerrufsrechts“ (Art. 30 S. 2 VRRL) erfolgen soll. Dies unterstreicht, dass man sich mit der Normierung digitaler Inhalte in einer europäischen Richtlinie auf Neuland begab und nun naturgemäß ganz besonders daran interessiert ist, wie sich die Regelungen in der Praxis umsetzen lassen.

(5) Gleichlauf mit Wasser, Strom und Gas

Auffällig ist, dass die Richtlinie digitale Inhalte, die nicht in einem Datenträger verkörpert sind, häufig in einem Atemzug mit Wasser, Gas oder Strom nennt.[88] Dies aber nur, wenn diese „nicht in einem begrenzten Volumen oder in einer bestimmten Menge zum Verkauf angeboten werden“[89]. Eine mögliche Erklärung

---

86 Hervorhebung durch den Verfasser.

87 Denn solche mit Verkörperung werden als Kaufverträge behandelt.

88 So etwa in Art. 6 Abs. 2 oder Art. 9 Abs. 2 lit c VRRL; siehe auch Erwägungsgrund (19) VRRL: „Vergleichbar mit Verträgen über die Lieferung von Wasser, Gas oder Strom, wenn sie nicht in einem begrenzten Volumen oder in einer bestimmten Menge zum Verkauf angeboten werden, oder über die Lieferung von Fernwärme, sollten Verträge über digitale Inhalte, die nicht auf einem körperlichen Datenträger bereitgestellt werden, für die Zwecke dieser Richtlinie weder als Kaufverträge noch als Dienstleistungsverträge betrachtet werden.“.

89 So etwa auch in Art. 17 Abs. 1 VRRL.

für diesen Gleichlauf ist, dass es den Mitgliedstaaten selbst überlassen werden sollte, wie sie Verträge über digitale Inhalte ohne Verkörperung klassifizieren.[90] Denn sobald Wasser, Gas oder Strom in begrenztem Volumen in Rede stehen, sind diese in der VRRL von unverkörperten digitalen Inhalten entkoppelt und gelten als Waren.[91]

Eine weitere Gemeinsamkeit von Wasser, Strom und Gas in nicht begrenzten Volumina auf der einen und unverkörperten digitalen Inhalten auf der anderen Seite besteht schlichtweg darin, dass beide Gruppen sich nicht ohne Weiteres in die Widerrufsfristbestimmung des Art. 9 Abs. 2 VRRL einordnen ließen. Dort nämlich bilden „Dienstleistungsverträge" (Abs. 2 lit. a) und „Kaufverträge" (Abs. 2 lit. b) die Standardfälle. Da beide Gruppen aber weder als das eine, noch als das andere betrachtet werden sollen, bedurfte es der gemeinsamen Sondervorschrift des Art. 9 Abs. 2 lit. c VRRL, wonach die 14-tägige Widerrufsfrist ab dem Tag des Vertragsschlusses läuft.

Ähnlich stellt sich die Situation bei den Informationspflichten in Art. 5 und Art. 6 VRRL dar. Im jeweiligen Absatz 1 beziehen sich die Informationspflichten meist auf Waren oder Dienstleistungen. Im jeweiligen Absatz 2 wird bestimmt, dass diese Informationspflichten gleichwohl für Wasser, Gas und Strom in nicht begrenztem Volumen und unverkörperte digitale Inhalte gelten, weil diese gerade nicht als Ware oder Dienstleistung angesehen werden.

(6) Missglückte Formulierung „Lieferung"

Tauchen die digitalen Inhalte in der deutschen Sprachfassung der VRRL auf, ist fast ausschließlich von deren „Lieferung" die Rede. Zumeist wird die Lieferung dann gleichzeitig auch auf die genannten Wasser- und Energielieferungsverträge bezogen. Die Wahl dieses Wortes erscheint jedenfalls im Zusammenhang mit digitalen Inhalten ohne Verkörperung etwas unglücklich. Man könnte es dahin gehend deuten, dass derlei Verträge auch stets eine Leistungspflicht des Unternehmers beinhalten, durch die dieser aktiv tätig werden und den Inhalt in irgendeiner Form an den Verbraucher *übermitteln* muss. Dies mag mitunter für Transaktionen zutreffen, bei denen etwa eine Software-DVD vom Unternehmer

---

90 *Beckmann/Köhler*, in: FS Rüßmann, S. 389 (406 f.); *Unger*, ZEuP 2012, 270 (300); dieses Verständnis teilt auch der Rechtsausschuss in seiner Beschlussempfehlung und seinem Bericht zu dem Gesetzesentwurf der Bundesregierung – Drucksache 17/12737 – vom 12.06.2013, BT-Drs. 17/13951, S. 72; so zuletzt auch die Europäische Kommission im DigInRL-E, S. 7.

91 Vgl. Art. 2 Nr. 3 2. Hs VRRL; zu Strom als Ware schon EuGH, Urt. v. 27.04.1994, C-393/92, EuZW 1994, 408 (409).

per Post an den Verbraucher geschickt wird und damit nach dem allgemeinen Sprachgebrauch eine Lieferung vorliegt. Auch mag eine solche Leistungshandlung des Unternehmers erforderlich sein, wenn Daten zum Beispiel per E-Mail vom Unternehmer an den Verbraucher gesendet werden. Führt man sich nämlich vor Augen, dass der Verbraucher nach Vertragsschluss auf eine solche Übermittlung des Unternehmers angewiesen ist, um das erworbene Gut überhaupt in Empfang nehmen zu können, macht eine „Lieferung" durchaus Sinn. Allerdings lässt sich auch nicht von der Hand weisen, dass mit dem Begriff Lieferung häufig zunächst Waren, also körperliche Gegenständen, assoziiert werden.[92] Dabei ist es genau diese Eigenschaft, die bei den digitalen Inhalten fehlt. Auch der Richtliniengeber stellt die Verbindung zwischen dem Begriff Lieferung und körperlichen Gegenständen her: In Art. 18 VRRL wird hinsichtlich der Lieferung von Waren auf den Zeitpunkt abgestellt, an dem der Unternehmer den *„physischen Besitz"* an den Verbraucher überträgt. Art. 17 Abs. 1 VRRL bekräftigt nochmal, dass diese Vorschrift auf Verträge über digitale Inhalte, die nicht auf einem körperlichen Datenträger geliefert werden (und somit ja nicht als Waren behandelt werden sollen), nicht anwendbar ist. Die VRRL selbst geht also bei dem Wort Lieferung ursprünglich vom physischen Besitz von Waren aus, der bei unverkörperten digitalen Inhalten gerade nicht möglich ist. Die Verwendung des Wortes „Lieferung" ist in diesem Zusammenhang daher verfehlt.

Im Unterschied zum reinen Richtlinientext (mit Ausnahme von Art. 14 Abs. 4 lit b VRRL)[93] ist in den Erwägungsgründen etwas allgemeiner von „Bereitstellung" die Rede. Dieser Begriff erscheint unabhängiger von der Frage der Verkörperung. Die Situationen, in denen der Verbraucher nicht nur passiv einen Inhalt empfängt, sondern zum Abschluss einer Transaktion eine aktive Mitwirkungshandlung an den Tag legen muss (etwa durch Anklicken eines Download-Links oder den Start eines Video-Streams), lassen sich auf diese Weise besser beschreiben. Aufgrund der größeren Spannweite des Begriffes Bereitstellung könnte auch eine postalische Lieferung hiervon erfasst werden. Ein weiterer Beleg für eine verunglückte Formulierung des deutschen Richtlinientextes ist die englische Sprachfassung: Dort wird sowohl in Erwägungsgrund (19), als auch in Art. 16 lit. m VRRL das Wort „supply" verwendet, das in seiner Bedeutung weiter geht als „Lieferung" und eben mit „Bereitstellung" übersetzt werden kann. Während die deutsche Sprachfassung, wie oben gesehen, teilweise das Wort der

92 Siehe etwa Duden Online, Stichwort „Lieferung", abrufbar unter: www.duden.de/rechtschreibung/Lieferung.

93 Dort heißt es nämlich auch „Bereitstellung".

Bereitstellung und teilweise das der Lieferung verwendet, beließ man es in der englischen Fassung durchgehend bei „supply".[94] Die durchgehende Verwendung der Begrifflichkeit „Bereitstellung" wäre sowohl in der VRRL als auch in der deutschen Umsetzung wünschenswert gewesen.[95] Die digitalen Inhalte stets unter „Bereitstellung" neben die „Lieferung" von Wasser und Energie zu stellen, hätte jedoch eines erhöhten Formulierungsaufwandes bedurft, den sich der deutsche Übersetzer beziehungsweise Umsetzungsgesetzgeber möglicherweise ersparen wollte.

cc) Sonstige Klarstellungen in den Erwägungsgründen

Wenngleich die Erwägungsgründe einer Richtlinie seitens der EU selbst als unverbindlich bezeichnet werden,[96] so kommt ihnen doch für die Auslegung des Richtlinientextes eine erhebliche Bedeutung zu.[97] Sie sollen nämlich die wichtigsten Bestimmungen des verfügenden Teils, wozu ein neu einzuführender Begriff wie digitale Inhalte sicher zählt, kurz begründen.[98] Wie zuvor gezeigt lassen sich „Spuren" der Ausführungen, die in den Erwägungsgründen gemacht werden, häufig im Richtlinientext wiederfinden. Speziell hinsichtlich der digitalen Inhalte enthält Erwägungsgrund (19) VRRL unter anderem eine Auflistung der Produkte, an die man bei der Verwendung dieses Begriffes offenbar primär gedacht hat. Genannt werden „Computerprogramme, Anwendungen (Apps), Spiele, Musik, Videos oder Texte". Dass die Frage der Verkörperung des Inhalts dabei keine Rolle spielen soll, wurde oben bereits dargelegt. Auffällig mag bei dieser Auflistung sein, dass Bilder nicht genannt werden.[99] Die übrigen Beispiele belegen aber, dass mit digitalen Inhalten gerade diejenigen Medien

---

94 So auch *Paul*, in: Niemann/Paul, Kap. 8, Rn. 61.

95 A. A. für das GEKR *Schmidt-Kessel*, in: Schmidt-Kessel, GEKR Kommentar, Art. 2 GEK-VO Rn. 64.

96 So im Gemeinsamen Leitfaden des Europäischen Parlaments, des Rates und der Kommission, der sich an Personen richtet, „die in den Gemeinschaftsorganen an der Abfassung von Rechtstexten mitwirken", Ziffer 10.1, abrufbar unter: www.eur-lex.europa.eu/content/techleg/KB0213228DEN.pdf, S. 31; ebenfalls die Unverbindlichkeit betonend *Ganzhorn*, CR 2014, 492 (494); *Hartmann*, GRUR Int. 2012, 980 (982); *Kubach*, CR 2013, 279 (282).

97 Prägnant *Hilgert*, CR 2014, 354 (355); allgemein *Köndgen*, in: Riesenhuber, Europäische Methodenlehre, § 6 Rn. 48 ff.

98 Gemeinsamer Leitfaden des Europäischen Parlaments, des Rates und der Kommission, Ziffer 10, abrufbar unter: www.eur-lex.europa.eu/content/techleg/KB0213228DEN.pdf, S. 31.

99 Vgl. *Schmidt-Kessel*, K&R 2014, 475 (475).

erfasst werden sollten, die tagtäglich Gegenstand von Verbrauchergeschäften sind,[100] also auch digitale Bilder. Zudem sollte die Auflistung keinen Katalog bilden, der die möglichen Erscheinungsformen digitaler Inhalte abschließend benennt („wie etwa"). Wenn auch knappgehalten,[101] so wird in Erwägungsgrund (19) auch dazu Stellung bezogen, was man sich unter den neuen Informationspflichten (Funktionsweise und Interoperabilität) für digitale Inhalte vorstellen muss. Eine Essenz für die Begriffsbestimmung digitaler Inhalte lässt sich den vorgenannten Ausführungen des Erwägungsgrundes (19) VRRL jedoch nicht entnehmen.

dd) Zwischenergebnis

Aus einer Zusammenschau von dem reinen Richtlinientext und den zugehörigen Erwägungsgründen ergibt sich zusammenfassend folgendes Bild: Wenn der Richtliniengeber digitale Inhalte erwähnt, meint er sowohl solche, die auf einem Datenträger verkörpert sind, als auch solche, die ohne einen solchen vorliegen. Befinden sie sich aber auf einem Datenträger wie einer CD, DVD oder Bluray, so sind digitale Inhalte als Waren zu behandeln. Fehlt es hingegen an dieser Verkörperung auf einem Medium, gibt die Richtlinie kein bestimmtes Vertragsregime vor, sondern bestimmt lediglich, dass sie weder als Kauf-, noch als Dienstleistungsvertrag zu qualifizieren sind. Gleichzeitig weist der Richtliniengeber mit dieser Differenzierung sein Bewusstsein dafür nach, dass digitale Inhalte nicht weiterhin – wie in der Vergangenheit häufig – als Waren oder körperliche Gegenstände qualifiziert werden sollen, um zur Anwendung bekannter Haftungsregimes oder Ähnlichem zu kommen.

c) Historie

Der erste Entwurf der VRRL (VRRL-E) vom 8. Oktober 2008[102] enthielt weder in seinen Erwägungsgründen, noch in den vorgeschlagenen Vorschriften selbst eine Normierung digitaler Inhalte. Zwischen diesem Zeitpunkt und dem Inkrafttreten des finalen Richtlinientextes liegen jedoch einige Stellungnahmen und Änderungsanträge verschiedener Organe der Union, die sich, teils recht unterschiedlich, zu digitalen Inhalten äußern.

---

100 Vgl. *Haug*, K&R 2012, 1 (2), der hinsichtlich einer ähnlichen Auflistung im GEKR von „typischen digitalen kommerziellen Konsumgütern" spricht.

101 *Gausling*, in: Tagungsband Herbstakademie 2014, S. 674 (674).

102 Siehe bereits Fn. 15.

aa) Entwicklungsschritte

Die erste Äußerung zu diesem Thema erfolgte am 24. August 2010. Seinerzeit sprach sich der Rechtsausschuss in einem Entwurf einer Stellungnahme für eine Normierung digitaler Inhalte aus: Unter dem Änderungsantrag 43 schlug er hinsichtlich der Informationspflichten vor, dass auch „gegebenenfalls [über] die Anwendung technischer Schutzmaßnahmen auf digitale Produkte" zu informieren sei.[103]

Wenig später zeigte sich der Ausschuss für Wirtschaft und Währung enttäuscht, dass „neue Produkte, die infolge von Produktentwicklung und Innovationen entstehen, wie etwa digitale Produkte, keine Berücksichtigung" in der Richtlinie gefunden hatten.[104] Gleichzeitig beantragte er beim federführenden Ausschuss für Binnenmarkt und Verbraucherschutz, die Änderung beziehungsweise Einführung von Erwägung (12a) in dessen Bericht zu übernehmen. Diese Erwägung sollte lauten:

> *„Die Bedeutung der europäischen Märkte für digitale Inhalte nimmt immer mehr zu, und deshalb sollte deutlich gemacht werden, dass Waren gemäß dieser Richtlinie auch digitale Produkte einschließen, wie z. B. Downloads und Software."*[105]

In diesem Antrag wurde noch keine Differenzierung nach der Verkörperung vorgenommen. Es war vielmehr ein Anliegen, diesem wichtigen Wirtschaftszweig auch eine entsprechende gesetzliche Grundlage zukommen zu lassen. Die Behandlung digitaler Inhalte als Waren wurde schließlich auch in den Fällen übernommen, in denen die Inhalte auf einem körperlichen Datenträger geliefert werden. An dieser Stelle zeigt sich, dass man digitale Inhalte zwar regeln, sich dafür aber eines bestehenden und gefestigten Rahmens bedienen wollte, anstatt die Normierung neuer Vorschriften ins Werk zu setzen.

---

103 Entwurf einer Stellungnahme des Rechtsausschusses für den Ausschuss für Binnenmarkt und Verbraucherschutz zu dem Vorschlag für eine Richtlinie des Europäischen Parlaments und des Rates über die Rechte der Verbraucher (24.08.2010), S. 25, abrufbar unter: www.europarl.europa.eu/sides/getDoc.do?pubRef=-//EP//NONSGML+COMPARL+PE-445.885+02+DOC+PDF+V0//DE&language=DE.

104 Stellungnahme des Ausschusses für Wirtschaft und Währung (01.10.2010), S. 4, abrufbar unter: rsw.beck.de/docs/librariesprovider5/rsw-dokumente/Stellungnahme-Ausschuss-EP.

105 Stellungnahme des Ausschusses für Wirtschaft und Währung (01.10.2010), S. 8, abrufbar unter: rsw.beck.de/docs/librariesprovider5/rsw-dokumente/Stellungnahme-Ausschuss-EP.

Der Rat der Europäischen Union bezog im Gegensatz zum Ausschuss für Wirtschaft und Währung erstmalig Position zum Unterscheidungskriterium der Verkörperung: Digitale Inhalte sollten nicht als körperliche Gegenstände (also Waren) gelten, wenn sie nicht auf ein körperliches Medium gebrannt sind.[106] Sie sollten aber dennoch in den Geltungsbereich der VRRL fallen, wenn sie aus dem Internet heruntergeladen sind.[107] Diese Differenzierung fand letztlich Einzug in den finalen Richtlinientext. Der später in Erwägungsgrund (19) VRRL genannte Hinweis, dass diese Verträge weder als Kauf- noch als Dienstleistungsverträge zu klassifizieren seien, findet sich hier zwar noch nicht. Allerdings wurde mit diesem Vorschlag zum ersten Mal versucht, unverkörperte digitale Inhalte rechtlich greifbar zu machen und von den verkörperten Pendants zu separieren. Es war offenbar die Überzeugung gegeben, dass die Richtlinie diese Inhalte gleichfalls erfassen muss. In welcher Form dies geschehen sollte, wurde aber noch nicht deutlich. Fest stand an dieser Stelle zumindest, dass für Verträge über unverkörperte digitale Inhalte kein Widerrufsrecht bestehen sollte.

Anfang 2011 war es dann abermals der Rat der Europäischen Union, der sich in einer Pressemitteilung an der rechtlichen Einordnung beider Arten digitaler Inhalte versuchte. Neben der Einordnung verkörperter digitaler Inhalte als Waren und der Vorgabe, dass auch unverkörperte Inhalte von der Richtlinie erfasst sein sollten, ordnete man Letztere nun dem Dienstleistungsrecht zu, sofern es sich um die Bezugsform des Downloads handelte:

> *„The downloading of digital content from internet, considered as a service contract concluded by electronic means and performed immediately, will also fall within the scope of the directive, but without a right of withdrawl."*[108]

Damit bekräftigte er nicht nur eine notwendige Differenzierung beider Arten von Inhalten, sondern ordnete diese auch einem Vertragsregime zu. Wie der finale Richtlinientext zeigt, hat man an der Einordnung als Dienstvertrag jedoch nicht festgehalten, sondern dies sogar ausdrücklich abgelehnt. Welche Gründe

---

106 Rat der Europäischen Union zur allgemeinen Ausrichtung der Verbraucherrechterichtlinie im interinstitutionellen Dossier (10.12.2010), Erwägungsgrund (10d), S. 8, abrufbar unter: rsw.beck.de/docs/librariesprovider5/rsw-dokumente/Rat-allgemeine-Ausrichtung.

107 Rat der Europäischen Union zur allgemeinen Ausrichtung der Verbraucherrechterichtlinie im interinstitutionellen Dossier (10.12.2010), Erwägungsgrund (10d), S. 8, abrufbar unter: rsw.beck.de/docs/librariesprovider5/rsw-dokumente/Rat-allgemeine-Ausrichtung.

108 Pressemitteilung des Rates der Europäischen Union (24.01.2011), abrufbar unter: rsw.beck.de/docs/librariesprovider5/rsw-dokumente/PM-Rat118918.

den Richtliniengeber letztlich dazu bewogen haben, kann nur gemutmaßt werden.

Während sich der Rechtsausschuss des Europäischen Parlaments zunächst noch sehr zurückhaltend und nur über Informationspflichten bezüglich digitaler Inhalte (wörtlich „Produkte") geäußert hatte,[109] ändert er dies mit seiner Stellungnahme vom 24. Januar 2011, in der unter Änderungsantrag 12 die Neueinführung der Erwägung (10a) vorgeschlagen wird[110]:

> *„Digitale Inhalte, wie Computerprogramme, Spiele oder Musik, die nicht auf einen materiellen Datenträger gebrannt sind, gelten nicht als materielle Gegenstände. Sie gelten somit nicht als Waren im Sinne dieser Richtlinie. Datenträger mit digitalem Inhalt wie CDs/DVDs sind hingegen materielle Gegenstände und gelten somit als Waren im Sinne dieser Richtlinie. Das Herunterladen digitaler Inhalte aus dem Internet durch einen Verbraucher gilt für die Zwecke dieser Richtlinie als Abschluss eines Vertrags, der in den Geltungsbereich dieser Richtlinie fällt (…)"*

An der Einordnung digitaler Inhalte auf einem Datenträger als körperliche beziehungsweise hier materielle Gegenstände und damit als Waren wurde nach wie vor festgehalten. Ebenso änderte sich auch nichts an der Meinung, dass auch unverkörperte digitale Inhalte von der Richtlinie erfasst sein müssten. Ernüchterung macht sich jedoch im Hinblick auf die vertragstypologische Einordnung dieser Verträge breit. Anstatt hier auf das Dienstleistungsrecht zurückzugreifen, wie es zuvor der Rat getan hatte, beließ es der Rechtsausschuss des Europäischen Parlaments schlicht bei *einem* Vertrag, der von der VRRL erfasst sein sollte.

Das Europäische Parlament äußerte sich schließlich zum Vorschlag der Kommission zu der VRRL. In dem Bericht des Ausschusses für Binnenmarkt und Verbraucherschutz[111] heißt es unter Änderungsantrag 13:

---

109 Entwurf einer Stellungnahme des Rechtsausschusses für den Ausschuss für Binnenmarkt und Verbraucherschutz zu dem Vorschlag für eine Richtlinie des Europäischen Parlaments und des Rates über die Rechte der Verbraucher (24.08.2010), S. 25, abrufbar unter: www.europarl.europa.eu/sides/getDoc.do?pubRef=-//EP//NONSGML+COMPARL+PE-445.885+02+DOC+PDF+V0//DE&language=DE.

110 Stellungnahme des Rechtsausschusses vom 24.01.2011 zu finden auf S. 137 im Bericht des Europäischen Parlaments vom 22.02.2011, zuletzt abgerufen am 17.05.2017 unter: www.dvtm.net/fileadmin/pdf/gesetze/EU_Verbraucher_RiLi/2011-02-22_EP_Bericht___Synopse.pdf.

111 Bericht des Ausschusses für Binnenmarkt und Verbraucherschutz über den Vorschlag für eine Richtlinie des Europäischen Parlaments und des Rates über die Rechte der Verbraucher (22.02.2011), Entwurf einer legislativen Entschließung des Europäischen Parlaments, S. 13, abrufbar unter: www.europarl.europa.eu/sides/getDoc.do?pubRef=-//EP//NONSGML+REPORT+A7-2011-0038+0+DOC+PDF+V0//DE.

„(11e) Digitale Inhalte, die dem Verbraucher in digitaler Form übermittelt werden und bei denen der Verbraucher die Möglichkeit erhält, sie dauerhaft oder auf eine Art und Weise zu nutzen, die dem physischen Besitz einer Ware ähnelt, sollen wie Waren im Sinne der für Kaufverträge anwendbaren Bestimmungen dieser Richtlinie behandelt werden. Ein Widerrufsrecht sollte jedoch nur so lange gelten, bis der Verbraucher beschließt, den digitalen Inhalt herunterzuladen."

Die weiteren Änderungsanträge 95, 101 und 134 widmen sich den spezifischen Informationspflichten für digitale Inhalte sowie dem Ausschluss des Widerrufsrechts. Sie entsprechen im Wesentlichen bereits der Endfassung der VRRL. Die oben aufgeführte Erwägung (11e) war demgegenüber weiterer Diskussion unterworfen. Zunächst zielte deren Beschreibung digitaler Inhalte nur auf solche ab, die „digital übermittelt" werden und Gegenstand eines „Downloads" sind, also gerade keine Verkörperung auf einem Datenträger erfahren haben. Sodann wurde beim Vorliegen einer bestimmten Nutzungsart („dauerhaft oder auf eine Art und Weise (...) die dem physischen Besitz einer Ware ähnelt") eine Gleichbehandlung mit Waren herbeizuführen versucht, um eine direkte Anwendung der kaufvertraglichen Vorschriften zu ermöglichen. Dass nur digitale Inhalte mit Verkörperung als körperliche/materielle Gegenstände und damit als Waren anzusehen seien, wird überhaupt nicht mehr erwähnt. Darin liegt jedenfalls eine Abweichung zu den Stellungnahmen von Rechtsausschuss, Ausschuss für Wirtschaft und Währung sowie dem Rat. Hier kann man nur mutmaßen, dass das Europäische Parlament dies bereits als selbstverständlich erachtet hat. Das Abstimmungsergebnis[112] von 22 Ja- und 16 Nein-Stimmen bei nur einer Enthaltung zeigt jedoch, wie uneinheitlich das Meinungsbild im Plenum zu diesem Vorschlag war. Die Abgeordneten nahmen am 24. März 2011 die Änderungsanträge an.[113]

---

112 Bericht des Ausschusses für Binnenmarkt und Verbraucherschutz über den Vorschlag für eine Richtlinie des Europäischen Parlaments und des Rates über die Rechte der Verbraucher (22.02.2011), Verfahren, S. 259, abrufbar unter: www.europarl.europa.eu/sides/getDoc.do?pubRef=-//EP//NONSGML+REPORT+A7-2011-0038+0+DOC+PDF+V0//DE.

113 Abänderungen des Europäischen Parlaments vom 24. März 2011 zu dem Vorschlag für eine Richtlinie des Europäischen Parlaments und des Rates über die Rechte der Verbraucher, abrufbar unter: www.europarl.europa.eu/sides/getDoc.do?type=TA&reference=P7-TA-2011-0116&language=DE&ring=A7-2011-0038#def_1_1; siehe auch die Pressemitteilung des Europäischen Parlaments zur Plenartagung, abrufbar unter: www.europarl.europa.eu/news/de/news-room/content/20110323IPR16151/html/Online-K%C3%A4ufer-besser-sch%C3%BCtzen.

bb) Zwischenergebnis

Was letztlich von den zahlreichen Stellungnahmen und Änderungsanträgen übrigblieb, war ein Kompromiss zwischen Kommission, Rat und Parlament. Deren vorgeschlagener Richtlinientext war bereits jener, der der heutigen VRRL inhaltlich entspricht. Eingeschlossen sind natürlich auch die Regelungen über digitale Inhalte (Erwägungsgrund (19), Definition, Regelungen zu Informationspflichten, Widerrufsrecht etc.). Die Unterscheidung zwischen der Lieferung auf einem körperlichen Datenträger und der unverkörperten Lieferung lebte wieder auf. Ein wichtiges Thema in der Entstehung der VRRL war also stets die vertragliche Einordnung digitaler Inhalte und damit eine Möglichkeit, sie dem Geltungsbereich der Richtlinie zuzuführen. Bedauerlicherweise finden sich in den Diskussionen im Vorfeld keine Ausführungen zur Mangelhaftigkeit digitaler Inhalte oder ähnliche spezifische Fragen.

d) Telos

Der Richtliniengeber trug mit der Einführung digitaler Inhalte dem Umstand Rechnung, dass sie in der modernen Informationsgesellschaft für den Verbraucher immer wichtiger wurden[114] und noch immer werden. Sinn und Zweck der Entwicklung der Verbraucherrechterichtlinie ist und war die Erhöhung des Verbraucherschutzniveaus. Ein konkretes Ziel stellt dabei die Schaffung einheitlicher Verbraucherinformationspflichten sowie von Widerrufsrechten für Fernabsatz- und Haustürverträge dar.[115] Bei allen Deutungen hinsichtlich digitaler Inhalte, die sich unmittelbar dem Richtlinientext, seiner Systematik oder den Entwicklungsschritten des Richtliniengebungsverfahrens entnehmen lassen, darf diese übergeordnete Intention nicht außer Betracht bleiben. Weil dezidierte Regelungen auf nationaler wie europäischer Ebene größtenteils fehlten,[116] sah sich der europäische Gesetzgeber zum Handeln veranlasst, um das Phänomen der digitalen Inhalte einem umfassenden Verbraucherschutz zugänglich zu machen. Ein Instrument zum Erreichen der Ziele der Richtlinie war sowohl der Ausbau bereits bestehender Informationspflichten etwa im Fernabsatz (Art. 6 VRRL) als auch die Schaffung grundlegend neuer Informationspflichten bei Verbraucherverträgen allgemein (Art. 5 VRRL). Nicht zuletzt, um den neuen Entwicklungen am Markt zu begegnen, zu denen vor allem die wachsende Bedeutung

---

114 *Tamm*, VuR 2014, 9 (11).
115 *Schwab/Giesemann*, EuZW 2012, 253 (253).
116 *Druschel*, Digitale Inhalte im GEKR, S. 40.

der Digitaltechnik gezählt wird,[117] war es logische Konsequenz, dass man die Informationspflichten auch konkret auf diesen Bereich ausweitete. Den Kern der Regelung digitaler Inhalte in der VRRL bildet daher ein Aufklärungsregime.[118] Es ging mithin weniger um spezifische Absatzformen (Erwerb im Ladenlokal oder via Fernabsatz) oder die Form des Erhalts der Inhalte (haptisch wahrnehmbar oder bloßer Download).[119] Auch war es der Richtlinie kein Hauptanliegen, die Kontroverse um eine vertragstypologische Einordnung digitaler Inhalte in die eine oder andere Richtung zu entscheiden, wie sich vor allem in Erwägungsgrund (19) VRRL deutlich zeigt. Vielmehr soll der Verbraucher vom Unternehmer in die Lage versetzt werden, die Inhalte angemessen nutzen zu können, weshalb Letzterer zur Aufklärung vor allem über die Funktionsweise verpflichtet wird.[120]

2. Stellungnahme

Die Regelung digitaler Inhalte in der VRRL ist ein brauchbarer Ansatz und hinsichtlich des Bereiches Verbraucherschutz auch grundsätzlich zu begrüßen.[121] Vereinzelt bietet sich die Gelegenheit zur Kritik.[122]

Es erscheint bedenklich, dass die VRRL zwar eine Legaldefinition des Begriffes „digitale Inhalte" liefert, zugleich aber in dieser Definition wiederum das Wort „digital" verwendet, sodass dabei ungeklärt bleibt, was der Rechtsanwender darunter zu verstehen hat. Denn streng genommen widerspricht diese Vorgehensweise der Regel, dass ein Wort, das es zu definieren gilt, nicht im Definiens vorausgesetzt werden darf.[123] Dem kann auf der einen Seite der recht technische[124] Hintergrund des Wortes „digital" entgegengehalten werden. Auch dieser lässt sich aber, wie oben gezeigt, in wenigen Worten verständlich zusammenfassen. Vor allem aber geht es um die Abgrenzung zu den „alten" analogen Produkten wie Büchern, Schallplatten oder Kassetten. Durch die Auflistung der Beispielsfälle in Erwägungsgrund (19) VRRL wird außerdem deutlich, dass es

---

117 KOM(2006) 744 endgültig, S. 6.

118 *Grundmann*, JZ 2013, 53 (60).

119 *Grundmann*, JZ 2013, 53 (60).

120 *Grundmann*, JZ 2013, 53 (60).

121 So im Ergebnis auch *Hörmann*, Der Internethandel und die VRRL, S. 135.

122 Zum Widerrufsrecht für Verträge über digitale Inhalte etwa *Rudkowski/Werner*, MMR 2012, 711 (712); *Peintinger*, MMR 2016, 3.

123 *Rüthers/Fischer/Birk*, Rechtstheorie, Rn. 199.

124 Zur technischen Erläuterung des Wortes „digital" bereits im 2. Teil unter C.II.1.a)bb), S. 29 ff.

sich in erster Linie um die elektronischen Konsumgüter handelt, mit denen der Verbraucher in der heutigen Zeit täglich zu tun hat. Wenngleich die Definition ohne die Erläuterung zum Begriff „digital" etwas ungenau ist, so kann sich der Durchschnittsverbraucher dennoch etwas darunter vorstellen.

Im Unionsrecht ist häufig, z. B. bei den Grundfreiheiten, nur die Rede von „Waren und Dienstleistungen"[125]. Betrachtet man in der VRRL die Normierung digitaler Inhalte (insbesondere auch solche, die nicht auf einem körperlichen Datenträger geliefert werden), liegt die Annahme, mit dem „Vertrag über die Bereitstellung digitaler Inhalte" sei eine dritte, eigene Kategorie eingeführt worden, nicht fern. Genauer betrachtet zeigt sich aber, dass die digitalen Inhalte überall dort, wo es irgendwie möglich war, in die bestehenden Kategorien eingeordnet wurden.[126] Das trifft jedenfalls für die Behandlung eines digitalen Inhaltes als Ware zu, sofern dieser auf einem körperlichen Datenträger geliefert ist. Neue und spezifische Regelungen (etwa zur Frage der Mangelhaftigkeit digitaler Inhalte) hingegen fehlen fast gänzlich, was hinsichtlich des Regelungszweckes der VRRL[127] wohl auch verzeihlich ist. Lediglich in den Abschnitten über die Informationspflichten und das Widerrufsrecht wurden spezielle Anforderungen normiert. Doch auch das überzeugt nicht vollends. Aufgrund der Komplexität vieler digitaler Produkte wird sich hier sicher über die Reichweite dieser Informationspflicht diskutieren lassen. Wie auch die Entstehungsgeschichte des Begriffes gezeigt hat, waren sich die Beteiligten keineswegs von Beginn an einig und taten sich sichtlich schwer, eine stringente Umsetzungslösung zu finden. Dies zeigt sich insbesondere an dem „verworrenen"[128] Wortlaut des Erwägungsgrundes (19) VRRL. Ferner könnte sich der Begriff der „Funktionsweise" digitaler Inhalte in Zukunft als nicht bestimmt genug herausstellen und womöglich sogar Anlass für Vorlagen an den EuGH geben.[129]

---

125 Siehe exemplarisch nur Art. 8 Abs. 7 VRRL; so auch *Kümmerle*, in: Vertragstypen in Europa, S. 304 ff.

126 Etwa die Gleichsetzung unverkörperter digitaler Inhalte mit Wasser, Strom, Gas, Fernwärme oder die Behandlung von digitalen Inhalten als Waren, sofern sie eine Verkörperung auf einem Datenträger gefunden haben.

127 Schaffung von allgemeinen Vorschriften für die gemeinsamen Aspekte von Fernabsatz- und außerhalb von Geschäftsräumen geschlossenen Verträgen, vgl. Erwägungsgrund (2) VRRL.

128 So *Druschel*, Digitale Inhalte im GEKR, S. 47.

129 Vgl. zum wortgleichen Begriff im BGB nach der Umsetzung der VRRL *Wendehorst*, NJW 2014, 577 (578); *Hörmann*, Der Internethandel und die VRRL, S. 132; *Rudkowski/Werner*, MMR 2012, 711 (713).

Es lässt sich jedenfalls festhalten, dass die VRRL als Ergebnis des Entstehungsprozesses hinsichtlich digitaler Inhalte nicht rundum gelungen ist.[130] Die teils umständlichen Formulierungen[131] erwecken den Eindruck, als sollten klare Aussagen zu bestimmten Themen (etwa zur vertragstypologischen Einordnung) vermieden werden, um nicht den Vorwurf aufkommen zu lassen, es seien zu unflexible Regelungen getroffen worden. Bei aller Kritik muss aber immer auch bedacht werden, dass der Richtliniengeber sich bei Entwicklung der Vorschriften über digitale Inhalte bewusst war, nicht von vornherein eine perfekte und dauerhafte Lösung präsentieren zu können. Das zeigt die in Art. 30 VRRL normierte Berichtspflicht der Kommission gegenüber dem Europäischen Parlament und dem Rat. Ausdrücklich wird dabei vorgegeben, dass dieser Bericht „insbesondere eine Bewertung der Bestimmungen dieser Richtlinie über digitale Inhalte" enthalten soll. Man erhofft sich davon also wichtige Erkenntnisse, um über die weitere Behandlung digitaler Inhalte im grenzüberschreitenden Handel entscheiden zu können.

III. Umsetzung ins BGB

Um einen Eindruck davon zu gewinnen, an welchen Stellen sich der Rechtsanwender überhaupt mit den von der VRRL ins Leben gerufenen digitalen Inhalten auseinandersetzen muss, sollen die einschlägigen Bereiche hier vorgestellt werden. Auch mögliche Abweichungen der Umsetzung von der VRRL werden kurz untersucht.

1. Umsetzung der Richtlinie

Am 20. September 2013 wurde das „*Gesetz zur Umsetzung der Verbraucherrechterichtlinie und zur Änderung des Gesetzes zur Regelung der Wohnungsvermittlung*" im Bundesgesetzblatt verkündet.[132] Der deutsche Gesetzgeber kam damit der Vorgabe, die VRRL in nationales Recht umzusetzen und ab dem 13. Juni 2014 anzuwenden,[133] rechtzeitig nach. Wie dabei bezüglich digitaler Inhalte vorgegangen wurde, soll nachfolgend skizziert werden.[134]

130 So für die Richtlinie als Ganzes auch *Unger*, ZEuP 2012, 270 (271).

131 Siehe nur den gesamten Erwägungsgrund (19) VRRL.

132 BGBl. 2013 Teil I Nr. 58.

133 Art. 28 Abs. 1 VRRL.

134 Allgemein zu strukturellen Neuerungen im BGB durch die VRRL *Hilbig-Lugani*, ZJS 2013, 441 (442).

a) Ausdrückliche Normierung

Die von der Richtlinie in Art. 2 Nr. 11 vorgegebene Definition digitaler Inhalte wurde in § 312f Abs. 3 BGB wortgleich übernommen:

> *„(3) Bei Verträgen über die Lieferung von nicht auf einem körperlichen Datenträger befindlichen Daten, die in digitaler Form hergestellt und bereitgestellt werden (digitale Inhalte),…“*

Dieser Paragraf findet sich im Abschnitt über außerhalb von Geschäftsräumen geschlossene Verträge und Fernabsatzverträge. Er regelt Abschriften und Bestätigungen des Vertrages nach Vertragsschluss. Bereits an dieser ersten „Einbruchstelle“ wird die bekannte Definition, anders als in der Richtlinie, in Zusammenhang mit der Art der Übermittlung gebracht: Die Sonderregelung des Abs. 3 bezieht sich nämlich nur auf solche Inhalte, die sich *nicht auf einem körperlichen Datenträger befinden*. Damit sollte freilich die Ausgangsdefinition der Richtlinie nicht verändert werden. Der stete Zusatz „nicht auf einem körperlichen Datenträger“ in §§ 356 Abs. 2 Nr. 2, Abs. 5, 357 Abs. 9, 358 Abs. 4 S. 2 BGB wäre überflüssig, wenn er bereits Teil der Ausgangsdefinition in § 312f Abs. 3 BGB wäre.[135] Digitale Inhalte sind daher auch im BGB sowohl solche, die auf einem Datenträger geliefert, als auch solche, die körperlos zur Verfügung gestellt werden.

Allerdings verzichtet die Begründung des Regierungsentwurfs zu § 312f BGB auf eine ähnliche Klarstellung wie Erwägungsgrund (19) VRRL. Sie gibt nur vor, dass es keine Rolle spielt, „ob die Daten heruntergeladen, gespeichert, hiernach sichtbar gemacht werden oder während des Herunterladens in Echtzeit sichtbar gemacht werden (Streaming)“[136]. Damit sollte jedoch nicht erreicht werden, dass Inhalte, auf die von einem körperlichen Datenträger oder in sonstiger Weise zugegriffen wird, nicht unter die Definition des § 312f Abs. 3 BGB fallen.[137]

Wie bereits von der Richtlinie an den meisten Stellen umgesetzt, bedient sich auch der deutsche Umsetzungsgesetzgeber des Wortes der „Lieferung“ im Zusammenhang mit digitalen Inhalten. Dass diese Wortwahl nicht immer zutreffend ist, wurde oben bereits ausgeführt.[138] Auch der deutsche Gesetzgeber verbindet mit dem Begriff Lieferung zumeist Sachen oder Waren, wie sich an zahlreichen Stellen im BGB[139] zeigt.

---

135 So auch *Schirmbacher*, in: Spindler/Schuster, § 312f BGB Rn. 37; *Stieper*, in: FS Köhler, S. 729 (733).

136 BT-Drs. 17/12637, S. 55.

137 *Schirmbacher/Creutz*, ITRB 2014, 44 (44).

138 Siehe die Ausführungen zu „Lieferung“ im 2. Teil, C.II.1.b)bb)(6), S. 40.

139 §§ 241a Abs. 1, 309 Nr. 8 lit. b und Nr. 9, 312 f Abs. 2 S. 1, 312g Abs. 2 Nr. 1–4, § 439 Abs. 1, 506 Abs. 3, 651 S. 1 BGB.

b) Informationspflichten

Die Legaldefinition befindet sich mit § 312f Abs. 3 BGB im Abschnitt über besondere Vertriebsformen (§§ 312b-312j BGB). Dort sieht die Verweisung des § 312d Abs. 1 BGB besondere Informationspflichten[140] für den Bereich des Fernabsatzes vor, die in Art. 246a § 1 EGBGB zu finden sind. Die wortgleichen Informationspflichten für „normale" Verbraucherverträge sind über die Verweisung des § 312a Abs. 1 S. 1 BGB in Art. 246 EGBGB zu finden. Die Informationspflichten haben durch die VRRL eine Überarbeitung erfahren[141] und enthalten für digitale Inhalte nunmehr spezifische Vorgaben hinsichtlich deren Funktionsweise, Interoperabilität und Kompatibilität.

Zum einen soll der Verbraucher über die „Funktionsweise" digitaler Inhalte „einschließlich anwendbarer technischer Schutzmaßnahmen für solche Inhalte" aufgeklärt werden (Art. 246 Abs. 1 Nr. 7 bzw. Art. 246a § 1 Abs. 1 Nr. 14 EGBGB). Mit technischen Schutzmaßnahmen sind ausweislich der Erwägungsgründe der VRRL[142] und der Regierungsbegründung zum Umsetzungsgesetz[143] technische Beschränkungen mittels digitaler Rechteverwaltung (DRM[144]) oder Regionalcodierung gemeint. Zur Funktionsweise zählt der Richtliniengeber unter anderem, „wie digitale Inhalte verwendet werden können", und nennt als Beispiel die Möglichkeit, das Verhalten des Verbrauchers nachzuverfolgen (sogenanntes Tracking[145]).[146] Weitere Erläuterungen zum Umfang der Informationspflicht

140 Zu Funktion und Zweck von Informationspflichten allgemein siehe *Weiler*, in: Tamm/Tonner, Verbraucherrecht, § 13 Rn. 4 ff.

141 Zur Entwicklung bei den Informationspflichten während des Gesetzgebungsverfahrens zur VRRL siehe *Schmidt-Kessel*, GPR 2010, 129 (132); zu den Änderungen der Informationspflichten im deutschen Recht nach Umsetzung der VRRL siehe *Schirmbacher/Schmidt*, CR 2014, 107 (108); *Tamm*, in: Brönneke/Tonner, Das neue Schuldrecht, Kap. 4 Rn. 1 ff.

142 Erwägungsgrund (19) VRRL; nach dem dortigen Wortlaut muss gleichfalls aufgeklärt werden, wenn solche Beschränkungen gerade nicht bestehen, so *Grüneberg*, in: Palandt-BGB, Art. 246 Rn. 11. Das lehnen *Schirmbacher/Schmidt*, CR 2014, 107 (109) ab. Der Verbraucher habe hier schon gar keinen Informationsbedarf, *Schirmbacher/Creutz*, ITRB 2014, 44 (44).

143 BT-Drs. 17/12637, S. 73.

144 = Digital Rights Management.

145 *Leier*, VuR 2014, 281 (282).

146 Erwägungsgrund (19) VRRL; etwa durch Cookies, *Rudkowski/Werner*, MMR 2012, 711 (713).

„Funktionsweise" finden sich, insbesondere im deutschen Umsetzungsgesetz, bedauerlicherweise nicht.[147]

Zum anderen muss beim Vertrieb digitaler Inhalte über deren Interoperabilität[148] und Kompatibilität informiert werden (Art. 246 Abs. 1 Nr. 8 bzw. Art. 246a § 1 Abs. 1 Nr. 15 EGBGB). Gerade die Interoperabilität ist bei digitalen Inhalten besonders wichtig.[149] Gemäß den Richtlinienerwägungen beschreibt der Begriff „die Information in Bezug auf die standardmäßige Umgebung an Hard- und Software, mit der die digitalen Inhalte kompatibel sind, etwa das Betriebssystem, die notwendige Version und bestimmte Eigenschaften der Hardware."[150] Derlei Informationen sind deshalb so wichtig, weil es eine fast grenzenlose Vielfalt[151] an Kombinationsmöglichkeiten von Hard- und Softwareprodukten gibt, die nicht für sich genommen nebeneinanderstehen, sondern auch miteinander harmonieren müssen.[152] Unter Interoperabilität werden daher auch die Systemanforderungen verstanden.[153]

Der ohnehin schon vorhandene Katalog an Informationspflichten wird teilweise wegen seines stetig steigenden Umfanges kritisiert. Häufig ist dabei die Rede vom „information overload",[154] der dem Informationsadressaten mehr

---

147 Vgl. *Föhlisch/Dyakova*, MMR 2013, 3 (7); teilweise wird davon ausgegangen, dass hiermit lediglich eine allgemeine Leistungsbeschreibung gemeint sei, vgl. *Paul*, in: Niemann/Paul, Kap. 8 Rn. 69; *Hörmann*, Der Internethandel und die VRRL, S. 133; siehe auch *Schirmbacher/Creutz*, ITRB 2014, 44 (46), für die diese Informationen bei Software jene sind, die sich schon aus dem Handbuch ergeben; *Schirmbacher/Schmidt*, CR 2014, 107 (109) meinen, dass unter Funktionsweise etwa auch die Erklärung falle, wie eine MP3-Datei abgespielt werden könne, wenn sich dies nicht schon von selbst erkläre; a. A. *Rudkowski/Werner*, MMR 2012, 711 (713).

148 Zum Begriff der Interoperabilität siehe schon Fn. 76.

149 *Schmidt-Kessel*, K&R 2014, 475 (482).

150 Erwägungsgrund (19) VRRL; darunter fallen sowohl Angaben, wie notwendiger Festplatten- oder Arbeitsspeicher, als auch die Grundvoraussetzung, welches Gerät überhaupt benötigt wird (z. B. iPad), vgl. *Schirmbacher/Schmidt*, CR 2014, 107 (109).

151 So auch *Europäische Kommission*, Leitfaden der Generaldirektion Justiz (GD), 2014, abrufbar unter: https://www.wko.at/service/wirtschaftsrecht-gewerberecht/Leitfaden_RLV.pdf, S. 81.

152 Damit sei aber nur gemeint, dass lediglich bei Abweichungen von bekannten Standards Informationen zu erteilen seien, vgl. *Schmidt-Kessel*, K&R 2014, 475 (482); zur grundsätzlichen Bedeutung von Kompatibilität bei Computersoftware vgl. etwa *Grützmacher/Schmidt-Bogatzky*, CR 2005, 545 (545).

153 *Rudkowski/Werner*, MMR 2012, 711 (713).

154 Zum Begriff „information overload" vgl. *Böxler*, Paid Content im Web 2.0, S. 50; *Gessner*, in: FS Derleder, S. 101 (105); *Hörmann*, Der Internethandel und die VRRL, S. 147; dazu ausführlich für das Kapitalmarktrecht *Möllers/Kernchen*, ZGR 2011, 1 m.w.N;

schadet als nützt. Durch neue Informationspflichten für digitale Inhalte dürfte diese Kritik wohl nicht weniger werden.

c) Widerrufsrecht

Vor allem die Änderung des Widerrufsrechts, insbesondere mit Blick auf digitale Inhalte, hat mit Umsetzung der VRRL hohe Wellen geschlagen.[155] Widerrufsrechte benötigen, anders als die klassischen Aufhebungsinstrumente, nicht einen objektivierbaren Grund,[156] sondern sollen bei zuvor ausgemachten strukturellen Ungleichheiten pauschal zum Einsatz kommen können.[157] Da digitale Inhalte in erster Linie via Internet, also im Wege des Fernabsatzes, vertrieben werden, liegt das Schutzbedürfnis des Verbrauchers in dieser Situation in einem Informationsdefizit begründet. Er hat nämlich vor Abschluss des Vertrages keine Möglichkeit, das Erzeugnis zu sehen oder die Eigenschaften der Dienstleistung im Einzelnen zur Kenntnis zu nehmen.[158] Hat sich der Verbraucher für einen Widerruf entschieden, wandelt sich der Vertrag infolge einer entsprechenden Erklärung in ein Rückgewährschuldverhältnis um und die empfangenen Leistungen sind zurückzugewähren (§ 355 Abs. 3 S. 1 BGB). Genau bei dieser

---

teilweise ist auch die Rede von einem „information overkill", *Grundmann*, JZ 2013, 53 (57).

155 Zum Zweck des Widerrufsrechts siehe *Lurger*, in: Bydlinski/Lurger, S. 54; ausführlich zu den Zwecken des Widerrufsrechts speziell im Onlinehandel *Föhlisch,* Widerrufsrecht im Onlinehandel, S. 61 ff.; speziell zum Widerrufsrecht im Onlinehandel nach Umsetzung der VRRL siehe *Föhlisch/Dyakova*, MMR 2013, 71.

156 Von „grundlosen" Widerrufsrechten ist daher die Rede bei *Lurger*, in: Bydlinski/Lurger, S. 54, die dies damit begründet, dass ein objektivierbarer, klar zu bezeichnender und zu beweisender Grund, der gegenüber der anderen Partei die Unwirksamkeit des Vertrages zumutbar erscheinen ließe (etwa, weil die andere Partei den Vertrag nicht erfüllt oder sie die anfechtende Partei in die Irre geführt hat) beim Widerruf nicht nötig sei.

157 Vgl. *Koch*, GPR 2014, 128 (133).

158 So schon in Erwägungsgrund (14) der FARL; vgl. auch *Peintinger*, MMR 2016, 3 (6); *Föhlisch,* Widerrufsrecht im Onlinehandel, S. 61; zuletzt auch *BITKOM*, Stellungnahme zu Vorschlägen der EU-Kommission für zwei Richtlinien über bestimmte vertragsrechtliche Aspekte der Bereitstellung digitaler Inhalte sowie des Online-Warnhandels und anderer Formen des Fernabsatzes, 24.02.2016, abrufbar unter: www.bitkom.org/Publikationen/2016/Positionspapiere/EU-Richtlinien-Entwuerfen-fuer-ein-Vertragsrecht-fuer-digitale-Inhalte-und-den-Onlinewarenhandel/20160225-Bitkom-Stellungnahme-RL-Onlinekaufrecht-u-digitale-Inhalte.pdf, S. 3; vgl. zu der grundsätzlichen Problematik im Fernabsatz *Martens*, in: BeckOK-BGB, 01.08.2018, § 312g Rn. 2.

angeordneten Rückgewähr liegt das Kernproblem des Widerrufsrechts, das sich in Verbindung mit rein digitalen Produkten stellt. Der Inhalt solcher Produkte kann dem Anbieter nicht als konkretisiertes Werkstück zurückgegeben werden, weil es sich um eine weitere Kopie handeln würde, die in der Umgebung des Verbrauchers erzeugt würde, nur um sie dem Anbieter zu übermitteln.[159] Sein Interesse liegt vielmehr darin, dass der Widerrufende nicht weiterhin vom wirtschaftlichen Wert des Inhaltes profitiert. Ein Widerrufsrecht für digitale Inhalte birgt also ein erhebliches Missbrauchspotenzial.[160]

Um dem vorzubeugen, hat der Umsetzungsgesetzgeber nach Vorgabe von Art. 16 lit. m VRRL die Norm des § 356 BGB angepasst.[161] In Abs. 5 ist dort nunmehr geregelt, dass das Widerrufsrecht unter bestimmten Voraussetzungen erlischt.[162] Der Verbraucher muss ausdrücklich zustimmen, dass der Unternehmer mit der Ausführung des Vertrages vor Ablauf der Widerrufsfrist beginnt (Nr. 1) und seine Kenntnis davon bestätigen, dass er durch seine Zustimmung mit Beginn der Ausführung des Vertrages sein Widerrufsrecht verliert (Nr. 2). Diese Voraussetzungen müssen kumulativ vorliegen („und").[163] Während der Verbraucher im Falle des Widerrufes bei gegenständlichen Waren unter bestimmten Voraussetzungen Ersatz für einen Wertverlust der Ware zu leisten hat (vgl. § 357 Abs. 7 BGB), gilt dies für digitale Inhalte nicht (§ 357 Abs. 9 BGB).

d) Sonstiges Vorkommen

Direkte Erwähnung finden Verträge über unverkörperte digitale Inhalte schließlich noch im Zusammenhang mit Verträgen über Finanzdienstleistungen (§ 357a Abs. 2 S. 3 BGB) sowie mit der Rückabwicklung verbundener Verträge (§ 358 Abs. 4 S. 2 BGB). Indirekt finden die digitalen Inhalte beispielsweise Einzug in § 241a BGB. Dort ist in Absatz 1 Satz 1 unter anderem die Rede von Waren und „sonstigen Leistungen". Weil verkörpert übermittelte digitale Inhalte als Waren angesehen werden, unterfallen die unverkörpert übermittelten daher

159 So auch *Hörmann,* Der Internethandel und die VRRL, S. 201.

160 Vgl. *Hörmann,* Der Internethandel und die VRRL, S. 200 f.; *Lehmann*, CR 2012, 261 (263); *Peintinger*, MMR 2016, 3 (3).

161 Vgl. zu den Neuerungen um ein Widerrufsrecht für digitale Inhalte *Lehmann*, CR 2012, 261 (263); *Bierekoven*, MMR 2014, 283 (287); *Buchmann*, K&R 2014, 621 (624); *Rudkowski/Werner*, MMR 2012, 711 (715); *Schirmbacher/Creutz*, ITRB 2014, 44 (45); *Schwab/Hromek*, JZ 2015, 271 (279); *Weiden*, GRUR 2015, 241 (241).

162 Vgl. hierzu auch *Peintinger*, MMR 2016, 3 (4); kritisch zu diesen Voraussetzungen *Schirmbacher/Creutz*, ITRB 2014, 44 (46).

163 So auch *Peintinger*, MMR 2016, 3 (4); *Rudkowski/Werner*, MMR 2012, 711 (712).

dem Erbringen einer solchen sonstigen Leistung. In Art. 27 VRRL, der durch § 241a BGB umgesetzt wurde, mussten digitale Inhalte noch gesondert genannt werden. Da sie aber – je nachdem ob mit oder ohne Datenträger erworben – als Waren oder sonstige Leistung klassifiziert werden können,[164] erübrigt sich eine ausdrückliche Nennung an dieser Stelle des BGB.[165]

2. Abweichungen von der Richtlinie

Hinsichtlich der Frage, ob der deutsche Umsetzungsgesetzgeber überhaupt von den Vorgaben der VRRL abweichen konnte oder durfte, muss die Vorgabe des Prinzips der Vollharmonisierung bedacht werden. Die Richtlinie selbst beschreibt den Grad der Harmonisierung in Art. 4 VRRL. Danach ist es den mitgliedstaatlichen Umsetzungsgesetzgebern untersagt, neue Vorschriften einzuführen, die von der Richtlinie abweichen, unabhängig davon ob diese nun den Level des Verbraucherschutzes anheben oder absenken.[166] Der Gefahr, gegen diesen Grundsatz zu verstoßen, sah man sich hinsichtlich der Umsetzung digitaler Inhalte nur bedingt ausgesetzt, weil Sonderregelungen hierfür schlichtweg noch nicht existierten. Umso bemerkenswerter ist deshalb eine Abweichung beider Fassungen in den Vorgaben zu Informationspflichten. Diese Abweichung offenbart sich im Bereich der vom Unternehmer zu erteilenden Informationen zur Interoperabilität digitaler Inhalte mit Hard- und Software in den Bereichen der allgemeinen Verbraucherverträge (Art. 246 Abs. 1 Nr. 8 EGBGB) und der Fernabsatz- beziehungsweise Außergeschäftsraumverträge (Art. 246a § 1 Abs. 1 S. 1 Nr. 15 EGBGB). Im EGBGB enthalten beide Ziffern einen identischen Wortlaut („bekannt sind oder bekannt sein *müssen*“[167]). Diese Formulierung ist bis auf ein Wort deckungsgleich mit dem deutschen Richtlinientext.[168] Dort heißt es nämlich für Fernabsatz- und Außergeschäftsraumverträge „bekannt ist oder (…) bekannt sein *dürfte*“.[169] Dieser marginale Unterschied zeigt sich allerdings nur in der deutschen Sprachfassung. Legt man die Übersetzungen anderer

164 Gesetzentwurf der Bundesregierung, Entwurf eines Gesetzes zur Umsetzung der Verbraucherrechterichtlinie und zur Änderung des Gesetzes zur Regelung der Wohnungsvermittlung vom 19.12.2012, S. 72.

165 So auch *Olzen*, in: Staudinger-BGB, § 241a Rn. 24.

166 *Schwab*, JZ 2015, 644 (651).

167 Hervorhebung durch den Verfasser.

168 Siehe dazu bereits 2. Teil, C.II.1.b)bb)(2), S. 36.

169 Hervorhebung durch den Verfasser.

Sprachen zugrunde,[170] so müsste es auch in der deutschen Version der VRRL in der Fernabsatz- und Außergeschäftsraum-Situation „bekannt sein *muss*" heißen. Dies gilt gerade vor dem Hintergrund, dass im deutschen Recht ebenfalls das Begriffspaar „kennen" und „kennen müssen" verwendet wird, wie beispielsweise in § 123 Abs. 2 S. 1 BGB.[171] Zudem existiert in § 122 Abs. 2 BGB eine Legaldefinition für den Begriff des Kennenmüssens, die für das gesamte Privatrecht[172] gilt. Warum die Anforderungen an den Unternehmer in der Fernabsatz-/Außergeschäftsraumsituation milder sein sollten („müssen" ist bekanntermaßen strenger als „dürfen") als in der Situation des stationären Handels, erschließt sich in der Sache nicht. Es spricht daher Vieles dafür, dass es sich bei der deutschen Übersetzung des Richtlinientextes an dieser Stelle um ein redaktionelles Versehen handelt.

3. Digitale Inhalte und § 453 BGB

Eine weitere Norm im BGB, die genug Raum für ihre Anwendbarkeit auf digitale Inhalte lassen könnte, ist § 453 BGB. Danach sollen die Vorschriften über den Sachkauf (§§ 433–452 BGB) auch für den Kauf von Rechten und sonstigen Gegenständen entsprechende Anwendung finden. Ähnlich wie der recht weite Begriff der „sonstigen Leistung" in § 241a BGB könnten digitale Inhalte daher als „sonstige Gegenstände" im Sinne des § 453 Abs. 1 BGB bezeichnet werden.[173] Diese Vorschrift wurde im Zuge der Schuldrechtsmodernisierung eingeführt und sollte gemäß den Gesetzgebungsmaterialien dem Weg der Rechtsprechung folgen: Entsprechende Anwendung der Vorschriften des Kaufrechts auf die entgeltliche Übertragung von Software („soweit sie passen").[174]

4. Zusammenfassende Bewertung der Umsetzung

Zunächst ist festzustellen, dass die Definition des neu eingeführten Begriffs der digitalen Inhalte mit ihrer Implementierung in § 312f Abs. 3 BGB recht versteckt ist. Generell wäre es eine denkbare Alternative, die Struktur der VRRL zu übernehmen und am Anfang des Kapitels über Verbraucherverträge eine Vorschrift

---

170 Englisch: „can reasonably be expected to have been aware of"; Spanisch: „quepa esperar razonablemente que este pueda conocer"; Französisch: „devrait raisonnablement avoir connaissance".

171 Selbiges z. B. in §§ 142 Abs. 2, 179 Abs. 3 S. 1, 254 Abs. 2 S. 1, 434 Abs. 1 S. 3 BGB.

172 *Ellenberger*, in: Palandt-BGB, § 122 Rn. 5; *Singer*, in: Staudinger-BGB, § 122 Rn. 18.

173 So ausdrücklich für digitale Inhalte *Beckmann*, in: Staudinger-BGB, § 453 Rn. 2.

174 Begr. zum RegE, BT-Drs. 14/6040, S. 242.

einzuführen, die sämtliche Legaldefinitionen zusammenfasst und übersichtlich bereithält.

Die Umsetzung der neuen Informationspflichten, die mit dem Widerrufsrecht das Herzstück des Verbraucherrechts bilden,[175] ist kompliziert geraten.[176] Das hängt vor allem damit zusammen, dass es nunmehr zusätzliche Unternehmerpflichten zur Information des Verbrauchers im stationären Handel gibt. Diese allgemein geltenden Informationspflichten haben den Gesamtkatalog damit erheblich erweitert. Die Regelungstechnik vermag nicht vollständig zu überzeugen. Auf der einen Seite stehen „allgemeine" Pflichten und auf der anderen Seite solche, die darüber hinausgehen und nur für die besonderen Vertriebsformen der Fernabsatz- und Außergeschäftsraumverträge Anwendung finden. Für die digitalen Inhalte hat dies dazu geführt, dass in beiden Fallgruppen jeweils wortgleich dieselben Informationspflichten angegeben werden. Ein einfacher Verweis hätte diese Wiederholung überflüssig gemacht.

Aufgrund der verlustfreien Kopierbarkeit digitaler Inhalte birgt der Verbraucherwiderruf für den Unternehmer ein großes Missbrauchsrisiko. Erhält der Kunde den Inhalt, ob auf einem Datenträger geliefert oder durch Online-Bezug, hat er theoretisch die Möglichkeit, sich eine Kopie anzufertigen, die dem Original in nichts nachsteht. Widerruft er nun und muss infolgedessen die erhaltene Leistung zurückgewähren, so ändert dies nicht den Bestand der für ihn weiterhin nutzbaren Kopie. Deswegen war bereits in der Vergangenheit ein Widerrufsrecht für Fernabsatzverträge über die Lieferung von Audio-/Videoaufzeichnungen oder Software ausgeschlossen, sobald der Datenträger entsiegelt wurde (§ 312d Abs. 4 Nr. 2 BGB aF, nunmehr § 312g Abs. 2 S. 1 Nr. 6 BGB). Art. 16 lit. m VRRL passt das Widerrufsrecht abermals an den technischen Fortschritt an und berücksichtigt nun auch die körperlose „Lieferung": Das Widerrufsrecht erlischt bei diesen digitalen Inhalten unter den in § 356 Abs. 5 BGB genannten Voraussetzungen (ausdrückliche Zustimmung zur sofortigen Vertragsausführung und Bestätigung der Kenntnis vom Verlust des Widerrufsrechts). Diese Anpassung ist zu begrüßen und fügt sich auch systematisch in das nun stimmigere Widerrufsrecht ein.[177]

---

175 *Brönneke,* Widerrufsrecht und Belehrungsfristen, S. 5; *Föhlisch,* Widerrufsrecht im Onlinehandel, S. 8.

176 Zu ähnlichen Ergebnissen kommen auch *Föhlisch/Dyakova*, MMR 2013, 3 (6); *Schirmbacher/Schmidt*, CR 2014, 107 (108); *Tonner*, VuR 2013, 443 (444).

177 Ebenfalls ein positives Fazit ziehend *Halm*, VuR 2014, 1 (1); *Schärtl*, JuS 2014, 577 (582).

Nach wie vor hat der Umsetzungsgesetzgeber daran festgehalten, eine Richtlinie unmittelbar ins BGB einzubetten, anstatt sie auszulagern. Der aber trotzdem einzuhaltende Vollharmonisierungsgrundsatz hat dazu geführt, dass das Gesetz zur Umsetzung der VRRL insgesamt sehr komplex geworden ist.[178]

IV. Definitionen aus GEKR und DigInRL-E

Zusätzliches Auslegungsmaterial für eine Begriffspräzisierung bieten womöglich die europäischen Instrumente GEKR und DigInRL-E. Zunächst muss jedoch deren Verhältnis zueinander kurz erläutert werden, ehe versucht wird, aus den Regelungswerken Gewinnbringendes zu extrahieren.

1. Verhältnis von GEKR und DigInRL-E

Das Gemeinsame Europäische Kaufrecht geht auf einen Verordnungsvorschlag der Kommission vom 11. Oktober 2011 zurück.[179] Dieser sah die „Schaffung einer fakultativen zweiten Vertragsrechtsregelung in jedem Mitgliedstaat" vor.[180] Die Parteien sollten das GEKR also optional für das zwischen ihnen abzuschließende Geschäft wählen beziehungsweise „optieren" können (opt-in).[181] Der Vorschlag scheiterte aber an der mangelnden politischen Durchsetzbarkeit im Rat und dem Widerstand wichtiger Mitgliedstaaten,[182] weshalb Ende 2014 die Entscheidung getroffen wurde, den Vorschlag in seiner Urform nicht mehr weiter zu verfolgen.[183] Stattdessen hat die Europäische Kommission am 12. Juni 2015 eine „Öffentliche Konsultation zu vertragsrechtlichen Vorschriften für den Online-Erwerb von digitalen Inhalten und Sachgütern" gestartet. Hieran konnten sich alle Bürgerinnen und Bürger, aber auch Organisationen bis

178 So auch *Tonner*, VuR 2013, 443 (447); *ders.*, VuR 2014, 23 (26), „Unübersichtlichkeit".

179 Vorschlag für eine Verordnung des Europäischen Parlaments und des Rates für ein Gemeinsames Europäisches Kaufrecht vom 11. Oktober 2011, KOM(2011) 635 endgültig, kurz auch „GEKR".

180 KOM(2011) 635 endgültig, S. 6.

181 *Druschel*, GRUR Int. 2015, 125 (125) (125).

182 *Ostendorf*, ZRP 2016, 69 (69).

183 *Bundesrechtsanwaltskammer*, Gemeinsames Europäisches Kaufrecht – Europäische Kommission startet öffentliche Konsultation, 26.06.2015, abrufbar unter: www.brak.de/zur-rechtspolitik/newsletter/nachrichten-aus-bruessel/2015/ausgabe-12-2015-vom-26062015.news.html#hl59853; siehe auch *Basedow*, ZEuP 2015, 432 (433) der auf ein zuvor verfasstes kritisches Schreiben der Justizminister Frankreichs, Deutschlands, des Vereinigten Königreichs, Österreichs, der Niederlande und Finnlands hinweist. Dieses ist dort in deutscher Sprache abgedruckt.

zum 3. September 2015 beteiligen. Bereits mit der Rücknahme des ursprünglichen Vorschlags hatte die Kommission angekündigt, im Rahmen der digitalen Agenda ein neues Instrument vorschlagen zu wollen.[184] Die damalige Vermutung, dass es zu einer abgeänderten Version des GEKR kommen würde, die sich auf den Erwerb digitaler Waren beschränkt,[185] hat sich in Anbetracht der Vorschläge für eine DigInRL und eine Richtlinie für den Onlinehandel zumindest teilweise bestätigt. Das GEKR diente also als Basis für die Entwicklung der neuen Richtlinienvorschläge.[186]

2. Definition im GEKR

Trotz der zwischenzeitlichen Rücknahme des GEKR respektive dessen Überarbeitung in Bezug auf digitale Inhalte kommt ihm eine nicht nur unerhebliche Bedeutung zu. Dort nämlich wurden diese Rechtsgegenstände erstmalig umfassend geregelt. Auch für die Auslegung der VRRL ist dem GEKR einiges an Gewicht beizumessen.[187]

Zur Begrifflichkeit der digitalen Inhalte findet sich eine Definition in der Verordnung zum Gemeinsamen Europäischen Kaufrecht (GEKR-VO), nicht aber im angehängten GEKR selbst.[188] Unter Art. 2 lit. j GEKR-VO werden digitale Inhalte definiert als

> *„[...] Daten, die – gegebenenfalls auch nach Kundenspezifikationen – in digitaler Form hergestellt und bereitgestellt werden, darunter Video-, Audio,- Bild- oder schriftliche Inhalte, digitale Spiele, Software und digitale Inhalte, die eine Personalisierung bestehender Hardware oder Software ermöglichen, jedoch ausgenommen:*
>
> i) *elektronische Finanzdienstleistungen, einschließlich Online-Banking,*
> ii) *Rechts- oder Finanzberatungsleistungen, die in elektronischer Form erbracht werden,*
> iii) *elektronische Gesundheitsleistungen,*

184 *Wendehorst*, ITRB 2015, 94 (94).

185 *Bundesrechtsanwaltskammer*, Gemeinsames Europäisches Kaufrecht – Europäische Kommission startet öffentliche Konsultation, 26.06.2015, abrufbar unter: www.brak.de/zur-rechtspolitik/newsletter/nachrichten-aus-bruessel/2015/ausgabe-12-2015-vom-26062015.news.html#hl59853.

186 DigInRL-E und KOM(2015) 635 endgültig, jeweils S. 2.

187 *Schmidt-Kessel*, Stellungnahme zum Entwurf eines Gesetzes zur Umsetzung der Verbraucherrechterichtlinie und zur Änderung des Gesetzes zur Regelung der Wohnungsvermittlung, 17.04.2013, abrufbar unter: http://www.schmidt-kessel.uni-bayreuth.de/pool/dokumente/gutachten_stellungnahmen/Stellungnahme_VRRL.pdf, S. 12.

188 *Druschel*, Digitale Inhalte im GEKR, S. 48.

iv) *elektronische Kommunikationsdienste und -netze mit den dazugehörigen Einrichtungen und Diensten,*
v) *Glücksspiele,*
vi) *die Erstellung neuer digitaler Inhalte oder die Veränderung vorhandener digitaler Inhalte durch den Verbraucher oder jede sonstige Interaktion mit den Schöpfungen anderer Nutzer; […]"*

Diese Definition ähnelt stark jener aus der VRRL und damit auch der aus dem deutschen Umsetzungsgesetz. Der Kern „Daten, die in digitaler Form hergestellt und bereitgestellt werden", ist damit jeweils derselbe. Im Gegensatz zur VRRL listet das GEKR bereits in seinem Text Einzelfälle auf, die bei ersterer nur Einzug in die Erwägungsgründe gefunden haben.[189] Um eine abschließende Liste soll es sich dabei aber nicht handeln, wie das Wort „darunter"[190] klarstellt. Den ausgenommenen Fallgruppen i)–iii) lässt sich entnehmen, dass das GEKR als kaufrechtliches Instrument nicht auf Vertragsbeziehungen mit rein dienstleistungsvertraglichem Charakter anwendbar sein soll.[191]

Eine wichtige Ergänzung hinsichtlich des Anwendungsbereiches des GEKR auf digitale Inhalte findet sich in dann in Art. 5 lit. b GEKR-VO:

„Das Gemeinsame Europäische Kaufrecht kann verwendet werden für:

[…] b) Verträge über die Bereitstellung digitaler Inhalte gleich, ob auf einem materiellen Datenträger oder nicht, die der Nutzer speichern, verarbeiten oder wiederverwenden kann oder zu denen er Zugang erhält, unabhängig davon, ob die Bereitstellung gegen Zahlung eines Preises erfolgt oder nicht, […]"

Erst aus der Zusammenschau der Normen zu Definition und Anwendungsbereich ergibt sich ein schärferes Bild davon, wie digitale Inhalte im GEKR behandelt werden sollen.[192]

Auffällig ist, dass das GEKR digitale Inhalte uneingeschränkt als immaterielle Güter sieht, denn im vorstehenden Abschnitt über den Anwendungsbereich wird die Bedeutung der Verkörperung auf einem Datenträger relativiert („gleich, ob auf einem materiellen Datenträger oder nicht").[193] Dies lässt sich auf Erwägungsgrund (17) des GEKR zurückführen, worin die Kommission deutlich macht, dass digitale Inhalte nur ihrem Wesen nach, nicht aber abhängig von der

---

189 *Zenefels*, K&R 2012, 463 (464).
190 In der deutschen Rechtssprache wird für die Auflistung von Beispielen eigentlich „insbesondere" genutzt; diese Abweichung kritisierend *Zahn*, ZEuP 2014, 77 (81).
191 *Zenefels*, K&R 2012, 463 (464).
192 So im Ergebnis auch *Wendehorst*, in: Schulze, CESL Commentary, Art. 2 CESL Rn. 23; *Zahn*, ZEuP 2014, 77 (81).
193 *Wendehorst*, in: Schulze, CESL Commentary, Art. 5 CESL Rn. 17.

Art ihrer Übertragung, zu betrachten sind.[194] Verträge über digitale Inhalte werden in Art. 5 GEKR-VO nicht in die übrigen Anwendungsbereiche „Kaufvertrag“ oder „Vertrag über verbundene Dienstleistungen“ mit einbezogen, sondern daneben in einer eigenen Kategorie aufgeführt. Hieraus ergibt sich, dass sie auch getrennt voneinander zu behandeln sind.[195] Digitale Inhalte wurden im GEKR also vor allem vom Warenbegriff ausgegliedert.[196]

Die Ähnlichkeit der Definitionen ist auf die weitgehend parallele Entwicklung von GEKR und VRRL zurückzuführen. Zeitlich gesehen wurde die Definition der VRRL für das GEKR übernommen.[197] Letztlich kann das GEKR auch als eigener Versuch der Kommission betrachtet werden, die VRRL umzusetzen.[198] Die Definition im GEKR kann daher ebenso als Weiterentwicklung der in der VRRL enthaltenen angesehen werden.

Hinsichtlich der uneingeschränkten Immaterialität der erfassten Güter trifft die VRRL eine andere Aussage als das GEKR: Zwar wird in Erwägungsgrund (19) ebenfalls vorgegeben, digitale Inhalte unabhängig von der Art des Zugriffs in ihren Geltungsbereich fallen lassen zu wollen. Allerdings folgt dort sogleich die Festlegung, dass im Falle einer Verkörperung die Vorschriften über Waren Anwendung finden sollen. In der VRRL war der Richtliniengeber also nicht bereit, die digitalen Inhalte vollständig getrennt von Waren zu behandeln. In besagtem Erwägungsgrund (19) lassen sich unter den dort aufgelisteten Einzelfällen sowohl Streaming als auch Apps finden. Beides lässt das GEKR hingegen unerwähnt, was gerade im Hinblick auf die wirtschaftlich hochbedeutsamen Apps verwundert. Was das Streaming angeht, so muss der kaufrechtliche Charakter des GEKR berücksichtigt werden. Gebrauchsüberlassungen sollten hiervon nicht erfasst werden.[199]

Im Gegensatz zur Richtlinie differenziert das GEKR in Art. 5 lit. b GEKR außerdem nach verschiedenen Arten der Nutzung, die dem Verbraucher mit der Bereitstellung digitaler Inhalte möglich sein sollen. Es muss sich um solche

194 *Zenefels*, K&R 2012, 463 (465).

195 So schon *Zenefels*, K&R 2012, 463 (465).

196 *Schmidt-Kessel*, in: Schmidt-Kessel, GEKR Kommentar, Art. 2 GEK-VO Rn. 44.

197 *Schmidt-Kessel*, in: Schmidt-Kessel, GEKR Kommentar, Art. 2 GEK-VO Rn. 45.

198 *Schmidt-Kessel*, Stellungnahme zum Entwurf eines Gesetzes zur Umsetzung der Verbraucherrechterichtlinie und zur Änderung des Gesetzes zur Regelung der Wohnungsvermittlung, 17.04.2013, abrufbar unter: http://www.schmidt-kessel.uni-bayreuth.de/pool/dokumente/gutachten_stellungnahmen/Stellungnahme_VRRL.pdf, S. 3.

199 *Schmidt-Kessel*, in: Schmidt-Kessel, GEKR Kommentar, Art. 2 GEK-VO Rn. 66, nach dem die Nutzungsart des Streaming nicht erfasst sein soll.

digitalen Inhalte handeln, die der Nutzer speichern, verarbeiten oder wiederverwenden kann oder zu denen er Zugang erhält. Unterschieden werden kann daher zwischen zwei Leistungsvarianten: Der Nutzer erhält entweder eine Art faktischer Verfügungsgewalt (speichern, verarbeiten, wiederverwenden) oder ihm wird der Zugang zu einem Inhalt gewährt.[200]

Letztlich muss beim Vergleich beider Instrumente berücksichtigt werden, dass das GEKR ein sehr viel umfassenderes Regelwerk darstellt als die VRRL. Es weist dabei eine ähnliche Regelungsdichte wie das BGB auf und ist auch ebenso ausdifferenziert, was die von ihm geregelten Bereiche betrifft.[201] Der Anwendungsbereich der VRRL liegt hauptsächlich im Fernabsatz[202] und hält dementsprechend für die digitalen Inhalte auch nur solche spezifischen Regelungen bereit.

3. Definition im Vorschlag für eine DigInRL

Da digitale Inhalte der Hauptgegenstand des DigInRL-E sind, überrascht es nicht, dass auch in dessen Art. 2 Nr. 1 eine Definition derselben erfolgt. Gemäß der Ausgangsdefinition in lit. a) sind digitale Inhalte

> *„Daten, die in digitaler Form hergestellt und bereitgestellt werden, darunter Video- und Audioinhalte, Anwendungen, digitale Spiele, sonstige Software".*

Es folgt sodann eine Ausweitung des Begriffes auf Dienstleistungen verschiedener Art. Digitale Inhalte sind demnach auch:

> *„b) Dienstleistungen, die die Erstellung, Verarbeitung oder Speicherung von Daten in digitaler Form ermöglichen, wenn diese Daten vom Verbraucher bereitgestellt werden, und*
>
> *c) Dienstleistungen, die die gemeinsame Nutzung der von anderen Nutzern dieser Dienstleistungen in digitaler Form bereitgestellten Daten und sonstige Interaktionen mit diesen Daten ermöglichen".*

Anders als das GEKR, das schon seinem Namen nach primär auf das Kaufrecht abzielt, soll der DigInRL-E sich also nicht auf eine Vertragsart wie Kauf oder Dienst beschränken, sondern vielmehr umfassend und technologisch neutral[203] den Rechtsgegenstand digitale Inhalte und die damit verbundenen Verträge

---

200 *Schmidt-Kessel*, in: Schmidt-Kessel, GEKR Kommentar, Art. 2 GEK-VO Rn. 65.
201 *Haug*, K&R 2012, 1 (5).
202 *Druschel*, GRUR Int. 2015, 125 (127).
203 *Wendland*, GPR 2016, 8 (11).

umfassen. Ausweislich der Richtlinienbegründung soll sich die Definition auf alle Arten von digitalen Inhalten erstrecken und ist daher bewusst weit gefasst.[204]

Im Gegensatz zur VRRL oder zum GEKR findet sich im DigInRL-E eine hilfreiche Präzisierung des Definitionsbestandteils „Bereitstellen". Darunter ist gemäß Art. 2 Nr. 10

„die Verschaffung des Zugangs zu oder die Zurverfügungstellung von digitalen Inhalten"

zu verstehen. Auch die Verwendung des Wortes „Bereitstellung" passt ins Bild des bezweckten weiten Anwendungsbereiches. Dass es sich dafür besser eignet, als das Wort „Lieferung", wurde bereits thematisiert.[205] Mit der Festlegung sowohl auf die Verschaffung des Zugangs[206] als auch auf die Zurverfügungstellung[207] wird gewährleistet, dass möglichst viele Geschäftsmodelle erfasst werden. Während „Zugang" den bloß beschränkten Zugriff auf die digitalen Inhalte meint, ist mit der „Zurverfügungstellung" eine umfassende Verfügungsmacht verbunden.[208]

Die Ausgangsdefinition ist dieselbe wie schon in der VRRL und im GEKR.[209] Auch die aufgelisteten Inhalte sind bloß häufige Anwendungsbeispiele und kein feststehender Katalog („darunter").

4. Fazit: Einheitliche Ausgangsdefinition

Was beim Vergleich der verfügbaren Legaldefinitionen bleibt, ist eine übereinstimmende Ausgangsdefinition digitaler Inhalte als Daten, die in digitaler Form hergestellt und bereitgestellt werden. Soweit die Definitionen im Einzelnen voneinander abweichen, dient dies nur der Bestimmung des Anwendungsbereiches der jeweiligen Richtlinie beziehungsweise Verordnung. Die Reichweite des Begriffes der digitalen Inhalte ist dort jeweils verschieden. Vieles, was man etwa im GEKR als ein „Mehr" gegenüber der Definition in der VRRL ansieht, bestimmt oder begrenzt lediglich den Anwendungsbereich digitaler

---

204 Erläuterung zu Art. 2 DigInRL-E, S. 13; die Wahl des Wortes „Bereitstellung" trägt zu der großen Reichweite der Definition bei, vgl. *Druschel/Lehmann*, CR 2016, 244 (246).

205 Dazu bereits 2. Teil, C.II.1.b)bb)(6), S. 40.

206 In der englischsprachigen Fassung „access".

207 In der englischsprachigen Fassung „making available".

208 *Wendland*, GPR 2016, 8 (13), der als Beispiel anführt, dass beim Datenbank*zugang* zu Texten diese lediglich abrufbar seien, aber nicht exportiert oder gespeichert werden könnten, während bei der *Zurverfügungstellung* jener Daten diese Exportmöglichkeiten sehr wohl gegeben seien.

209 Vgl. *Wendland*, GPR 2016, 8 (12).

Inhalte im GEKR. Ähnlich ist dies für den umfassendsten Anwendungsbereich des DigInRL-E. Die Definitionen aus GEKR und DigInRL-E weichen nur auf den ersten Blick von jener aus der VRRL ab. Die vorgefundenen Hinweise für die angestrebte umfassende Begriffsbestimmung als Ergebnis dieses Kapitels lassen sich daher in allen drei untersuchten Regelungswerken finden.

V. Digitale Inhalte in anderen Rechtsordnungen

Ob weitere Hinweise in anderen Rechtsordnungen zu finden sind, soll im Folgenden untersucht werden.

Eine kodifizierte Definition digitaler Inhalte suchte man bis zur Umsetzung der VRRL nicht nur in der deutschen, sondern auch in anderen Rechtsordnungen vergebens. Digitale Inhalte existieren im Grunde seit es funktionsfähige Computer gibt, also bereits seit den 1940er Jahren. Daher drängt sich die Frage auf, ob nicht zumindest der Umgang anderer Rechtsordnungen mit ihnen Aufschluss über ihre Begrifflichkeit geben kann.

1. Behandlung vor Umsetzung der VRRL

Vor Inkrafttreten der Richtlinie wurden verschiedene Wege beschritten, um digitale Inhalte rechtlich zu erfassen.

a) Weit verbreitete Rechtsunsicherheit

In der Vergangenheit waren digitale Inhalte, meist in Gestalt von Software, hauptsächlich Gegenstand der Kernfrage, ob sie als körperliche Gegenstände und damit als Sachen einzustufen sind, womit in der Folge auf die Anwendbarkeit kaufvertraglicher Vorschriften abgezielt wurde.[210] Die Behandlung digitaler Inhalte betraf rechtlich also meist die grundlegende Frage des passenden Vertragstypus. Bis zum Inkrafttreten der VRRL herrschten somit in vielen anderen

210 Siehe nur BGH, Urt. v. 15.11.2006, XII ZR 120/04, MMR 2007, 243; BGH, Urt. v. 22.12.1999, VIII ZR 299/98, NJW 2000, 1415; BGH, Beschl. v. 02.05.1985, I ZB 8/84, NJW-RR 1986, 219; BGH, Urt. v. 04.11.1987, VIII ZR 314/86, CR 1988, 124; BGH, Urt. v. 14.07.1993, VIII ZR 147/92, NJW 1992, 2436; BGH, Urt. v. 18.10.1989, VIII ZR 325/88, NJW, 320; *Bartsch*, CR 2010, 553; *Hantschel*, Softwarekauf und -weiterverkauf; *Hoeren*, Softwareüberlassung als Sachkauf; *König*, NJW 1993, 3121; *Lenhard*, Vertragstypologie von Softwareüberlassungsverträgen; *Marly*, Praxishandbuch Softwarerecht; *Mincke*, JurPC 1991, 932; *Redeker*, NJOZ 2008, 2917 u. a.

Ländern große Unsicherheiten hinsichtlich der rechtlichen Einordnung eines digitalen Inhalts als Ware oder als Dienstleistung.[211]

Die Antworten ausländischer Rechtsordnungen hierauf sind unterschiedlich. Eine von der Kommission in Auftrag gegebene Untersuchung hat sich mit der Behandlung digitaler Inhalte in ausgewählten Staaten[212] beschäftigt und dabei vor allem das Thema Verbraucherschutz bewertet. Diese Analyse wurde während des Entstehungsprozesses der VRRL gefertigt und berücksichtigt demnach nur die Rechtslage vor Inkrafttreten derselben.

b) Behandlung in einzelnen Rechtsordnungen

Für den Fall der Verkörperung digitaler Inhalte auf einem Datenträger ergab sich, dass nahezu alle untersuchten Rechtsordnungen Verbraucherkaufrecht anwendeten, sofern der Verbraucher einen Datenträger erhielt, der wiederum (als von der Untersuchung vorgegebenen Einzelfall) fehlerhafte Software beinhaltete.[213] Ausnahmen hiervon waren in Finnland[214] und Schottland[215] vorzufinden. In Finnland wurde der physische Datenträger zwar als Ware angesehen, sodass isoliert auf diesen Verbraucherkaufrecht Anwendung fand. Die darauf befindliche Software allerdings wurde als Dienstleistung behandelt und entzog sich damit diesem Anwendungsbereich. Eine schottische Gerichtsentscheidung[216] stufte

211 *Loos/Helberger/Guibault u.a.*, Digital content contracts for consumers – Final Report, 2011, zuletzt abgerufen am 17.05.2017 unter: www.ec.europa.eu/justice/consumer-marketing/files/legal_report_final_30_august_2011.pdf, S. 6.

212 Als EU-Mitgliedstaaten waren dies Finnland, Frankreich, Deutschland, Ungarn, Italien, Niederlande, Polen, Spanien und das Vereinigte Königreich. Außerhalb der EU wurden zudem Norwegen und die USA begutachtet.

213 *Loos/Helberger/Guibault u.a.*, Digital content contracts for consumers – Final Report, 2011, zuletzt abgerufen am 17.05.2017 unter: www.ec.europa.eu/justice/consumer-marketing/files/legal_report_final_30_august_2011.pdf, S. 2.

214 *Loos/Helberger/Guibault u.a.*, Digital content services for consumers – Report I: Country Reports, abrufbar unter: www.csecl.uva.nl/binaries/content/assets/subsites/centre-for-the-study-of-european-contract-law/map-1/report-1-digital-conent-services.pdf, S. 7.

215 *Loos/Helberger/Guibault u.a.*, Digital content services for consumers – Report I: Country Reports, abrufbar unter: www.csecl.uva.nl/binaries/content/assets/subsites/centre-for-the-study-of-european-contract-law/map-1/report-1-digital-conent-services.pdf, S. 2.

216 Beta Computers (Europe) Ltd. v Adobe Systems (Europe) Ltd. 1996 SLT 604, Lord Penrose.

einen solchen Fall als Vertrag sui generis ein.[217] Auch in Frankreich wurde ein Vertrag eigener Art als mögliche Lösung erachtet, wobei sich aufgrund weiterer Ansichten, die Kauf- und Mietvertragsvariationen vorsahen, kein einheitliches Bild ergab.[218]

Die körperlose Bezugsvariante des Downloads wurde in Italien und in praxi auch im Vereinigten Königreich ebenfalls als Kaufvertrag behandelt, wohingegen man dies in Finnland und Frankreich als Dienstvertrag einordnete.[219] Auch in Ungarn, Norwegen und Spanien hätte für diese Vertragssituation eigentlich Dienstvertragsrecht angewendet werden müssen, doch behalf man sich dort mit einer Analogie, um im Ergebnis kaufrechtliche Regeln zur Anwendung bringen zu können.

Während also in vielen europäischen Rechtsordnungen keineswegs von einer klaren Linie gesprochen werden konnte, gab und gibt es in den USA eine klare Tendenz. Dort sollen digitale Produkte als Waren oder jedenfalls als Produkte sui generis klassifiziert werden, auf die die Regeln des Warenkaufrechts eher anwendbar sind als jene über Dienstleistungsverträge. Diese Einordnung soll dabei für alle Verträge über digitale Inhalte gelten.[220]

2. Behandlung nach Umsetzung der VRRL

Bei der Behandlung nach Umsetzung der VRRL muss differenziert werden. Auf der einen Seite steht die häufig vorzufindende pflichtgemäße und im Wesentlichen wortgetreue Übernahme der VRRL-Vorschriften aufgrund des zu

---

217 *Loos/Helberger/Guibault u.a.*, Digital content services for consumers – Report I: Country Reports, abrufbar unter: www.csecl.uva.nl/binaries/content/assets/subsites/centre-for-the-study-of-european-contract-law/map-1/report-1-digital-conent-services.pdf, S. 357.

218 *Loos/Helberger/Guibault u.a.*, Digital content services for consumers – Report I: Country Reports, abrufbar unter: www.csecl.uva.nl/binaries/content/assets/subsites/centre-for-the-study-of-european-contract-law/map-1/report-1-digital-conent-services.pdf, S. 40, siehe dort auch dezidierte Nachweise für die jeweiligen Vertragstypen.

219 *Loos/Helberger/Guibault u.a.*, Digital content services for consumers – Report I: Country Reports, abrufbar unter: www.csecl.uva.nl/binaries/content/assets/subsites/centre-for-the-study-of-european-contract-law/map-1/report-1-digital-conent-services.pdf, S. 2.

220 *Loos/Helberger/Guibault u.a.*, Digital content contracts for consumers – Final Report, 2011, zuletzt abgerufen am 17.05.2017 unter: www.ec.europa.eu/justice/consumer-marketing/files/legal_report_final_30_august_2011.pdf, S. 38.

beachtenden Vollharmonisierungsprinzips. Die deutsche Integration der Richtlinie in das BGB wurde oben bereits thematisiert, mit ihr also auch die Implementierung der dürftigen Definition digitaler Inhalte. Ähnlich verhält es sich in den meisten anderen Mitgliedstaaten. Andererseits verbietet das Prinzip der Vollharmonisierung es den Mitgliedstaaten nicht, hinsichtlich digitaler Inhalte weitere Regelungen zu treffen, die über den Anwendungsbereich der VRRL hinausgehen.[221]

In den Niederlanden ist dies durch die Einbeziehung von Verträgen über digitale Inhalte in den Anwendungsbereich des Verbrauchsgüterkaufs nach Art. 7:5 Abs. 5 Burgerlijk Wetboek (BW) geschehen.[222] Ein ganzes Kapitel mit Sondervorschriften über digitale Inhalte enthält der britische Consumer Rights Act 2015 (CRA),[223] der am 01.10.2015 in Kraft trat.

3. Fazit

In der Union jedenfalls gab es vor Umsetzung der VRRL keine Rechtsordnung, die näher beschrieben hat, wie sie digitale Inhalte definiert. Um das Problem zu lösen, wurden Verträge über digitale Inhalte den bereits bestehenden Vertragstypen zugeordnet. Dass es an einer klaren Handhabe mangelte, zeigt die teilweise Bildung von Analogien. Vor der VRRL hat somit kein Land besondere Regelungen für digitale Inhalte eingeführt, vielmehr fand vor allem das Kaufrecht mit unterschiedlicher Rechtsprechung in den jeweiligen Mitgliedstaaten und in den USA Anwendung.[224]

Auch im Anschluss waren den Mitgliedstaaten durch das Vollharmonisierungsprinzip größtenteils die Hände gebunden. Lediglich die Niederlande und das Vereinigte Königreich haben sich weiter vorgewagt. Die festgestellte, weitverbreitete Schwierigkeit bei der rechtlichen Handhabung digitaler Inhalte lässt

221 Vgl. dazu *Schulte-Nölke*, Ad-hoc-Informationspapier zur vorgeschlagenen Verbraucherrechterichtlinie: Kapitel I – Begriffsbestimmungen, 2010, abrufbar unter: www.europarl.europa.eu/RegData/etudes/note/join/2010/447502/IPOL-IMCO_NT%282010%29447502_DE.pdf, S. 11.

222 *Wendland*, GPR 2016, 8 (10).

223 Dazu später mehr im 4. Teil, F.III.2.a)aa)(2), S. 150; zu den Auswirkungen des Brexit auf die digitalen Inhalte im CRA siehe *Manko/Tereszkiewicz*, in: Kramme/Baldus/Schmidt-Kessel, S. 279 ff.

224 So schon *Rott* zusammenfassend: *Europäisches Parlament*, Kurzbericht über Verbraucherrechte beim Kauf digitaler Inhalte – Stockholm (4. bis 5. November 2009), 17.11.2009, abrufbar unter: www.europarl.europa.eu/RegData/commissions/imco/communication/2009/430703/IMCO_CM%282009%29430703_DE.pdf.

zwar die vom Richtliniengeber erklärte Notwendigkeit zum Tätigwerden nachvollziehbar erscheinen, trägt allerdings nicht wesentlich zur Klärung der Eigenarten digitaler Inhalte bei.

D. Merkmale und angepasste Definition

Nachdem bislang verschiedene Rechtsquellen zur Begriffsfindung digitaler Inhalte herangezogen wurden, zeigt sich, dass dort die Eigenarten digitaler Inhalte nirgendwo zufriedenstellend festgehalten werden, was dem Rechtsanwender aber die verständige Nutzung des Begriffes erleichtert hätte. Daher sollen nun diese einzelnen Charakteristika herausgearbeitet werden und eine überarbeitete Variante der VRRL-Definition das Kapitel abschließen.

I. Merkmale

1. Das Fehlen von Körperlichkeit

Kaum etwas wurde im Zusammenhang mit digitalen Inhalten, meist Software, so intensiv und streitig diskutiert wie deren Sacheigenschaft gemäß § 90 BGB.[225]

a) Einordnung der Diskussion

Von entscheidender Bedeutung ist aber der Hintergrund, der diese Diskussionen häufig ausgelöst hat. Dieser war nämlich fast immer ein schuldrechtlicher: Die Frage nach der Sacheigenschaft von Software als „Vorreiter" digitaler Inhalte stellte und stellt sich vor allem dann, wenn es um die Zuordnung von derlei Vertragsgegenständen in Typenregimes des besonderen Schuldrechts ging.[226] Am häufigsten war die Frage zu klären, ob die Überlassung von Software als Sachkauf im Sinne des § 433 BGB qualifiziert werden kann, der nach seinem Wortlaut eine Sache als Vertragsgegenstand voraussetzt. An dieser Stelle der Untersuchung soll jedoch klar getrennt werden zwischen der rein sachenrechtlichen Betrachtung und jener mit schuldrechtlichem Hintergrund. Während die erste im Folgenden kurz abgehandelt werden soll, findet sich Letztere an anderer, passenderer Stelle dieser Arbeit wieder.[227]

---

225 Siehe dazu bereits Fn. 210.

226 *Heydn*, CR 2010, 765 (769); vgl. auch *Zech*, Information als Schutzgegenstand, S. 331, der in diesem Zusammenhang von einem „Impulsgeber für eine Gleichsetzung syntaktischer Informationen mit Sachen" spricht.

227 Zur vertragstypologischen Frage der Sacheigenschaft im 4. Teil, D.IV.2, S. 102 ff.

b) Digitale Inhalte sind keine Sachen

Die Unterscheidung zwischen körperlichen und unkörperlichen Gütern geht auf das römische Recht zurück. *Gaius* bezeichnete körperliche Sachen (res corporales) schlichtweg als diejenigen, die berührt werden können[228] und unkörperliche (res incorporales) als solche, die nicht berührt werden können.[229] Diese eindeutige Trennung hält sich bis heute noch im deutschen Recht. Für körperliche und unkörperliche Güter gelten verschiedene Vorschriften.[230] Das Kriterium der Körperlichkeit wird von § 90 BGB aufgegriffen, wonach Sachen im Rechtssinne nur körperliche Gegenstände sind. Es ist erforderlich, dass sie der menschlichen Herrschaft unterliegen und zudem abgegrenzte, für sich selbst bestehende Stücke der Natur sind.[231] Auch können sie nur in einem der drei möglichen Aggregatzustände (fest, flüssig, gasförmig) vorliegen.[232]

Doch anders als die ihnen häufig zugrunde liegenden Trägermedien, haben Daten weder diese abgegrenzte Existenz, noch lassen sie sich anfassen oder beherrschen. Es ist auch nicht möglich, sie einem Aggregatzustand zuzuordnen. Geht man also nach dieser (in ihrem Ursprung römischrechtlichen) Unterscheidung, sind digitale Inhalte aufgrund ihres flüchtigen Charakters nicht berührbar und damit unkörperliche Güter.

An dieser Stelle zeigt sich, dass hinsichtlich der Körperlichkeit zwischen zwei Ebenen getrennt werden muss, nämlich dem physisch wahrnehmbaren, greifbaren Medium, auf dem die Daten gespeichert sind, und dem nicht fassbaren Inhalt, also der eigentlichen Information.[233] Gerade für die Frage der Sacheigenschaft wird aber häufig auf die Verbindung der Daten mit etwaigen körperlichen Datenträgern abgestellt.[234] Für eine präzise rechtliche Handhabung ist aber eine

---

228 „Corporales hae sunt, quae tangi possunt, veluti fundus homo vestis aurum argentum et denique aliae res innumerabiles", zitiert bei *Manthe*, Gaius – Insitutiones, S. II 13.

229 „Incorporales sunt, quae tangi non possunt, qualia sunt ea, quae in iure consistunt, sicut hereditas, usus fructus, obligationes quoduo modo contractae", zitiert bei *Manthe*, Gaius – Insitutiones, S. II 14; so auch *Baur/Stürner*, Sachenrecht, § 3 Rn. 2.

230 *Vicente*, in: Leible/Lehmann/Zech, S. 75.

231 *Wieling*, Sachenrecht, S. 21.

232 LG Konstanz, Urt. v. 10.05.1996, 1 S 292/05, NJW 1996, 2662 (2662).

233 Diese Kategorien verwendend *Hoeren/Völkel*, in: Big Data und Recht, S. 12, die außerdem noch das Datum als bloßes „Gebilde" als dritte Ebene benennen. Für eine Trennung von Sache und Information auch *Zech*, Information als Schutzgegenstand, S. 347.

234 Ebenfalls für eine Trennung plädierend *Stieper*, in: Staudinger-BGB, § 90 Rn. 12; *Struwe*, Virtuelle Waren, S. 103.

klare Abgrenzung unbedingt erforderlich. Der Ansicht, dass die Sacheigenschaft von Daten zu bejahen sei, weil diese zwingend immer irgendwo verkörpert sein müssten,[235] muss diese Trennung entgegengehalten werden.[236] Nach richtiger Auffassung ist die Sacheigenschaft von Daten daher auch dann abzulehnen, wenn sie eine Verkörperung erfahren haben.[237] Unabhängig davon, wo sie verkörpert sind (Arbeitsspeicher, Festplatte, sonstiger Datenträger), bestehen Daten aus elektronischen Spannungen und können daher nicht dem (sachenrechtlichen) Sachbegriff unterfallen.[238]

2. Potenzielle Ubiquität

Ist etwas überall verbreitet oder allgegenwärtig, beschreibt man es auch als ubiquitär.[239] Das gilt potenziell auch für digitale Inhalte. Diese lassen sich bei Vorliegen der technischen Voraussetzungen an jedem beliebigen Ort herstellen, können überallhin transferiert und überall abgerufen werden.[240] Das gilt für immaterielle Güter allgemein,[241] da sie „gleichzeitig von einer unbegrenzten Zahl von Personen genutzt werden, ohne ihre Eigenschaften zu verlieren."[242] Der

---

235 BGH, Urt. v. 15.11.2006, XII ZR 120/04, MMR 2007, 243 (244); *Baur/Stürner,* Sachenrecht, § 3 Rn. 2; *König,* NJW 1993, 3121 (3124); *Marly,* Praxishandbuch Softwarerecht, Rn. 721; differenzierend *Bartsch,* CR 2010, 553 (558); *ders.,* in: Leible/Lehmann/Zech, S. 247 (258 f.), der zwar festhält, dass Software nur als Sache existiere, selbst aber keine Sache im Sinne des § 90 BGB sei; a. A. jedoch *Hoenike/Hülsdunk,* MMR 2004, 59 (65) und *Redeker,* IT-Recht, Rn. 280, die die Existenz von Software bzw. Daten nicht notwendig von einem Trägermedium abhängig machen.

236 Für diese Trennung auch *Zech,* Information als Schutzgegenstand, S. 326.

237 *Fritzsche,* in: BeckOK-BGB, 01.08.2018, § 90 Rn. 25; *Grübler,* Digitale Güter und Verbraucherschutz, S. 94; *Haberstumpf,* NJOZ 2015, 793 (794); *Stieper,* in: Staudinger-BGB, § 90 Rn. 12; *Redeker,* NJOZ 2008, 2917 (2919); *J. Schmidt,* in: Erman-BGB, § 90 Rn. 3; *Stieper,* in: FS Köhler, S. 729 (736); *Stresemann,* in: MüKo-BGB, § 90 Rn. 25; *Zahn,* ZEuP 2014, 77 (79); *Zech,* Information als Schutzgegenstand, S. 347.

238 LG Konstanz, Urt. v. 10.05.1996, 1 S 292/05, NJW 1996, 2662 (2662); vgl. auch *Engelhardt/Klein,* MMR 2014, 355 (357), die angeben, dass die Rechtsprechung diesem Urteil seither vollumfänglich gefolgt sei, jedoch keine Nachweise hierfür anbieten.

239 Duden Online, Stichwort „ubiquitär", abrufbar unter: www.duden.de/rechtschreibung/ubiquitaer.

240 *Boehme-Nessler,* Unscharfes Recht, S. 102 sowie ausführlich zum Thema Ubiquität und Recht S. 102 ff.

241 *Haberstumpf,* NJOZ 2015, 793 (802).

242 *Vicente,* in: Leible/Lehmann/Zech, S. 75.

vollständige Erhalt der Eigenschaften spielt bei digitalen Inhalten auch auf der technischen Ebene eine Rolle, was automatisch zum nächsten Merkmal führt.

3. Verlustfreie Kopierbarkeit

Ist ein digitaler Inhalt einmal erzeugt, muss es nicht bei diesem einen Exemplar bleiben. Die Digitaltechnik eröffnet die Möglichkeit, eine Kopie, die für die Übertragung zunächst codiert und am Zielort decodiert wird, in exakt derselben Zeichenfolge wiederzugeben wie das Ausgangsprodukt. Digitale Inhalte können schon prinzipbedingt[243] ohne Qualitätsverlust vervielfältigt werden,[244] was auch ein wesentliches Unterscheidungsmerkmal zu analogen Inhalten darstellt.[245] Digitale Kopien sind ihrer Vorlage damit qualitativ gleichwertig, sodass nicht ohne weiteres festgestellt werden kann, was nun Original und was Kopie ist.[246] Weder das Ursprungsexemplar noch dessen Reproduktionen unterliegen dem Verschleiß[247] und damit auch keinem dadurch bedingten nutzungsabhängigen Wertverlust.[248]

4. Nicht rivalisierender Konsum

Nicht rivalisierender Konsum bedeutet, dass sich ein Gut von allen Konsumenten ohne gegenseitige Beeinflussung im gleichen Umfang nutzen lässt.[249] Geht man etwa morgens zum Bäcker, um Brötchen zu kaufen, können diese aufgrund hoher Nachfrage oder zu geringer Produktion knapp werden. Ihr Konsum ist daher nur möglich, „solange der Vorrat reicht". Konkurrierende Verhaltensweisen der Verbraucher wie etwa das Vordrängeln an der Warteschlange vor der Bäckertheke sind die denkbare Folge. Wird demgegenüber am Abend der Videostream einer Folge der Lieblingsserie gestartet, so ist es allen Nutzern mit

243 *Hoppen*, CR 2015, 802 (803).

244 LG Bielefeld, Urt. v. 05.03.2013, 4 O 191/11, ZUM 2013, 688 (691); *Baumgartner*, Privatvervielfältigung im digitalen Umfeld, S. 6; *Brinkmann*, ZUM 2013, 193 (197); *Marly/Wirz*, EuZW 2017, 16 (16); *Schmidt-Kessel*, K&R 2014, 475 (475); *Zech*, ZUM 2014, 3 (4).

245 *Stieper*, in: FS Köhler, S. 729 (742).

246 *Arlt*, Digital-Rights-Management-Systeme, S. 5; *Hoppen*, CR 2015, 802 (803).

247 So allgemein für Information *Zech*, Information als Schutzgegenstand, S. 118; *ders.*, ZGE 2013, 368 (393); zur fehlenden Abnutzung siehe auch LG Bielefeld, Urt. v. 05.03.2013, 4 O 191/11, ZUM 2013, 688 (691); *Hoppen*, CR 2015, 802 (803).

248 *Peters*, Internet-Ökonomie, S. 5.

249 Vgl. Gabler Wirtschaftslexikon, Stichwort „Nichtrivalitätsaxiom", abrufbar unter: www.wirtschaftslexikon.gabler.de/Definition/nichtrivalitaetsaxiom.html.

entsprechendem Zugang möglich, sich diese anzuschauen. Der Konsum des Gutes Videostream ist damit theoretisch unbegrenzt vielen Nutzern möglich, ohne dass eine Knappheit droht.[250] Digitale Inhalte sind daher nicht rivalisierend.[251] Mit Aufgreifen dieser wirtschaftlichen Betrachtungsweise lässt sich das nächste Charakteristikum digitaler Inhalte einleiten.

5. Digitale Inhalte als Wirtschaftsgüter

Das Angebot für digitale Produkte ist in den vergangenen Jahren geradezu explodiert. Ob als Helfer im Alltag, für eine Produktivitätssteigerung bei der Arbeit oder bloß zum reinen Vergnügen: Die Palette digitaler Inhalte ist derart mannigfaltig, dass es heutzutage kaum einen Lebensbereich gibt, der sich nicht – zumindest nach Ansicht der Produzenten – durch ein digitales Produkt bereichern ließe. Dementsprechend ist ein gigantischer Markt entstanden, der stetig weiter wächst. Trotz des hohen Aufkommens von Gratis-Angeboten wie den unzähligen unentgeltlichen Apps sind die angesprochenen Nutzer und Konsumenten bereit, Geld für diese Produkte zu bezahlen. Digitale Inhalte sind handelbare Güter[252] und längst ein wesentlicher Bestandteil des Wirtschaftslebens. Allein in Deutschland wurde im Sommer 2015 bis zum Ende desselben Jahres mit dem Verkauf von Apps ein Umsatz von 1,3 Milliarden Euro prognostiziert.[253] Der wirtschaftlichen Bedeutung war sich die Europäische Kommission bereits zu Zeiten des Grünbuchs zum Verbraucher Acquis bewusst,[254] was letztlich zur Regelung digitaler Inhalte in der VRRL beitrug. Dennoch wurden sie, wie sich in der sehr vorsichtigen und nur teilweisen Subsumtion digitaler Inhalte unter bekannte Vertragsregimes zeigt, nicht als „eigenständige und verkehrsfähige Kaufgegenstände" anerkannt.[255] Unabhängig vom Geltungsbereich

250 Vgl. *Apel*, ZUM 2015, 640 (642).

251 Vgl. für Daten *Hauck*, NJW 2014, 3616 (3616); *Hoeren*, MMR 2013, 486 (490); *Marly/Wirz*, EuZW 2017, 16 (16); *Zech*, CR 2015, 137 (139).

252 *Marly/Wirz*, EuZW 2017, 16 (16).

253 *BITKOM*, Deutscher App-Markt knackt Milliarden-Marke, 31.08.2015, abrufbar unter: www.bitkom.org/Presse/Presseinformation/Deutscher-App-Markt-knackt-Milliarden-Marke.html.

254 KOM(2006) 744, S. 6; siehe zum Verbraucher Acquis bereits oben, S. 22: Grünbuch zur Überprüfung des gemeinschaftlichen Besitzstands im Verbraucherschutz.

255 *Stieper*, in: FS Köhler, S. 729 (732); a. A. *Lehmann*, CR 2012, 261 (264).

der Richtlinie ist aber festzuhalten, dass digitale Inhalte, vor allem im B2C[256] Bereich, einen wirtschaftlichen Wert besitzen.[257]

II. Angepasste Definition

Die Definition digitaler Inhalte in der VRRL ist recht knapp gehalten. Sie ist in ihrer Urform durchaus brauchbar, sodass keine gänzliche Neuschöpfung notwendig erscheint. Sie soll lediglich erweitert werden.

Unter Berücksichtigung der Auslegungsergebnisse und der vorstehenden Charakteristika könnte eine angepasste Definition wie folgt lauten:

> *Digitale Inhalte sind durch elektrische Codierung hergestellte Daten, die sich aus wahrnehmbaren Informationen zusammensetzen und unabhängig von ihrer Bezugsart (z. B. Streaming, Download, Erhalt eines Datenträgers oder in sonstiger Weise) in dieser Form bereitgestellt werden können, wozu insbesondere E-Books, digitale Hörbücher, Musik, Videos und Bilder (Multimediadateien), Computerprogramme, Spiele und sonstige Informationen zählen; als digitale Inhalte gelten keine Erscheinungsformen, die lediglich einen füllbaren Bereich (digitale Infrastrukturen) darstellen.*

Darin findet sich eine vereinfachte Erklärung dessen, was der Rechtsanwender unter digital zu verstehen hat. Gleichzeitig wird klargestellt, dass die Frage der Verkörperung eines digitalen Inhalts für sein Wesen keine Rolle spielt. Die bereits in der Definition aufgelisteten Fälle geben die derzeit hauptsächlich auf dem Markt befindlichen Güter wieder. Durch den Charakter als nicht abschließende Aufzählung wird gleichzeitig Raum für neue zukünftige Arten von Produkten gelassen. Der durch die zuvor erfolgte Auslegung ermittelte Umstand, dass „Inhalt" nicht nur bloße „digitale Hülle" sein kann, wird durch die Anbringung eines zweiten Halbsatzes deutlich gemacht.

Diese abgewandelte Definition soll insbesondere bei der Darstellung der praxisrelevanten Erscheinungsformen als Ausgangsdefinition für eine Subsumtion dienen.

E. Zwischenergebnis

Nach den vorstehenden Ausführungen bleibt festzuhalten, dass man sich der wirtschaftlichen Bedeutung des digitalen Marktes schon früh bewusst war und dieser Entwicklung auch rechtlich angemessen begegnen wollte. Der langwierige

---

256 = Business-to-Consumer: Wirtschaftliche Transaktionen zwischen Unternehmern und Privatkunden, *Schmidl*, IT-Recht von A-Z, Stichwort „B2C".

257 Vgl. *Heymann*, CR 2015, 807 (807) zu Daten als spezifischem Wirtschaftsgut.

Entstehungsprozess der VRRL und die Kontroversen um die Einführung digitaler Inhalte zeigen, dass dies kein einfaches Unterfangen war. Deren Implementierung in das GEKR oder den DigInRL-E gibt ein Beispiel, wie eine umfassendere Normierung dieses Bereichs aussehen könnte und geht damit gleichzeitig deutlich über die nur partiell eingeführten Vorschriften in VRRL und BGB hinaus. Dieser begrenzte Bereich führt auch dazu, dass die Antworten zu vielen Fragen sich nicht unmittelbar aus den Normtexten herleiten lassen und nur durch Auslegung oder teilweise mehr oder weniger begründbare Thesen beantwortet werden können. Durch die herausgearbeiteten Merkmale und die sich daran anknüpfende Definition sollte es nunmehr möglich sein, das Phänomen „digitale Inhalte“ besser überblicken zu können.

3. Teil: Praxisrelevante Erscheinungsformen digitaler Inhalte

A. Überblick

Um den breit gefächerten Begriff der digitalen Inhalte mit Leben zu füllen, sollen in diesem Kapitel einige wichtige Erscheinungsformen digitaler Inhalte dargestellt werden. Die getroffene Auswahl orientiert sich dabei an der Häufigkeit des praktischen Vorkommens und an der wirtschaftlichen Relevanz des jeweiligen Inhalts. Der Reihenfolge der Darstellung soll dabei keine Bedeutung zukommen. Insbesondere die von der Kommission in Erwägungsgrund (19) VRRL genannten Beispielsfälle finden Berücksichtigung. Alle Inhalte werden vor dem Hintergrund der nun angepassten Definition einer Subsumtion unterzogen.

B. Musik

Musik wird in Erwägungsgrund (19) VRRL explizit genannt und ist bereits deshalb eine bedeutsame Ausprägung der digitalen Inhalte.

I. Vom Tonträger zum Download

Das Hören von Musik diente schon früh der Unterhaltung und dem Vergnügen der Menschen. Lange Zeit war dies nur „live" möglich, indem einer musikalischen Aufführung unmittelbar beigewohnt werden musste, um diese wahrnehmen zu können. Mit den Möglichkeiten, die Tonträger bieten, hat sich dies jedoch dramatisch geändert. Musik kann auf einem Träger konserviert und wiederholt abgespielt werden. Auf die Erfahrungen von Thomas Alva Edison zurückgreifend, konnte der Hannoveraner Emile Berliner 1887 seine Idee verwirklichen, Musik einem großen Publikum zugänglich zu machen: Er erfand Grammophon und Schallplatte.[258]

In den 1980er Jahren wurde sie nach und nach von der CD abgelöst.[259] Mit dieser wurde erstmalig die digitale Speicherung von Musik

---

258 *Grevener*, Emil Berliner – Geschichte der Tonträger, abrufbar unter: *www.planet-wissen.de/kultur/musik/geschichte_der_tontraeger/pwieemilberliner100.html.*

259 Vgl. *Benrath*, Jetzt erst? Die CD stirbt, 18.07.2018, abrufbar unter: *www.faz.net/aktuell/wirtschaft/diginomics/cd-kommentar-jetzt-erst-15697037.html.*

möglich.[260] Einen weiteren Durchbruch stellte die Entwicklung des Audioformats mp3[261] des deutschen Fraunhofer Instituts dar, mit dem eine plattform- und geräteunabhängige Nutzung von Musik realisiert werden konnte. Durch das spezielle Kompressionsverfahren, bei dem die vom menschlichen Gehör nicht wahrnehmbaren Töne[262] herausgefiltert werden,[263] konnte eine starke Reduktion der Dateigröße[264] erreicht werden.[265] Gerade in den Anfangszeiten des Internets mit niedrigen Bandbreiten war dies ein immenser Entwicklungssprung bei der trägerlosen Verbreitung von Musik. Doch erst nachdem sich illegale Musiktauschbörsen verbreitet hatten, die für einen massiven Umsatzrückgang beim Handel mit physischen Tonträgern gesorgt hatten, sah die deutsche phonographische Industrie ein, dass mit legalen Angeboten diesem Trend entgegengesteuert werden musste.[266]

Bei der Bezugsform des Downloads wird durch einen Datenstrom am Zielgerät des Nutzers eine Kopie des Titels erstellt und somit an diesen übermittelt. Die erhaltene Kopie befindet sich sodann in seinem „Besitz", kann beliebig oft angehört werden und imitiert damit das klassische Kauferlebnis physischer Trägermedien.[267] Schließt der Nutzer einen Vertrag über einen kostenpflichtigen Musikdownload ab, erwartet er, unmittelbar nach Abschluss des Bestellvorgangs auf eine Seite weitergeleitet zu werden, die einen Downloadlink enthält und es ihm ermöglicht, seine Datei sofort auf den eigenen Computer herunterzuladen und sie sogleich anhören zu können. Die Audioqualität muss dem entsprechen, was Anbieter und Nutzer zuvor vereinbart haben. Fehler beim eigentlichen Downloadvorgang (etwa ein Verbindungsabbruch) sind häufig auf den Internetanbieter des Nutzers zurückzuführen. Daher übernehmen die Anbieter der Inhalte hierfür meist keine Verantwortung.

---

260 *Patalong*, 25/30 Jahre CD: Die digitale Revolution trug Silber, 2007, abrufbar unter: www.spiegel.de/netzwelt/tech/25-30-jahre-cd-die-digitale-revolution-trug-silber-a-500313.html.

261 Auch MPEG-1 Audio Layer III oder MPEG-2 Audio Layer III.

262 *Brunotte*, Urheberrechtliche Bewertung der Streamingfilmportale, S. 7.

263 Zur Technik und Entwicklung im Detail siehe die Website des Fraunhofer Instituts, www.mp3-geschichte.de/.

264 Datenkomprimierung auf weniger als ein Zehntel des ursprünglichen Umfangs, siehe *Papathoma-Baetge/Iliev*, in: Rechtshandbuch E-Business, Rn. 834.

265 Übersichtlich zu technischen Hintergründen *Kreutzer*, GRUR 2001, 193 (197).

266 Vgl. *Hoenike/Hülsdunk*, MMR 2004, 59 (59).

267 *Bäcker/Höfinger*, ZUM 2013, 623 (623).

II. Allgemeine Unterscheidung zwischen Download und Stream

Das Streaming als Form der Bereitstellung unterscheidet sich wesentlich vom Download. Vereinfacht lässt sich dieser Unterschied damit beschreiben, dass es sich beim Streaming nicht mehr um das klassische „Besitzen" der Musik handelt, sondern der Hörer dabei lediglich den Zugang zu ihr erhält. Wird der Download gestartet, erfolgt eine vollständige Übertragung der ausgewählten Datei. Das Lied kann erst dann angehört werden, wenn der Download abgeschlossen ist. Nach Abschluss des Downloadvorganges befindet sich eine Kopie des Songs auf der lokalen Festplatte des Nutzers. Diese Kopie wiederum lässt sich, je nach technischen Schutzmaßnahmen, vervielfältigen und übertragen. Die Wiedergabe kann nur mithilfe von zusätzlichen Programmen erfolgen. Beim Streaming[268] dagegen erfolgt keine vollständige Dateiübertragung. Vielmehr „fließt" ein steter Datenstrom vom Server des jeweiligen Anbieters zum Endgerät des Nutzers, das diesen empfängt und fast zeitgleich wiedergibt.[269] Der deutsche Umsetzungsgesetzgeber bietet eine vereinfachte Abgrenzung beider Bezugsformen. Ohne ihn als solchen zu nennen, beschreibt er den Download als das Herunterladen und Speichern sowie anschließende Sichtbarmachen der Daten. Das Verfahren des Streamings hingegen nennt er ausdrücklich und versteht es als das Sichtbarmachen der Daten während des Herunterladens in Echtzeit.[270] Das „Sichtbarmachen" darf jedoch insbesondere bei Musik, die in erster Linie auditiv wahrgenommen wird, nicht wörtlich verstanden werden.

Anders als beim Download erfolgt beim Streaming also keine dauerhafte Speicherung der Inhalte auf der lokalen Festplatte. Kennzeichnend ist vielmehr, dass nach und nach kleine Datenteile übermittelt und diese zeitgleich wiedergegeben werden. Diese Datenteile verbleiben nur temporär im Arbeitsspeicher des Wiedergabegerätes. Der Vertragszweck ist bei derlei Diensten, dass der Kunde gegen Zahlung des vereinbarten Entgeltes die Inhalte auf die beschriebene Weise anhören kann. Der Internetgeschwindigkeit kommt hierbei eine noch größere Bedeutung zu als bei Downloads, da das Hörerlebnis nur möglich ist, wenn eine entsprechende Bandbreite zur Verfügung steht. Dies liegt jedoch nicht in der Sphäre des Inhalte-Anbieters.

268 Auf Deutsch etwa „fließend".

269 *Sieber*, in: Hoeren/Sieber/Holznagel, Teil 1 Rn. 134; ausführlich zum technischen Hintergrund des Streaming *Brunotte*, Urheberrechtliche Bewertung der Streamingfilmportale, S. 12–14; *Wandtke/Gerlach*, GRUR 2013, 676 (676).

270 BT-Drs. 17/12637, S. 55.

III. Bloßer Zugang als der „neue Besitz“

Das Streaming von Musik generiert mittlerweile deutlich größere Umsätze als der klassische Download.[271] Streaming als Nutzungsform bietet den Vorteil, dass kein Speicher beim Nutzer mehr in Anspruch genommen wird. Während beim Download die Sorge um die Kapazitätsgrenze des Speichers durchaus berechtigt ist, benötigt man für das Streaming lediglich eine stabile und schnelle Internetverbindung. Auch ist das Angebot geradezu riesig, da jede nur erdenkliche Datei abgespielt werden kann, sofern sie sich im Angebot des Dienstes wiederfindet. Zwar besteht bei vollständig heruntergeladenen Dateien mittlerweile auch die Möglichkeit diese auf andere Geräte des Nutzers zu kopieren (Laptop, Smartphone, Tablet, mp3-Player etc.). Diesen Mehraufwand hat man beim Streamen jedoch nicht, da jedes Gerät potenziell die Tür zum Angebot des Anbieters öffnen kann.[272] Unabhängig von Vor- und Nachteilen der einen oder anderen Bezugsart sprechen die Umsatzzahlen, die den Rückgang der Downloads und den Anstieg des Streaminggeschäftes belegen, eine deutliche Sprache. Insgesamt kann daher ein deutlicher Trend vom Download oder „Besitz“ hin zum Streaming beziehungsweise bloßem Zugang festgestellt werden.[273]

IV. Musik als digitaler Inhalt

Der rechtlich relevante Unterschied zwischen den beiden Nutzungsarten ist die Dauer der Überlassung der Musik: Beim Download liegt regelmäßig eine dauerhafte Überlassung in Form eines einmaligen Austauschverhältnisses vor[274], während beim Streaming nur eine zeitweise Überlassung gewährt wird, solange die Vertragsabrede zwischen Anbieter und Nutzer besteht.[275] Endet das

---

271 Zuletzt hatten Musikdownloads nur einen Umsatzanteil von 9,9 %, während das Musikstreaming mit 34,6 % deutlich vorne lag, siehe *Bundesverband Musikindustrie* (BMVI), Musikindustrie in Zahlen 2017, abrufbar unter: www.musikindustrie.de/fileadmin/bvmi/upload/02_Markt-Bestseller/MiZ-Grafiken/2017/BVMI_ePaper_2017.pdf, S. 6.

272 Vorausgesetzt, dass das entsprechende Endgerät und die Anwendungen des Anbieters kompatibel sind.

273 *Becker*, ZUM 2013, 829 (830); *Kreutzer*, Freier Zugriff ist der neue Besitz, 10.09.2014, abrufbar unter: www.faz.net/aktuell/feuilleton/pop/verhaeltnis-zur-musik-zugriff-ist-der-neue-besitz-13146457.html; *Peifer*, AfP 2013, 89 (91); *Zech*, ZGE 2013, 368 (368).

274 Sofern vom „Download-To-Own“ ausgegangen wird, bei dem der Download dauerhaft lokal beim Nutzer verbleibt und nicht nach Ende eines Vertragsverhältnisses mit dem Anbieter automatisch wieder gelöscht wird.

275 *Zech*, ZGE 2013, 368 (368).

Vertragsverhältnis, endet auch die Möglichkeit der Musiknutzung, denn der Zugang bleibt verwehrt. Dies hat vor allem Auswirkung auf die Zuordnung derartiger Rechtsgeschäfte zu den Vertragstypen des BGB. Hinsichtlich der Subsumtion unter die zuvor angepasste Definition ergeben sich keine Unterschiede zwischen beiden Nutzungsarten.

Das Lied oder Musikstück ist das Ergebnis eines künstlerischen Schaffensprozesses und damit auch „Inhalt". Durch die Wahrnehmung über das Gehör können sie konsumiert und erlebt werden. Musik ist folglich nicht nur eine „Hülle".

Als Ergebnis der oben skizzierten technischen Entwicklung werden Instrumente und Stimmen heute bereits bei der Aufnahme in elektronisch codierte Informationen umgewandelt und in dieser Form gespeichert (Merkmal „herstellen"), um sie anschließend bequemer weiterverarbeiten und auch verbreiten (Merkmal „bereitstellen") zu können. Sie liegen also von vornherein „digital" vor. Nicht anderes gilt bei Liedern auf „normalen" CDs (also einer nicht-mp3-CD). Auf der Datenträgerschicht (sog. Programmbereich) befinden sich kleine Vertiefungen (Pits), die in unterschiedlichen Längen und Abständen einen digitalen Code ergeben.[276] Auch hier ist die Darstellbarkeit in Zahlen und somit das Merkmal digital also gegeben. Anders hingegen liegt es bei Schallplatten: Hier tastet eine Nadel die Vertiefungen der Platte ab und erzeugt bereits durch seinen Ausschlag, der dem Weg dieser Rillen folgt, einen schwach wahrnehmbaren Schall. Eine digitale Codierung ist hier ebenso wenig gegeben wie bei einer Musikkassette, die ein ähnliches Ergebnis durch Abtasten eines magnetisch geladenen Metallbandes erzeugt.

In den meisten heute gängigen Formaten ist Musik daher digitaler Inhalt gemäß der oben genannten Definition.

C. Videos

Auch Spielfilme, Serien, Dokumentationen oder ähnliche audiovisuelle Inhalte werden vom Richtliniengeber als „Videos" in der Aufzählung des Erwägungsgrundes (19) benannt. Dass diese Produktionen und Werke gleichfalls die Qualität eines „Inhaltes" im Sinne der Ausgangsdefinition haben, steht außer Frage.

Wie schon bei der Musik muss auch hier nach der Art der Nutzung differenziert werden. Bewegtbilder lassen sich, je nach Anbieter, sowohl streamen als auch nach abgeschlossenem Download offline ansehen.

---

276 *Asshoff*, Optische Datenspeicher, April 1997, abrufbar unter: www.muenster.de/~asshoff/physik/cd/cdplayer.htm#links.

I. Streaming

Die Nutzungsart des Streamings erfreut sich nach wie vor hoher Beliebtheit.[277] Das Prinzip „Zugang statt Besitz“ setzt sich hier also fort. Endet ein User-Abo bei einer solchen Flatrate-Videothek,[278] kann der Nutzer sich seinen Lieblingsfilm kein zweites Mal ansehen. Gegenüber dem altbekannten linearen Fernsehen hat dieses Angebot aber den Vorteil, dass der Nutzer sich nur die Inhalte anschaut, die ihn wirklich interessieren und das immer nur dann, wann er dies möchte. Das im Gegensatz dazu starr festgelegte Programm des Fernsehens empfinden viele als Einschränkung, weil es sich nicht den individuellen Interessen und Alltagsbedingungen anpassen lässt. Und weil sich das Streaming-Portfolio der größeren Anbieter mittlerweile auch über moderne Fernseher bequem per Fernbedienung abspielen lässt, wird nicht einmal mehr ein Computer zur Wiedergabe benötigt.

Technisch gesehen und damit für die Frage der Zusammensetzung aus den „elektrisch codierten Daten“ der Ausgangsdefinition relevant ist ein Stream von Videos mit dem von Musik vergleichbar. Heute besteht die Möglichkeit die Szenerie eines Filmes unmittelbar digital auf ein Speichermedium aufzuzeichnen, sodass auch die „Herstellung“ eines Filmes als digitaler Inhalt ebenso problemlos möglich ist, wie seine „Bereitstellung“. Eine Subsumtion unter die Ausgangsdefinition kann also erfolgen.

Die Bereitstellung erfolgt beim Streaming von Videomaterial nicht anders als beim Musikstreaming, weshalb die im Abschnitt über Musik aufgeführten Hintergründe entsprechend gelten. Lediglich die gestreamten Daten, die am Zielort empfangen werden, ergeben bewegte Bilder und nicht nur Töne. Die darzustellenden Videos ergeben große Datenmengen. Es wird daher vor dem Bereitstellen auf dem Streaming-Server eine Encodierung vorgenommen, mit der die Datei in ein passendes Format umgewandelt und komprimiert wird.

Die häufigste Bezugsart ist die des On-Demand-Streamings.[279] Hier werden Inhalt und Zeitpunkt des Nutzungsvorgangs allein vom User bestimmt.[280] Die

---

277 Drei Viertel aller Internetnutzer ab 14 Jahren (76 %) streamen Filme, Serien, Dokumentationen oder andere Videoinhalte aus dem Internet, siehe *BITKOM,* Zukunft der Consumer Electronics 2018, abrufbar unter: https://www.bitkom.org/noindex/Publikationen/2018/Studien/CT-Studie-2018/180822-CT-Studie-2018-online.pdf, S. 15.

278 Als Anbieter seien etwa Netflix, Sky Go, Watchever, Maxdome, Amazon Prime Instant Video oder der Videodienst von Apple iTunes genannt.

279 On Demand bedeutet „auf Abruf“.

280 *Bäcker/Höfinger*, ZUM 2013, 623 (625).

Daten liegen auf einem Streaming-Server und werden bei Abruf an den Nutzer (Client) weitergeleitet. Die größte Rolle spielt das Streaming-Modell des sogenannten Subscription-Video-on-Demand[281], bei dem ein regelmäßiger Pauschalpreis gezahlt wird und der Nutzer im Austausch dafür die Möglichkeit des unbegrenzten Abrufes und beliebig vieler Wiederholungen erhält. Der Vertragsschluss mit dem Anbieter erfolgt bereits online. Es wird ein Abonnement geschlossen, das zeitlich nicht begrenzt ist. Wegen der theoretisch unendlichen Laufzeit werden dem Kunden flexible Kündigungsfristen von meist einem Monat eingeräumt. Das vereinbarte Entgelt liegt häufig bei rund zehn Euro im Monat und wird monatlich vom Konto des Nutzers eingezogen. Dafür erhält er Zugangsdaten, die er auf dem streamingfähigen Wiedergabegerät (Computer, Spielekonsole, Smart-TV, Smartphone, Tablet, Streaming-Box etc.) eingibt. Der Nutzer kann dann das gesamte Angebot des Anbieters durchstöbern, die gewünschten Sendungen heraussuchen und jederzeit ohne Werbeunterbrechung wiedergeben, anhalten oder zurückspulen. Es besteht keine Begrenzung, wie häufig eine Wiedergabe erfolgen darf. Je nach Anbieter werden auch neu erscheinende Sendungen rasch dem Archiv hinzugefügt oder sogar eigens für diese produziert, sodass bei einzelnen Anbietern auch exklusiv verfügbare Inhalte existieren. Erfolgt die Kündigung durch den Nutzer, werden die Zugangsdaten ungültig. Die virtuelle Videothek bleibt geschlossen und kein Video kann mehr angesehen werden. Das betrifft auch solche Videos, die zuvor einmal angesehen wurden, da – wie beim Streaming üblich – gerade keine lokale Kopie gefertigt wurde.

II. Download

Da es sich beim Download lediglich um eine weitere Bezugsart von Videos handelt, ändert sich an der obigen Subsumtion derselben unter die Ausgangsdefinition nichts.

Allerdings nimmt, wie schon bei der Musik, die Zahl der Video-Downloads ab. Die klassische Form von einmaligem Leistungsaustausch (Filmdatei gegen Entgelt) verliert an Bedeutung. Reine Download-To-Own[282]-Angebote sind immer weniger vorzufinden.[283] Allerdings bieten Streaming-Dienstleister neben

281 Zu diesem Begriff etwa *Bäcker/Höfinger*, ZUM 2013, 623 (625).

282 Also eine zeitlich unbefristete Nutzung, zum Begriff siehe Maxdome in seinen AGB unter 3.2.2, Stand 01.08.2018, abrufbar unter: www.maxdome.de/agb.

283 Apple iTunes bietet nach wie vor die Möglichkeit Filmdateien in die Mediathek herunterzuladen und nach Abschluss des Downloads anzuschauen.

dem Abruf zusätzlich die Möglichkeit, das entsprechende Video auf das eingeloggte Endgerät herunterzuladen.[284] Bei diesen kombinierten Angeboten ist die Wiedergabe der heruntergeladenen Videos jedoch ebenso begrenzt. Downloads löschen sich teilweise nach 30 Tagen oder spätestens nach Auslaufen des Abonnements von selbst.

Da die technische Abwicklung die gleiche ist wie beim Musikstreaming beziehungsweise -download, ergeben sich rechtlich auch keine Unterschiede: Dauerhafte Nutzungsmöglichkeit und „Besitz" beim Download sowie nur zeitweise Überlassung und Zugang beim Streaming. „Videos", wie Erwägungsgrund (19) VRRL sie schlicht nennt, sind ohne Einschränkung auch nach der angepassten Definition als digitale Inhalte zu klassifizieren.

III. Verkörperung auf Datenträger

Wenngleich die Relevanz der körperlosen Überlassung ungebrochen ist, so müssen dennoch auch Videos auf Datenträgern wie DVDs oder Blu-Rays genannt werden. Auch hier handelt es sich aber nur um eine weitere Bezugsart von Videos. Sofern diese in der oben dargestellten (digitalen) Form auf die Datenträger gespielt werden, unterfallen sie der Ausgangsdefinition. Hieran zeigt sich, dass die dort vorgenommene Ergänzung um die Unabhängigkeit der digitalen Inhalte von ihrer Bezugsart, mögliche Zweifel beseitigt, ob nur unverkörperte oder auch verkörperte Inhalte der Definition unterfallen.

D. Texte

Der technische Entwicklungssprung, das geschriebene Wort nicht mehr nur auf Papier, sondern auch auf jeder Art von Bildschirm darstellbar zu machen, dürfte fraglos zu einem der bedeutendsten in dem Prozess der Digitalisierung zu zählen sein. Mittels Computer, Tablet oder Smartphone werden die einzelnen Buchstaben und letztlich auch Wörter und ganze Sätze in einer elektronisch codierten und damit digitalen Form auf dem jeweiligen Gerät dargestellt. Der Weg bis hin zu ganzen Texten ist entfernt mit der eingangs beschriebenen Begriffspyramide (Zeichen, Daten, Informationen) zur Erläuterung des Terminus „Daten" vergleichbar und belegt letztlich, dass am Ende dieses Entstehungsprozesses der

284 Bei Maxdome, Amazon Instant Video und Watchever können ausgewählte Inhalte, die im Streaming Angebot enthalten sind, auch heruntergeladen und offline angesehen werden.

„füllbare Bereich“ eines Textverarbeitungsprogramms mit einem „Inhalt“ im Sinne der Ausgangsdefinition gefüllt ist.

Wirtschaftlich relevant sind aber vor allem E-Books und sonstige Texte, die meist nur gegen Entgelt erhältlich sind.[285]

I. E-Books

Insbesondere bei E-Books ist der Mobilitätsvorteil digitaler Daten deutlich ausgeprägt. Bücher mit mehreren hundert gedruckten Seiten brauchen naturgemäß entsprechend viel Papier, um das ganze Werk darstellen zu können. Ein E-Book-Reader hat meist weniger Gewicht als ein einziges Buch, kann gleichzeitig abertausende Werke auf einmal bereithalten, da letztlich ganze Texte in digitaler Form eine vergleichsweise geringe Datengröße haben und wenig Speicherplatz benötigen. E-Books sind schlichtweg Bücher in elektronischer (daher „E-“) Form[286] und werden gewöhnlich auf solchen E-Book-Readern gelesen. Es versteht sich daher, dass die elektronische Variante genauso dem Merkmal „Inhalt“ der Ausgangsdefinition genügt, wie ein normales Buch. Während Letzteres irgendwann einer analogen Form zugeführt, also gedruckt wird, bleibt das E-Book durchgehend digital, weil es nicht nur im Rahmen seiner Entstehung elektronisch vorliegt, sondern dem Endnutzer auch in diesem Zustand „bereitgestellt“ wird. Dies geschieht durch eine Übertragung der E-Book-Dateien entweder direkt über das mit dem Internet verbundene Gerät oder über den Umweg einer noch am Computer zu befüllenden Speicherkarte, die anschließend wieder vom Reader ausgelesen werden kann.

Die Kommission hat bei ihren Überlegungen zu digitalen Inhalten offenbar auch „Texte“ vor Augen gehabt, womit also E-Books erfasst sein dürften. Nichts Anderes gilt für die abgewandelte Ausgangsdefinition.

II. Sonstige Texte

Unter Texten in diesem Sinne können aber nicht nur klassische E-Books, sondern auch wissenschaftliche Aufsätze, Beiträge aus Magazinen, Zeitungsartikel

---

285 So lag der Umsatz von E-Books im ersten Halbjahr 2018 bei 100,6 Millionen € und stieg damit um 11,3 % im Vergleich zum Vorjahr, siehe Presseinformation des *Börsenvereins des Deutschen Buchhandels* vom 16.08.2018, abrufbar unter: https://www.boersenverein.de/de/portal/Presse/158382?presse_id=1506201.

286 Vgl. *Kitz*, MMR 2001, 727 (727); *Kuß*, K&R 2012, 76 (77); zur Definition von E-Books *Schippel*, MMR 2016, 802 (802).

oder andere Publikationen[287] verstanden werden, solange sie in digitaler Form vorliegen.

E. Computerprogramme

I. Überblick, Begriffsverständnis und Abgrenzung

Streng genommen müssen (Computer)Programme zunächst von Software abgegrenzt werden.

Letztere ist nämlich als Sammelbegriff zu verstehen „für die Gesamtheit der Programme, die zugehörigen Daten und die notwendige Dokumentation, die es erlauben, mithilfe eines Computers Aufgaben zu erledigen."[288] Software kann schon historisch gesehen wohl als ältester[289] Vertreter digitaler Inhalte bezeichnet werden.[290]

Ein Programm hingegen wird definiert als „eine ablauffähige Folge von Einzelanweisungen, die dazu dient, den Computer zur Ausführung einer bestimmten Funktion zu veranlassen".[291] Auch die unter den Sammelbegriff Software fallenden Daten müssen von Computerprogrammen abgegrenzt werden. In Anlehnung an die eingangs besprochenen Definitionen sind Daten nämlich bloß als Informationen zu begreifen, die im Unterschied zu Programmen keine Steuerungsfunktion innehaben und dem Computer keine Handlungsanweisungen erteilen.[292] Trotz der bestehenden Unterschiede ist es gängig, die Begriffe Computerprogramm und Software synonym zu verwenden.[293] Die weltweite Relevanz von Software zeigte sich bei der „Abgas-Affäre" des Automobilherstellers VW. Hier wurden die Abgaswerte von Millionen Autos allein

287 Geläufig ist auch der Begriff „ePaper".

288 *Lassmann,* Wirtschaftsinformatik, S. 127; zur Abgrenzung etwa auch *Bartsch,* in: Leible/Lehmann/Zech, S. 247 (247).

289 Erstmalig schriftlich wurde der Begriff der Software bereits 1958 vom US-amerikanischen Statistiker John W. Turkey benutzt, siehe New York Times, „John Turkey, 85, Statistican; Coined the Word ‚Software'" vom 28.07.2000, abrufbar unter: www.nytimes.com/2000/07/28/us/john-tukey-85-statistician-coined-the-word-software.html.

290 So auch *Druschel,* Digitale Inhalte im GEKR, S. 16; *Stieper,* in: FS Köhler, S. 729 (729); *Zech,* ZGE 2013, 368 (370).

291 *Lesshaft/Ulmer,* CR 1993, 607 (608); siehe zur Definition von Computerprogramm auch OLG Hamburg, Urt. v. 12.03.1998, 3 U 226/97, MMR 1999, 230 (230).

292 *Von dem Bussche/Schelinski,* in: Leupold/Glossner, MAH IT-Recht, Teil 1, Rn. 11.

293 So etwa *Bartsch,* in: Leible/Lehmann/Zech, S. 247 (247); *von dem Bussche/Schelinski,* in: Leupold/Glossner, MAH IT-Recht, Teil 1 Rn. 1.

durch manipulierte Software verfälscht, sodass diese nur während der Messungen im Labor die erforderlichen Grenzwerte einhielten, beim Fahren auf der Straße jedoch um ein Vielfaches über den erlaubten Vorgaben lagen.[294] Von den verschiedenen Erscheinungsformen von Computerprogrammen sollen nachfolgend die wichtigsten dargestellt werden, die vor allem auf den privaten Endverbraucher zugeschnitten sind.

II. Programme auf Datenträgern oder als Download

Im privaten Bereich ist es vor allem Anwendersoftware, die dem Nutzer das Leben erleichtern und bei der Bewältigung bestimmter Aufgaben helfen soll. Gemeint sind die Programmtypen, die wohl jedem Computernutzer ein Begriff sind. Das können sowohl Text- oder Bildbearbeitungsprogramme als auch Antiviren- sowie Steuer- und Finanzprogramme sein. Durch ihren Charakter als „Problemlöser" für bestimmte Aufgaben, kommt ihnen auch die Qualität eines Inhaltes im Sinne der Ausgangsdefinition zu. Die Entwicklung und Fertigstellung eines Programmes kann ebenso wenig in analoger Form stattfinden, wie seine Bereitstellung und Nutzung. Auch in diesem Sinne ist der Ausgangsdefinition also Genüge getan. Für diese ist es außerdem unerheblich, ob das Programm auf einem Datenträger verkauft oder direkt aus dem Internet heruntergeladen wird. Auch bei Auslieferung auf einem Datenträger bleibt es ein digitaler Inhalt und wird nicht zur „Sache".

III. Programme in der Cloud

„Die Cloud" ist zweifelsfrei eine schillernde Begrifflichkeit, ein „Buzzword",[295] das zuletzt immer mehr von Interesse für die Nutzer wurde.[296] Cloud-Anwendungen zeichnet aus, dass keine Programmkopie mehr lokal auf dem Rechner

---

294 Dazu etwa *Piller*, Welches Problem Volkswagen mit Software lösen kann, 30.09.2015, abrufbar unter: www.faz.net/aktuell/wirtschaft/vw-abgasskandal/abgasaffaere-kann-volkswagen-seine-probleme-in-europa-mit-software-loesen-13828689.html.

295 So schon 2011 *Grünwald/Döpkens*, MMR 2011, 287 (287).

296 Der amerikanische Softwarehersteller Adobe bietet seit 2013 seine Grafiktools nicht mehr als Einzelpaket für eine Einmalzahlung an, sondern nur noch gegen ein Abonnement. Dabei sind die einzelnen Desktopanwendungen zwar noch lokal installiert, werden aber permanent synchronisiert, sodass von jedem Mobilgerät die Bildbearbeitung fortgeführt werden kann, www.faz.net/aktuell/technik-motor/computer-internet/bildbearbeitung-lightroom-6-hinter-der-dunkelkammer-wartet-die-cloud-13765315.html.

des Nutzers installiert sein muss.[297] Das gewünschte Produkt liegt auf den Servern des Anbieters und wird dem Kunden über die Internetleitung unmittelbar und ohne Anpassung bereitgestellt. Die Nutzung kann also ausschließlich online erfolgen. Wie auch bei „normalen" Programmen sind vor allem kleinere Alltagshelfer für den privaten Endverbraucher interessant. Manche Anbieter ermöglichen so beispielsweise Online-Textverarbeitung, bei der der Zugang unmittelbar über den Internetbrowser erfolgt. Umfassendere Cloudlösungen mit komplexeren Produkten sind eher für Unternehmen interessant, die ihre IT-Infrastruktur optimieren wollen.[298] Aufgrund des verbraucherrechtlichen Untersuchungsschwerpunktes dieser Arbeit soll auf Letztere nicht näher eingegangen werden.

Was die schöpferische Qualität von Cloud-Diensten angeht, so unterscheiden sie sich nicht von „normalen" Programmen, sodass auch hier keine Zweifel an der Qualität als „Inhalt" bestehen. Ebenso ist es diesen Cloud-Diensten immanent, dass sie ihre digitale Umgebung nicht verlassen, also auch in elektronisch codierter Form „bereitgestellt" werden. Wie schon beim Streaming erhält der Nutzer hier keine Kopie in Form eines Datensatzes, wie dies sonst beim Bezug auf einem Datenträger oder via Download der Fall wäre. Entscheidend ist also erneut nur der bloße Zugang zu diesen digitalen Daten. Dies ist abermals ein Beleg dafür, dass sich das „Bereitstellen" digitaler Inhalte besser als Oberbegriff für die verschiedenen Nutzungsarten eignet, als das ihrer „Lieferung".[299]

IV. Bloße Infrastruktur oder Speicherplatz als digitale Inhalte

Ein vielfach genutztes Angebot im Internet sind Online-Speicherdienste (auch Webspace[300] genannt).[301] Dabei werden für die privaten digitalen Daten wie Dokumente, Fotos, Musik oder Videos nicht mehr die heimischen Festplatten

---

297 Ausführlich zur Funktionsweise von Cloud-Diensten *Westerfeld*, in: Niemann/Paul, Kap. 2 Rn. 3 ff.

298 Im Jahr 2017 nutzten zwei Drittel aller Unternehmen (66 %) Rechenleistungen aus der Cloud, so das Ergebnis der Studie „Cloud Monitor 2018" von KMPG und Bitkom Research, Pressemitteilung abrufbar unter: https://home.kpmg.com/de/de/home/newsroom/press-releases/2018/06/cloud-monitor-2018-von-kpmg-und-bitkom-research.html.

299 Zur Kritik am Wort „Lieferung" siehe bereits im 2. Teil, C.II.1.b)bb)(6), S. 40.

300 *Schmidl*, IT-Recht von A-Z, Stichwort „Webspace".

301 Gemäß einer repräsentativen Umfrage des High-Tech Verbandes Bitkom können sich 36 % aller Internetnutzer ab 14 Jahren vorstellen, ihre Daten in Zukunft nur noch online zu speichern, www.bitkom.org/Presse/Presseinformation/Cloud-Speicher-verdraengen-die-Festplatte.html.

gefüllt, sondern die Kapazitäten der Server von entsprechenden Anbietern genutzt. Die Festplatte wandert sozusagen ins Internet.[302] Der Vorteil hiervon besteht abermals in der jederzeitigen Verfügbarkeit des Speichers von fast jedem Endgerät mit Internetzugang. Auch der Aspekt der Datensicherung wird gerne hervorgehoben, da defekte Datenträger nicht gleich einen vollständigen Datenverlust zur Folge haben, schließlich sind die Daten noch „in der Cloud".

Hier ist die Subsumtion unter den Begriff der digitalen Inhalte im Sinne der Ausgangsdefinition schwieriger. Schließlich werden dem Nutzer keine Programme oder Multimediadateien zur Nutzung zur Verfügung gestellt. Teilweise wird argumentiert, dass bei solchen Diensten lediglich Infrastruktur und nicht etwa Software bereitgestellt werde, also nicht von digitalen Inhalten im Sinne des § 312f Abs. 3 BGB gesprochen werden könne.[303] Es muss in der Tat eingestanden werden, dass der Nutzer beim Zurverfügungstellen von Onlinespeicher kein konsumierbares Gut erhält, wie dies etwa beim Bereitstellen von Musik, Videos, Texten oder auch „klassischen" Programmen der Fall ist. Zieht man das Wort „Inhalt" (beziehungsweise „content" in der englischen Sprachfassung) heran, so ist damit die Interpretation möglich, dass es nicht nur auf etwas Füllbares, die bloße Hülle ankommen soll, sondern eben nur auf das, was sich darin befindet. Die Definition der VRRL kann jedoch auch dahin gehend gedeutet werden, dass es auf die äußere Form der gehandelten Daten (nämlich digital) ankommt und nicht auf den sich daraus ergebenden Inhalt.[304] Die Nennung von Computerprogrammen und Apps neben Musik und Videos könnte auch dafür sprechen, dass neben Inhalten auch Funktionalitäten erfasst sein sollen.[305]

---

302 So der Branchenverband Bitkom in seiner Pressemitteilung vom 02.07.2014, abrufbar unter: www.bitkom.org/Presse/Presseinformation/Die-Festplatte-wandert-ins-Internet.html.

303 So *Paul*, in: Niemann/Paul, Kap. 8 Rn. 61, für die Cloud-Computing Kategorie „IaaS" (Infrastructure as a service), bei der lediglich Rechenleistung und Speicherplatz zur Verfügung gestellt werden; ebenfalls gegen die Erfassung von Speicherplatz, allerdings für digitale Inhalte im GEKR: *European Law Institute* (ELI), Statement of the European Law Institute on the Proposal for a Regulation on a Common European Sales Law COM(2011) 635 final – 1st Supplement: Response to the EP Legislative Resolution of 26 February 2014, 2014, abrufbar unter: https://www.europeanlawinstitute.eu/fileadmin/user_upload/p_eli/Publications/CESL_1st_Supplement.pdf, S. 21; a. A. (ebenfalls für das GEKR) *Zoll*, in: Schulte-Nölke/Zoll/Jansen/Schulze, S. 279.

304 *Schmidt-Kessel*, in: Schmidt-Kessel, GEKR Kommentar, Art. 2 GEK-VO Rn. 45.

305 So *Schmidt-Kessel*, in: Schmidt-Kessel, GEKR Kommentar, Art. 2 GEK-VO Rn. 45, der zwar die Beispiele des GEKR nennt, welche sich aber größtenteils mit denen aus Erwägungsgrund (19) der VRRL decken.

Letztlich läuft es bei dem Zurverfügungstellen von Online-Speicher aber auf eine Art Dienstleistung hinaus, da nicht klassisch und wie sonst bei digitalen Medien etwas Konsumierbares an den Nutzer geleitet wird.[306] Hier hat er nur Zugang zu einer Infrastruktur, die er wiederum mit eigenen digitalen Inhalten befüllen kann. Vom zu untersuchenden Begriff digitaler Inhalte, der auf der VRRL basiert und modifiziert wurde, sind Dienstleistungen jedoch nicht erfasst.

V. Online-Datenbanken

Eine Parallele zum viel genutzten Video- oder Musikstreaming findet sich bei kostenpflichtigen Online-Datenbanken wie beispielsweise den juristischen Datenbanken Juris oder Beck-Online. Auch hier steht ein großer Fundus an Inhalten bereit, zu denen der Nutzer lediglich Zugang erhält. Die Möglichkeiten reichen auch vom unbegrenzten Zugriff auf sämtliche Inhalte ohne Extrazahlung bis hin zu (im Abonnement vergünstigten) Einzelabrufen. Hierunter können auch Online-Zeitungsdatenbanken mit elektronischen Artikeln gefasst werden, wobei es sich bei diesen letztlich auch nur um die bereits behandelten „Texte" im Sinne der VRRL handelt.

Zur Subsumtion unter die Ausgangsdefinition muss aber unterschieden werden: Eine Datenbank ist isoliert wiederum kein „Inhalt", sondern nur ein füllbarer Bereich. Wenngleich dieser in der Praxis meist auch ausgefüllt sein wird, weil er für den Anwender sonst nutzlos ist, so kommt Inhaltsqualität nur den darin enthaltenen Datensätzen zu. Diese dürften meist in Form von Texten vorliegen. Dass jenen Texten wiederum unter den Begriff der digitalen Inhalte im Sinne der Ausgangsdefinition fallen, wurde oben bereits geklärt.[307] Die reine Datenbank unterfällt jedoch nicht der hier zugrunde gelegten Definition digitaler Inhalte.

VI. Apps

Apps[308] sind nichts Anderes als Anwendungen, die schon lange auf jeder Computerplattform vorzufinden sind.[309] Der Unterschied zu bis dato herkömmlichen Anwendungen liegt darin, dass Apps auf mobile Endgeräte zugeschnitten und

---

306 Ähnlich AG Hamburg, Urt. v. 31.10.2016, 12 C 196/16, BeckRS 2017, 100315, wonach digitale Inhalte im Sinne des § 357 Abs. 9 BGB nicht vorliegen sollen, wenn der Unternehmer Daten in digitaler Form lediglich zur Verfügung stellt, um eine Online-Anwendung (hier Partnervermittlung) zu ermöglichen.

307 3. Teil, D., S. 84 ff.

308 Kurz für „applications", also „Anwendungen".

309 *Denker/Hartl/Denker*, in: Solmecke/Taeger/Feldmann Kap. 2, Rn. 14.

vom Umfang her eher begrenzt sind.[310] Durch immer leistungsfähigere Mobilgeräte werden jedoch auch die Apps anspruchsvoller. Beim Erwerb einer App, der via Download aus einer der großen App Stores[311] erfolgt, wird eine Programmkopie der zur Verfügung gestellten Anwendung lokal auf dem Endgerät (meist Smartphone oder Tablet) installiert, damit sie dort ihre Funktionalität entfalten kann. Diese Parallele zum regulären Erwerb von Computerprogrammen zeigt, dass Apps gleichermaßen der hier gebildeten Ausgangsdefinition unterfallen, wie „normale" Programme, die eher auf stationären Plattformen wie Desktop-PCs zum Einsatz kommen. Auch im Erwägungsgrund (19) der VRRL werden Apps ausdrücklich aufgeführt, ebenso wie in der Regierungsbegründung zur deutschen Umsetzung der VRRL.[312]

F. Spiele

Wie Musik und Videos dienen auch Spiele in erster Linie der Unterhaltung. Ebenso lassen sie sich auf vielfältige Art und Weise konsumieren: auf Computern, Videospielkonsolen, auf mobilen Endgeräten und schlichtweg online. Auch hier gibt es verschiedene Bezugs- beziehungsweise Überlassungsvarianten, deren Unterscheidung rechtliche Relevanz zukommt.

I. Spiele auf Datenträgern und als Download

Wegen ihrer häufig immensen Datengröße[313] werden Spiele meist noch auf herkömmlichen Datenträgern (DVD oder Blu-Ray) gehandelt. Aber auch Downloads sind hier bereits ohne Weiteres möglich. Hohe Umsatzzahlen allein in Deutschland[314] zeigen deutlich, warum dem Richtliniengeber besonders daran gelegen war, Spiele als digitale Inhalte ausdrücklich vom Anwendungsbereich

310 *Denker/Hartl/Denker*, in: Solmecke/Taeger/Feldmann Kap. 2, Rn. 14.

311 Google Play, abrufbar unter: play.google.com/store?hl=de; Apple App Store, abrufbar unter: https://itunes.apple.com/de/genre/ios/id36?mt=8; Amazon App-Shop, abrufbar unter www.amazon.de/mobile-apps/b?node=1661648031; Windows Phone Store, abrufbar unter: www.microsoft.com/de-de/store/apps.

312 „Anwendungen (Apps)", Erwägungsgrund (19) VRRL sowie BT-Drs. 17/12637, S. 55.

313 Das Spiel „Grand Theft Auto V" beispielsweise ist als Download 54 GB groß, was trotz einer VDSL 50 Leitung zu einer Downloaddauer von fast zweieinhalb Stunden führt, siehe unter www.amazon.de/Grand-Theft-Auto-PC-Download/dp/B00KSLSMRE.

314 2,58 Milliarden Euro im Jahr 2014, *BITKOM*, Games in Deutschland – Markt und Trends, 06.08.2014, abrufbar unter: www.bitkom.org/Presse/Anhaenge-an-PIs/2014/August/BITKOM-Praesentation_PK_Gaming_06_08_2014.pdf, S. 2.

der VRRL zu erfassen. Wie schon bei Apps dargestellt, sind auch Spiele zumindest teilweise Computerprogramme. Denn bei Spielen werden die Daten des Spiels derart in einen Zusammenhang gebracht, „dass auf dem Bildschirm das gewünschte [...] Bild erscheint und für den Betrachter der Eindruck von bewegten Bildern entsteht.“[315] Dadurch, dass Spiele also im Wesentlichen eine Form des Computerprogramms sind, kommt ihnen gleichfalls auch die Qualität digitaler Inhalte im Sinne der erweiterten Ausgangsdefinition zu.

Sowohl bei Downloads als auch beim Bezug auf Datenträgern sollen Spiele zur dauerhaften Nutzung beim Verbraucher verbleiben. Modelle mit lediglich zeitweiser Überlassung sind hier eher selten.

II. Online-Spiele

Ein anderes Modell sind Online-Spiele. Der Zugang hierzu erfolgt unmittelbar über den Browser, ein Download ist nicht zwingend erforderlich.[316] Wenngleich es auch zahlreiche Varianten von Online-Spielen gibt,[317] so zeichnet diese jedenfalls aus, dass sie meist zusammen mit anderen Nutzern gleichzeitig gespielt werden können, die in der Spielwelt miteinander interagieren können.[318] Was die Entgeltlichkeit betrifft, so sind am häufigsten sogenannte Freemium-Modelle anzutreffen. Darunter versteht man ein Geschäftsmodell, bei dem ein Basisprodukt kostenlos erhältlich ist, weitere Funktionen oder Inhalte dieses Produkts aber nur kostenpflichtig angeboten werden.[319] Tatsächlich werden die Umsätze mit Spielen zunehmend digital und online erzielt.[320] Wie eingangs erwähnt, ist hier auch der Zugang zu den Spielen entscheidend und nicht, dass diese dem Spieler dauerhaft zur freien Verfügung überlassen werden.

---

315 *Krüger/Biehler/Apel*, MMR 2013, 760 (762).

316 Online-Spiele ohne Installation nennt man Browserspiele. Ist die Installation eines Clients erforderlich, ist die Rede von Clientspielen, wobei über diese Clients dann auch der Zugang zum Spiel erfolgt, vgl. *Oehler/von Ribbeck*, in: Duisberg/Picot Kap. 6, Rn. 1, 10.

317 *Oehler/von Ribbeck*, in: Duisberg/Picot Kap. 6 Rn. 1.

318 Zur Beschreibung von Online-Spielen vgl. *Psczolla*, Onlinespielrecht, S. 5 ff.

319 *Raab*, MMR-Aktuell 2014, 360391; zum Freemium Geschäftsmodell beim Musik-Streaming *Bäcker/Höfinger*, ZUM 2013, 623 (624).

320 966 Mio. € in 2014, *BITKOM*, Games in Deutschland – Markt und Trends, 06.08.2014, abrufbar unter: www.bitkom.org/Presse/Anhaenge-an-PIs/2014/August/BITKOM-Praesentation_PK_Gaming_06_08_2014.pdf, S. 2.

Da Online-Spiele in dieser Erscheinungsform lediglich eine Nutzungsart sind, ändert sich auch nichts an der Qualifikation als digitale Inhalte im Sinne der Ausgangsdefinition.

III. Virtuelle Gegenstände

Ähnlich ist es bei virtuellen Gegenständen.[321] Sie kommen ausschließlich in Spielen vor und bilden daher einen Unterfall derselben. Hierbei handelt es sich um „(gestalterische) Elemente, die in einer computergenerierten virtuellen Umgebung wahrnehmbar und innerhalb dieser virtuellen Umgebung in ihrer Wirkung einer real existierenden Sache gleichartig sind."[322] Da derlei Gegenstände vielfach gegen reales Geld angeboten werden, handelt es sich dabei um ein Finanzierungsmodell von Online-Spielen.[323] Häufig vorzufinden sind erwerbbare virtuelle Gegenstände auch als sogenannte In-App-Käufe in Apps.[324]

Ein virtueller Gegenstand, der von einem Programmierer für eine Fantasiewelt entwickelt wurde, ist schon deswegen als „Inhalt" zu qualifizieren, weil er als „Füllung" in das Spiel eingefügt wird und seinerseits erst eine digitale „Hülle" voraussetzt. Die elektrisch codierte Herstellung und Bereitstellung ist wie schon bei Computerprogrammen unumgänglich, sodass auch hiernach keine Bedenken hinsichtlich einer Subsumtion unter die Ausgangsdefinition vorliegen.[325]

G. Zwischenergebnis

Der zu Beginn noch abstrakt beschriebene Begriff der digitalen Inhalte ist nun greifbarer geworden. Die hier dargestellten Erscheinungsformen geben einen Eindruck davon, welch vielfältige Produktionen und Leistungen darunter subsumiert werden können. Auch die bereits im Grünbuch festgehaltene Vermutung

---

321 Ausführlicher zur (rechtlichen) Behandlung virtueller Gegenstände vgl. *Schneider,* Virtuelle Werte, passim; *Psczolla,* Onlinespielrecht, S. 53; *Spindler*, in: Leible/Lehmann/Zech, S. 261–282.

322 *Psczolla,* Onlinespielrecht, S. 53.

323 *Oehler/von Ribbeck*, in: Duisberg/Picot, Kap. 6 Rn. 16.

324 Vgl. *Bisges*, NJW 2014, 183 (183).

325 Im Zusammenhang mit dem Bestehen eines Widerrufsrechts qualifiziert das LG Karlsruhe virtuelle Gegenstände dann als digitale Inhalte im Sinne des § 312f Abs. 3 BGB, wenn sie die Handlungs- und Spielmöglichkeiten des Spielers erweitern und zudem aus dem Spiel nicht sinnvollerweise herausgelöst (z. B. auf andere Spiele oder Spieler übertragen) werden können, LG Karlsruhe, Urt. v. 25.05.2016, 18 O 7/16, BeckRS 2016, 12084.

der wachsenden Bedeutung der Digitaltechnik hat sich vollends bestätigt. Dies findet Niederschlag insbesondere auf monetärer Ebene, wie steigende Umsatzzahlen und -trends belegen.

Was die Subsumtionsfähigkeit der einzelnen Inhalte unter die Ausgangsdefinition anbelangt, so bleibt festzuhalten, dass insbesondere die digitalen „Konsumgüter", die ihren Ursprung in einer analogen Vergangenheit haben, problemlos erfasst werden können. Schwierigkeiten treten nur dann auf, wenn das Merkmal des „Inhalts" infrage steht, also Produkte untersucht werden, die an sich nur die oft genannten „füllbaren Bereiche" oder Dienstleistungen mit lediglich digitalem Bezug darstellen.

Für den weiteren Verlauf der Arbeit hat sich gezeigt, dass ein und derselbe Inhalt häufig auf verschiedenen Wegen veräußert und genutzt werden kann. Die häufigsten Modelle sind der Bezug auf einem Datenträger, der Download sowie die Bereitstellung als Stream. Wie die Inhalte mit diesen Erkenntnissen einer Kategorisierung zugeführt werden können, soll im nächsten Teil untersucht werden.

4. Teil: Kategorisierung

A. Notwendigkeit einer Systematisierung

Die aufgeführten Einzelfälle ergeben eine Vielzahl verschiedener Erscheinungsformen von Verträgen über die „Lieferung" beziehungsweise Bereitstellung digitaler Inhalte. Es ist daher nicht möglich, nur von Verträgen über die Lieferung digitaler Inhalte an sich zu sprechen und alles darunter fallende rechtlich gleichzubehandeln. Gleichwohl lassen sich auch Gemeinsamkeiten ausmachen, die es ermöglichen, die Bereitstellung digitaler Inhalte gruppenweise in ein geordnetes System zu bringen. Auf diese Weise kann einem drohenden Übersichtsverlust abgeholfen und die Beantwortung rechtlicher Fragen gebündelt vorgenommen werden.

Um die genannten Ausgestaltungen digitaler Inhalte zu systematisieren, sollen diese daher soweit wie möglich einzelfallübergreifend in Kategorien zusammengefasst werden. Ziel der Kategorisierung für den Fortgang der Arbeit soll sein, dass innerhalb einer Fallgruppe rechtlich nicht mehr oder nur wenig differenziert werden muss. Später folgende Ausführungen können sich dann im Idealfall auf die passende Kategorie beschränken. Außerdem sollen die so gebildeten Gruppen entwicklungsoffen sein, um auch neue und bisher unbekannte Formen von Verträgen über digitale Inhalte erfassen zu können.

B. Abgrenzungskriterium: Vertragszweck

Für eine Abgrenzung ist entscheidend, welche Parteiabreden dem Vertrag zugrunde liegen. Wie oben gezeigt, können diese Abreden sehr unterschiedlich sein. Wenn es auch im Kern immer darum geht, dass der Verbraucher die digitalen Inhalte nutzen (hören, sehen, lesen, bedienen etc.) möchte, so ergeben sich Unterschiede in den Angeboten vor allem aus der Dauer beziehungsweise der Art ihrer Nutzung. Daher erscheint es sinnvoll, für die Bestimmung des Vertragszweckes an genau diese Parameter anzuknüpfen.

C. Kategorien

I. Dauerhafte Überlassung

Der wohl tradierteste Vertragszweck in Verbindung mit digitalen Inhalten ist deren dauerhafte Überlassung an den Nutzer. Sein Ursprung ist in der klassischen Kaufsituation verankert, bei der der Käufer den Kaufpreis an den Verkäufer zahlt und im Gegenzug die Kaufsache, also einen körperlichen Gegenstand, zu seiner freien Verfügung erhält, § 433 BGB. Unabhängig von der konkreten vertragsrechtlichen Einordnung ist diese Überlassungssituation auch beim Erwerb physischer Datenträger mitsamt digitalen Inhalten gegeben. Die Überlassung ist endgültig, eine zeitliche Begrenzung wird nicht vorgegeben. Die Vergütung erfolgt grundsätzlich in Form einer Einmalzahlung.

Der Vertragszweck der dauerhaften Überlassung gegen Entgelt kommt in erster Linie beim Erwerb von Musik, Filmen oder Computerprogrammen vor. Auch sind die meisten Downloadgeschäfte darauf ausgelegt, dass die beim Nutzer ankommende Datei dauerhaft dort verbleibt. Zusammenfassend gehen in dieser Kategorie, deren Vertragszweck die Veräußerung,[326] also die Übertragung eines Rechts[327] ist, alle Formen des Erwerbs physischer Datenträger sowie Downloads auf, sofern diese dem Nutzer dauerhaft zur Verfügung stehen sollen. Die Bezugsart des Streaming fällt nicht darunter. Sie ist – wie oben dargestellt – in der Regel keine, an deren Ende die dauerhafte Überlassung steht.

II. Zeitweise Gebrauchsüberlassung

Wenn zunächst an das Kriterium der Dauerhaftigkeit angeknüpft wurde, so ist die Bildung einer Kategorie für die lediglich zeitweise Überlassung nur logisch. Vertragszweck ist hier, dass dem Empfänger der Inhalt, wie bereits zuvor, zur Nutzung überlassen wird. Ob dies mittels eines Datenträgers geschieht oder auf einen solchen im Wege des Downloads verzichtet wird, spielt keine Rolle. Entscheidend ist vielmehr, dass der Inhalt nach einer gewissen Zeit nicht mehr genutzt werden kann. Durch die im Rahmen der Charakteristika angesprochene Kopierbarkeit machte eine bloße „Rückgabe" des Vertragsgegenstandes keinen Sinn, da sie dem Überlassenden nicht hilft. Ihm wird vielmehr daran gelegen sein, dass der Erwerber den Inhalt nicht mehr nutzen und nicht mehr von dessen wirtschaftlichem Wert profitieren kann. Gerade im Bereich der trägerlosen Überlassung sind es daher technische Vorkehrungen, die zu einer Unbenutzbarkeit nach Ablauf der Nutzungsfrist führen.[328] Eine Rückgabe im klassischen Sinn ist bei digitalen Inhalten gar nicht möglich.[329] Die Endgültigkeit der Überlassung

---

326 Vgl. zu Veräußerungsverträgen als Gruppe von Schuldvertragstypen *Oetker/Maultzsch*, Vertragliche Schuldverhältnisse, § 1 Rn. 17.

327 *Creifelds*, Stichwort „Verfügung (rechtsgeschäftliche)".

328 Bei iTunes wird der ausgeliehene Film nach Ende der Leihfrist automatisch aus der iTunes-Mediathek des Nutzers entfernt, siehe https://support.apple.com/de-de/HT201611.

329 *Lehmann*, CR 2012, 261 (263); *Rudkowski/Werner*, MMR 2012, 711 (712).

darf also hier gerade nicht gegeben sein. Üblich ist in diesen Fällen eine fixe periodische Vergütung, die meist monatlich zu entrichten ist. Der Endzeitpunkt eines solchen Überlassungsverhältnisses kann bereits bei Vertragsschluss festgelegt werden, muss es aber nicht.

Anzutreffen ist diese Erscheinungsform häufig im Softwarebereich, aber auch bei Videos, die online beispielsweise für 48 Stunden „ausgeliehen“ werden können.[330] Denn häufig ist das Bedürfnis des Nutzers bereits nach einmaligem Konsum gestillt.[331] Nach Ablauf der Frist, die mit dem Download beginnt, ist das Video aufgrund technischer Beschränkungen nicht mehr abspielbar. Die zweite Fallgruppe lässt sich darum mit „zeitweise Gebrauchsüberlassung“ betiteln.

III. Bloße Bereitstellung („Zugang“)

Die letzte und wohl modernste Kategorie ist die des bloßen Zugangs. Der Trend weg vom „Besitz“ hin zum bloßen Zugang gerade bei Unterhaltungsmedien wurde oben bereits angesprochen.[332] Die stetig wachsende Verfügbarkeit von Hochgeschwindigkeitsinternet, sei es stationär beim Nutzer zu Hause, sei es mobil über moderne Funkstandards wie LTE,[333] hat dazu beigetragen, dass viele Angebote unmittelbar über das Internet genutzt werden können. Datenträger oder Offline-Speicherung der Inhalte sind nicht mehr erforderlich.

Diese Kategorie soll insbesondere Video- und Musikstreaming als wichtigste Nutzung digitaler Inhalte erfassen. Auch Cloud-Anwendungen im privaten Bereich gewähren nur den besagten Zugang. Zwar ruft der Nutzer die Daten nach dem hiesigen Verständnis der Kategorie „Zugang“ nur online ab und erhält keine dauerhafte oder vorübergehende Kopie davon. Gleichwohl besteht eine Parallele zur zeitweisen Gebrauchsüberlassung. Denn auch bei Zugangsdiensten handelt es sich um eine zeitlich befristete Überlassung digitaler Inhalte.

---

330 Wobei bei derart kurzen Überlassungszeiträumen keine periodische Vergütung, sondern eine Einmalzahlung gewählt wird.

331 *Gabriel/Cornels*, ITRB 2016, 14 (15).

332 3. Teil, B.III, S. 80.

333 LTE steht für Long Term Evolution; zur Entwicklung der Mobilfunktechnik siehe auch *Eisenbarth/Stögmüller*, CR 2015, 794 (795).

D. Vertragstypologie

I. Überblick

Die modernen Überlassungsformen finden keine ausdrückliche Entsprechung in einem kodifizierten Schuldvertragstyp. Es gibt weder den „Streaming-Vertrag“, noch den „Download-Vertrag“ oder den „Cloud-Vertrag“. In diesem Kapitel wird daher der Frage nachgegangen, ob die Möglichkeit besteht, der weiter zunehmenden Verbreitung digitaler Inhalte noch mit den Mitteln des BGB rechtlich Herr zu werden, oder ob das „analoge“ BGB ein digitales Update vor allem im Vertragsrecht bedarf, um diesen höchst bedeutsamen Wirtschaftszweig umfassend zu regeln und dahin gehende Rechtsunsicherheiten zu beseitigen. Dafür soll zunächst kurz die grundsätzliche Bedeutung der Vertragstypologie geklärt werden, um eine Idee davon zu vermitteln, wann eine solche Zuordnung überhaupt relevant wird. Anschließend wird der Frage nachgegangen, ob mit der Einführung der Verträge über die Lieferung digitaler Inhalte ins BGB durch die VRRL nicht bereits ein neues Vertragsregime installiert wurde und, falls nicht, ob sich diese Verträge in Form der zuvor gebildeten Kategorien in die Systematik des besonderen Schuldvertragsrechts der §§ 433 ff. BGB einfügen lassen. Für den Fall, dass dem nicht so ist, können womöglich Analogien oder die Heranziehung des Lizenzvertrages oder eines sonstigen Vertrages sui generis die Lösung sein.

II. Hauptaufgaben der Vertragstypologie

Noch in Zeiten des römischen Schuldvertragsrechts herrschte ein strenger Numerus clausus, auch als Typenzwang bekannt: Wollten die Parteien eine klagbare Vertragsvereinbarung eingehen, mussten sie sich der begrenzten Auswahl an Vertragsarten („contractus“) unterwerfen, die zur Verfügung standen.[334] Das änderte sich jedoch, als sich die Maxime „pacta sunt servanda“ des kanonischen Rechts[335] durchsetzte und vertragliche Verpflichtungen schon kraft Parteiwillens wirksam waren.[336] Heute kommen der Vertragstypologie[337] andere Bedeutungen

334 Vgl. *Dilcher*, SZ 77 (1960), 270 (271); *Harke*, Römisches Recht, § 4 Rn. 13; *Martinek*, Moderne Vertragstypen, S. 15; *Oechsler*, in: Staudinger/Eckpfeiler, M. Rn. 1.

335 *Martinek*, Moderne Vertragstypen, S. 16.

336 *Oechsler*, in: Staudinger/Eckpfeiler, M. Rn. 1.

337 Zur Bedeutung der Vertragstypologie bei digitalen Inhalten schon *Stieper*, in: FS Köhler, S. 729 (730 f.).

zu.[338] Die größte hat ein feststehender Vertragstypus vor allem für die ergänzende Vertragsauslegung bei fehlenden Regelungen und für die Inhaltskontrolle von allgemeinen Geschäftsbedingungen. Daneben können auch Fragen des anwendbaren Mängelrechts oder der Verjährung von Ansprüchen eine Rolle spielen.

1. Vertragsergänzung

Dort, wo die Parteien außer den Essentialia negotii nichts weiter vereinbart haben, kommt dispositives Vertragsrecht zum Einsatz und schließt noch offene Lücken.[339] Die ergänzend heranzuziehenden gesetzlichen Vorschriften sind aber nur mit einer zuvor korrekt vollzogenen vertragstypologischen Einordnung auffindbar.[340] Damit also auch die passenden „Lückenfüller" zur Verfügung stehen, ist es notwendig, sich den einschlägigen Vertragstypus zu vergegenwärtigen.

2. Sonstige Bedeutungen

Von Bedeutung ist die Kenntnis des einschlägigen Vertragstypus ebenfalls bei der Frage des anwendbaren Mängelrechts. Ergeben sich etwa Defizite während der Durchführung eines Vertrags, eröffnen sich einem Käufer andere Rechtsbehelfe als einem Mieter oder Dienstleistungsempfänger. Auch gibt es sowohl im Kaufrecht als auch im Miet- oder Pachtrecht besondere Verjährungsvorschriften (so zum Beispiel §§ 438, 548, 591b BGB). Für die Anwendbarkeit der Regelungen über den Verbrauchsgüterkauf (§§ 474 ff. BGB) ist die vertragstypologische Einordnung ebenfalls von Bedeutung.[341]

3. Inhaltskontrolle

Digitale Inhalte sind ein Massenprodukt. Sie werden nicht hergestellt oder zur Verfügung gestellt, um nur vereinzelt in exklusiven Kreisen gehandelt zu werden, sondern um einen möglichst großen Personenkreis zu erreichen. Für diese Vielzahl von Geschäften nutzen alle Anbieter allgemeine Geschäftsbedingungen, die der Nutzer akzeptieren muss, ehe das Geschäft abgeschlossen werden kann.

---

338 Eine Ausnahme bildet insoweit die Norm des § 475 Abs. 1 BGB, wonach ein Verbrauchsgüterkauf nur dann vorliegen kann, wenn exakt die im Gesetz vorgegebenen Voraussetzungen vorliegen, vgl. *Oechsler*, in: Staudinger/Eckpfeiler, M. Rn. 2.

339 Vgl. *Kramer*, in: Neue Vertragsformen der Wirtschaft, S. 30; *Oechsler*, in: Staudinger/Eckpfeiler, M. Rn. 4.

340 *Beckmann/Köhler*, in: FS Rüßmann, S. 389 (391).

341 *Beckmann*, in: Staudinger-BGB, § 453 Rn. 54; *Beckmann/Köhler*, in: FS Rüßmann, S. 389 (391).

Diese allgemeinen Geschäftsbedingungen müssen derart ausgestaltet sein, dass sie einer Überprüfung nach den §§ 305 ff. BGB standhalten. Im Hinblick auf die Vertragstypologie kommt § 307 Abs. 2 Nr. 1 BGB wegweisende Bedeutung zu. Hier wird nämlich für die Ermittlung einer unangemessenen Benachteiligung auf den „wesentlichen Grundgedanken der gesetzlichen Regelung" abgestellt, von dem nicht abgewichen werden soll.[342] Um eine AGB-Prüfung vornehmen zu können, ist es daher notwendig zu wissen, von welchen Grundgedanken auszugehen ist.[343] Maßstab für diese Prüfung ist daher das dispositive Gesetzesrecht.[344]

4. Zwischenergebnis

Damit wird deutlich, dass der Vertragstypologie nicht nur im Allgemeinen eine richtungsweisende Bedeutung zukommt.[345] Digitale Inhalte sind keine Erscheinung, die zu Zeiten des Inkrafttretens des BGB schon hätten bedacht werden können. Mit fortschreitender Zeit fanden sich über die Jahre und Jahrzehnte immer wieder neue, moderne Parteivereinbarungen, die dem natürlichen Wandel der Gesellschaft zuzuschreiben waren. Bereits dabei war die Vertragstypologie stets Thema. Durch den technischen Fortschritt, der von einer gewissen Eigendynamik beschleunigt wurde, mehrten sich in einigen Sektoren wirtschaftlich bedeutsame Geschäfte, die nach klaren und passenden Regelungen im BGB verlangten. Im mittlerweile erreichten Informationszeitalter stehen die damit verbundenen Geschäfte im Mittelpunkt und sind keineswegs Exoten, wie dies vielleicht in früheren Entwicklungsstufen gewesen sein mag. Derartige Geschäfte bilden vielmehr die tägliche Normalität ab und verdienen gerade deshalb eine vertragstypologische Behandlung. Nur so kann dem Streben nach „Sicherheit und Leichtigkeit der Rechtsanwendung"[346] Rechnung getragen werden.

III. Neue Vertragskodifikation oder Innominatvertrag?

Ob die Zuordnung zu einem bestehenden BGB-Vertragstyp möglich ist, hängt davon ab, ob die seit Umsetzung der VRRL im BGB aufgeführten „Verträge über die Lieferung digitaler Inhalte" als neue normative Vertragsart anzusehen sind

---

342 Zur problematischen Ableitung eines Leitbilds i. S. d. § 307 Abs. 2 Nr. 1 BGB in Bezug auf TK-Verträge eingehend *Schuster*, in: Spindler/Schuster, § 307 Rn. 33 ff.

343 Vgl. *Hoeren*, in: v. Westphalen/Thüsing, Teil „Klauselwerke", IT-Verträge, Rn. 2.

344 *Looschelders,* SchRAT, §16 Rn. 22.

345 Ebenfalls die vertragstypologische Zuordnung (im IT-Recht) hervorhebend *von dem Bussche/Schelinski*, in: Leupold/Glossner, MAH IT-Recht, Teil 1 Rn. 35.

346 *Leenen,* Typus und Rechtsfindung, S. 23.

oder nur einen Innominatvertrag darstellen. Darunter versteht man solche Formen von Austauschverträgen, die zwar in der Wirtschaftspraxis vorkommen, jedoch im Gesetz nicht unmittelbar geregelt sind.[347] Wenngleich der Wortlaut des Gesetzes eine ausdrückliche beziehungsweise umfassende Normierung eines neuen Vertragstypus vermuten lässt, so hat sich jedoch oben bereits gezeigt, dass lediglich einige Spezialregelungen für ein Verbraucher schützendes Aufklärungsregime eingeführt wurden. Im Ergebnis ist mit der Neueinführung der Verträge über die Lieferung digitaler Inhalte daher keine kodifizierte Ausprägung als normativer Vertragstyp erreicht worden und war wohl auch nicht bezweckt.[348] Welchem Vertragsregime die einzelnen Verträge über die Lieferung digitaler Inhalte zuzuordnen sind, soll nachfolgend geklärt werden.

IV. Methodik, Begrifflichkeiten und Grundproblem der Zuordnung

1. Methodik und Begrifflichkeiten

Die zunächst zu unterscheidenden Begriffe für diese Zuordnung sind die des Normstrukturtypus und des Häufigkeitstypus.[349] Normstrukturtypen sind unter anderem die in den §§ 433 ff. BGB kodifizierten Vertragsarten, das dispositive Vertragsrecht.[350] Als Häufigkeitstypen werden Formen von Parteivereinbarungen verstanden, „die im Wirtschaftsleben vorkommen und sich wegen der Vergleichbarkeit der in ihnen versprochenen Hauptleistungen unter einen Oberbegriff generalisieren lassen".[351] Sie werden im Folgenden schlichtweg als Fallgruppen bezeichnet.

Für die nun anstehende Untersuchung sollen die im vorangegangenen Kapitel gebildeten Kategorien als Häufigkeitstypen dienen. Sodann wird ein Versuch unternommen, diese den Normstruktur-, beziehungsweise Vertragstypen *zuzuordnen*. Wichtig hierbei ist, dass es sich bei dieser Methode nicht um eine Subsumtion handelt. Denn diese zeichnet aus, dass alle Merkmale einer Norm in dem untersuchten Sachverhalt nachgewiesen werden müssen.[352] Das hätte jedoch

---

347 *Kramer*, in: Neue Vertragsformen der Wirtschaft, S. 23; *Martinek*, Moderne Vertragstypen, S. 4; *Oechsler*, in: Staudinger/Eckpfeiler, M. Rn. 16.

348 Vgl. dazu auch *Ganzhorn*, Vertrieb und Weitergabe digitaler Güter, S. 95.

349 Zu den Begriffen Normstruktur- und Häufigkeitstypus *Larenz*, Methodenlehre der Rechtswissenschaft, S. 461 ff.

350 *Oechsler*, in: Staudinger/Eckpfeiler, M. Rn. 20; *ders.*, Gerechtigkeit im modernen Austauschvertrag, S. 298, dort insbes. Fn. 7.

351 *Oechsler*, in: Staudinger/Eckpfeiler, M. Rn. 20.

352 *Oechsler*, in: Staudinger/Eckpfeiler, M. Rn. 21.

zur Folge, dass die zu untersuchenden Häufigkeitstypen schon bei minimaler Abweichung vom gesetzlichen Rahmen nicht mehr mit diesem Vertragstypus in Verbindung gebracht werden könnten. Dies kann insbesondere vor dem Hintergrund der bereits nachgewiesenen Vielgestaltigkeit der Parteivereinbarungen über digitale Inhalte nicht das Ziel sein. Letzten Endes ist daher mit *Leenen* bei der typologischen Zuordnung eine „Ähnlichkeitsprüfung“[353] vorzunehmen.[354]

Zu berücksichtigen ist schließlich, dass nicht alle denkbaren Erscheinungsformen einer genauen vertraglichen Zuordnung zugänglich sind. Vielmehr soll hier von Grundtypen ausgegangen werden, die im täglichen Leben am häufigsten anzutreffen sind und als Massengeschäfte charakterisiert werden können. Abweichungen, die sich aus Individualvereinbarungen ergeben, sind vor diesem Hintergrund recht unwahrscheinlich. Dennoch ist es denkbar, dass sich die Bedingungen der Anbieter mit der Zeit ändern und auf diese Weise auch die vertragliche Zuordnung beeinflussen können.

2. Grundproblem der Zuordnung

Ein grundsätzliches Problem,[355] das in der Vergangenheit vielfach im Zusammenhang mit der Zuordnung von Softwareüberlassungsverträgen zu den BGB-Vertragstypen erörtert wurde, ist die Frage nach der Sacheigenschaft des Vertragsgegenstandes. Häufig setzen die Vertragstypen des BGB nämlich eben diese voraus.[356] Die der Untersuchung zugrunde liegenden Gegenstände moderner Verträge sind nach hier vertretener Ansicht nicht nur keine Sachen im Sinne des § 90 BGB, sondern werden mittlerweile nicht einmal mehr auf Datenträgern an die Nutzer übergeben. Dies ist für die vertragstypologische Zuordnung problematisch, da selbst die – zugegebenermaßen praxistaugliche – Anknüpfung an das Trägermedium als Sache nicht mehr weiterhilft.

Die Sacheigenschaft von Software, die auch digitaler Inhalt ist, wurde bereits in Verbindung mit ihren Charakteristika diskutiert.[357] Wie oben aufgeführt, liegt ihre eigentliche Bedeutung im Vertragsrecht. Die Frage, ob Software zu Sachen

353 *Leenen*, Typus und Rechtsfindung, S. 183.

354 Ähnlich auch *Grübler*, Digitale Güter und Verbraucherschutz, S. 90, nach der sich die Frage danach stellt, welche Regelung dem Vertrag typologisch „am ehesten“ entspreche.

355 Von „Vorfrage“ ist ebenfalls die Rede bei *Marly/Jobke*, LMK 2007, 209583.

356 So etwa beim Kaufvertrag „Sache“, § 433 BGB, beim Mietvertrag „Mietsache“, § 535 Abs. 1 BGB.

357 Dazu 2. Teil, D.I.1, S. 70.

zugeordnet werden kann, wird mancherorts für beantwortet[358] oder hinfällig[359] erklärt, während andere das keineswegs für ausgestanden halten.[360]

Sollen die zahlreichen Ausführungen insbesondere zu Software berücksichtigt werden, muss die Vorfrage gestellt werden, ob die Übertragbarkeit der gefundenen Ergebnisse auf digitale Inhalte im Allgemeinen gegeben ist. Da Daten der Kern aller digitalen Inhalte und damit auch der von Software sind,[361] kann dies zusammenfassend und grundsätzlich bejaht werden. Sofern etwa auf die (fehlende) Körperlichkeit oder ein Trägermedium abgestellt wird, ergeben sich ohnehin keine Unterschiede.

Im Folgenden soll daher das Meinungsbild zu der zentralen Vorfrage der Sacheigenschaft von Daten in geraffter Form dargestellt werden. Grundlage bilden zum Großteil die vorgefundenen Ausführungen zu Software. Dennoch haben diese Ansichten, wie gerade dargestellt, auch Gültigkeit für Daten allgemein.

a) Uneingeschränkte Bejahung der Sachqualität

Die Stimmen im Schrifttum, die Daten tatsächlich mit Sachen gleichsetzen, sind in der Unterzahl. So äußert z. B. *König* in aller Deutlichkeit, dass Computerprogramme körperlich und damit Sachen im Sinne des § 90 BGB seien.[362] *Marly* argumentiert, dass Daten schon deshalb Sachen sein müssten, weil sie nur verkörpert existierten.[363] Diese Ansichten haben indes ihre Wurzeln noch in der „analogen Vergangenheit". Ihre Zeitgemäßheit kann aufgrund des heute vorherrschenden technischen Status quo zumindest infrage gestellt werden. Sie können deshalb als Mindermeinung bezeichnet werden.[364]

---

358 OLG Frankfurt, Urt. v. 26.01.1996, 24 U 110/94, NJW-RR 1997, 555 bezeichnete den Streit etwa als „ausgetragen"; vgl. auch *Spindler*, K&R 2007, 345 (348).

359 *Schneider/Spindler*, CR 2012, 489 (494).

360 *Hilty*, CR 2012, 625 (636).

361 Vgl. im 2. Teil sowohl die verfügbaren Legaldefinitionen (unter C.I., S. 25 ff.) als auch die vom Verfasser angepasste (unter D.II, S. 75).

362 *König*, NJW 1993, 3121 (3124); *ders.*, NJW 1989, 2604 (2605); *ders.*, Das Computerprogramm im Recht, Rn. 269–403; *ders.*, NJW 1990, 1584; vgl. auch *Marly*, BB 1991, 432.

363 *Marly*, Praxishandbuch Softwarerecht, Rn. 721.

364 So *Fritzsche*, in: BeckOK-BGB, 01.02.2017, § 90 Rn. 25.

b) *Differenzierende Sichtweisen*

Im Vergleich dazu sind einige Ansichten[365] hinsichtlich der Frage nach der Sachqualität weniger deutlich. Zwar ist auch hier der Tenor, dass Daten wie Sachen zu behandeln seien, weil sie notwendigerweise auf einem Datenträger verkörpert sein müssten, um zu existieren. Im Gegensatz zu den vorgenannten Ansichten wird den Daten aber selbst dann keine Sachqualität zugesprochen, wenn diese auf einem Trägermedium verkörpert sind.[366] Diese Feststellungen werden z. T. in unmittelbarem Zusammenhang mit der darauffolgenden Einordnung ins Kauf- oder Mietrecht getroffen.[367]

Ein anschauliches Beispiel hierfür ist die bekannte ASP-Entscheidung des Bundesgerichtshofs,[368] auf die sich manche berufen.[369] Dort ging es nämlich nicht originär um die Rechtsnatur der behandelten Software als solche, sondern um die vertragsrechtliche Qualifikation der untersuchten Parteivereinbarung.[370] Nachdem der Bundesgerichtshof den untersuchten Häufigkeitstypus „ASP-Vertrag" anhand einer Leistungsbeschreibung herausgearbeitet hat, nimmt er auf die eigene Rechtsprechung[371] Bezug:

> *„Der BGH hat wiederholt entschieden, dass eine auf einem Datenträger verkörperte Standardsoftware als bewegliche Sache anzusehen ist,…"*.[372]

---

365 Vgl. *Bartsch*, CR 2010, 553 (558); *Diegmann/Kuntz*, NJW 2010, 561 (536); *Mansel*, in: Jauernig-BGB, Vorbem. §§ 90 ff. Rn. 3; *Schweinoch*, CR 2010, 1 (2).

366 So aber *König*, NJW 1993, 3121; *ders.*, NJW 1989, 2604; *Marly*, in: Soergel-BGB, § 90 Rn. 3.

367 Vgl. etwa *Bartsch*, CR 1989, 694 (694).

368 BGH, Urt. v. 15.11.2006, XII ZR 120/04, MMR 2007, 243.

369 Vgl. *Diegmann/Kuntz*, NJW 2010, 561 (536); *Mansel*, in: Jauernig-BGB, Vorbem. §§ 90 ff. Rn. 3; *Schweinoch*, CR 2010, 1 (2).

370 *Heydn*, CR 2010, 765 (770) stellt klar, dass der BGH sich nie für oder gegen die Sacheigenschaft von Software positioniert und stets nur gerechte Ergebnisse in den jeweiligen Einzelfällen zu erzielen versucht habe; ähnlich *Moritz*, in: Kilian/Heussen, CHB, Teil 3, 33. EL 2017, Mängelansprüche bei Hardware- und Softwareverträgen, Rn. 99.

371 BGH, Urt. v. 22.12.1999, VIII ZR 299/98, NJW 2000, 1415; BGH, Urt. v. 18.10.1989, VIII ZR 325/88, NJW, 320; BGH, Urt. v. 04.11.1987, VIII ZR 314/86, CR 1988, 124; BGH, Urt. v. 04.03.1997, X ZR 141/95, NJW 1997, 2043; BGH, Urt. v. 14.07.1993, VIII ZR 147/92, NJW 1992, 2436; BGH, Urt. v. 07.03.1990, VIII ZR 56/89, NJW 1990, 311; BGH, Urt. v. 06.06.1984, VIII ZR 83/83, NJW 1984, 2938; BGH, Beschl. v. 02.05.1985, I ZB 8/84, NJW-RR 1986, 219.

372 BGH, Urt. v. 15.11.2006, XII ZR 120/04, MMR 2007, 243 (244).

Die oben erwähnte und auch hier klar zu erkennende Zielvorgabe offenbart sich sodann im darauffolgenden Halbsatz:

> *„... auf die je nach der vereinbarten Überlassungsform Miet- oder Kaufrecht anwendbar ist“.*[373]

Daraus ergibt sich nicht, dass zur Frage der Sachqualität von Software Stellung bezogen wurde oder werden sollte. Vielmehr ging es darum, dem Nutzer Gewährleistungsrechte zugänglich zu machen. Zunächst wurde also dies als Zielvorgabe zugrunde gelegt und erst im Anschluss eine Begründung für diese gesucht. Und obwohl in der ASP-Entscheidung davon die Rede ist, dass der BGH die Frage nach der Sachqualität „wiederholt entschieden“ habe, so ließ er tatsächlich in zwei seiner selbst zitierten Entscheidungen[374] jeweils ausdrücklich offen, ob Software auch unabhängig von den dort zugrunde liegenden Fällen eine Sache ist. Es kann also keine Rede davon sein, dass die generelle Frage nach der Sachqualität von Daten durch den Bundesgerichtshof damit beantwortet wurde[375] oder werden sollte.[376]

Diese Herangehensweise erzielt zwar interessengerechte Ergebnisse,[377] indem sie letztlich bekannte und vertraute Vorschriften – wie hier des Mietrechts – zur Anwendung bringt, aber der beschrittene Weg dorthin bleibt kritikwürdig.[378] Insbesondere nimmt der Bundesgerichtshof auf eine recht alte Rechtsprechung[379] Bezug, die aus einer Zeit stammt, der man bereits damals (2006) und erst recht heutzutage technologisch schon längst wieder enteilt war.[380]

Hoenike/Hülsdunk schlagen eine Differenzierung zwischen schuldrechtlichem und sachenrechtlichem Sachbegriff vor.[381] Beide Begriffe seien nicht

---

373 BGH, Urt. v. 15.11.2006, XII ZR 120/04, MMR 2007, 243 (244).

374 BGH, Urt. v. 04.11.1987, VIII ZR 314/86, CR 1988, 124; BGH, Urt. v. 18.10.1989, VIII ZR 325/88, NJW, 320 (321).

375 So aber *Lejeune*, CR 2007, 75 (77).

376 Vgl. *Moritz*, in: Kilian/Heussen, CHB, Teil 3, 33. EL 2017, Mängelansprüche bei Hardware- und Softwareverträgen, Rn. 99.

377 Die häufig im Vordergrund stehende Interessengerechtigkeit für ähnliche Entscheidungen hervorhebend *Müller-Hengstenberg*, NJW 1994, 3128 (3134).

378 Allgemein zu dieser „ergebnisorientierten“ Vorgehensweise *Heydn*, CR 2010, 765 (769); *Hilty*, MMR 2003, 3 (5).

379 Siehe Fn. 371; die Heranziehung dieser Entscheidungen kritisierend *Heydn*, CR 2010, 765 (769); ebenso *Stieper*, Schranken des Urheberrechts, S. 409, der teilweise schon die fehlende Vergleichbarkeit der zugrunde liegenden Sachverhalte bemängelt.

380 Kritisch hierzu auch *Müller-Hengstenberg/Kirn*, NJW 2007, 2370 (2370).

381 *Hoenike/Hülsdunk*, MMR 2004, 59 (65); so im Ergebnis auch *Köhler/Fritzsche*, in: Lehmann, XIII Rn. 7 f.

notwendig identisch. Diese Sichtweise sieht sich jedoch starken systematischen Zweifeln ausgesetzt. Hiermit würde sich der Rechtsanwender nämlich über den Aufbau des BGB mit seinem Allgemeinen Teil hinwegsetzen, der für alle anderen Bücher Gültigkeit hat, weil er vor die Klammer gezogen[382] zuvorderst steht. Im Übrigen gibt der Wortlaut von § 90 BGB eindeutig eine Allgemeingültigkeit vor, indem er von „Sachen im Sinne des Gesetzes“ spricht und nicht etwa von „Sachen im Sinne des dritten Buches“. Diese Ansicht verdient daher keinerlei Zuspruch.[383]

Gerade den Verfassern, die den Daten die für die Sacheigenschaft notwendige Körperlichkeit absprechen, ist eine gewisse Inkonsequenz vorzuwerfen. Denn dieses Eingeständnis hindert sie indes nicht daran, Vorschriften anzuwenden, die eben jene Körperlichkeit letztlich voraussetzen. *Kort* hält dieses Abstellen auf die Körperlichkeit des Datenträgers für einen zum Scheitern verurteilten Versuch, neueste technische Entwicklungen an die im Gesetzestext zum Ausdruck kommende physikalisch-naturwissenschaftliche Vorstellungswelt des historischen Gesetzgebers anzupassen.[384] Auch *Struwe*[385] übt Kritik, indem er derlei Auffassungen vorwirft, sie vernachlässigten die sachenrechtlichen Folgekonsequenzen und argumentierten allein anhand schuldrechtlicher Folgeerwägungen. Ihnen sei gar eine Nichtbeachtung des Abstraktionsprinzips vorzuwerfen.

c) Ablehnung der Sacheigenschaft

Letztlich verbleiben noch die Ansichten, die die Sachqualität von Daten eindeutig ablehnen.[386] Die Argumentation wird hier nicht auf ein gewünschtes

---

382 *Brox/Walker,* Allgemeiner Teil des BGB, Rn. 37.

383 So im Ergebnis auch *Grübler,* Digitale Güter und Verbraucherschutz, S. 95; *Lenhard,* Vertragstypologie von Softwareüberlassungsverträgen, S. 21; für eine einheitliche Auslegung auch *Weitz,* Software als „Sache“, S. 188.

384 *Kort*, DB 1994, 1505 (1507).

385 *Struwe,* Virtuelle Waren, S. 117.

386 OLG Dresden, Beschl. v. 05.09.2012, 4 W 961/12, NJW-RR 2013, 27 (28); LG Konstanz, Urt. v. 10.05.1996, 1 S 292/05, NJW 1996, 2662; *Druschel,* Digitale Inhalte im GEKR, S. 31; *Ellenberger*, in: Palandt-BGB, § 90 Rn. 2; *Fritzsche*, in: BeckOK-BGB, 01.08.2018, § 90 Rn. 25; *Haberstumpf,* NJOZ 2015, 793 (794); *Heydn*, CR 2010, 765 (776); *Hilty*, MMR 2003, 3 (3); *Mehrings*, NJW 1986, 1904 (1905); *Mincke*, JurPC 1991, 932 (933); *Müller-Hengstenberg/Kirn*, NJW 2007, 2370 (2373); *Peukert*, in: FS Schricker, S. 149 (152 ff.); *Redeker*, NJW 1992, 1739 (1739); *ders.*, NJOZ 2008, 2917 (2919); *J. Schmidt*, in: Erman-BGB, § 90 Rn. 3; *Schmidt-Kessel/Young/Benninghoff u.a.*, GPR 2011, 7 (9); *Stieper*, in: FS Köhler, S. 729 (736); *Schöpflin/Völzmann-Stickelbrock*, in: PWW, § 90 Rn. 5; *Stieper*, in: Staudinger-BGB, § 90 Rn. 17;

Ergebnis gerichtet, sondern überzeugt durch dogmatische Stringenz. Diese wird durch eine Simplifizierung erreicht, die auf den Kern des Problems zurückgeht, nämlich auf den eindeutigen Wortlaut des § 90 BGB. Die dort vorausgesetzte Körperlichkeit der Gegenstände ist unmissverständlich.[387] In § 90 BGB wird auf physikalische Gegebenheiten zurückgegriffen und nicht auf juristische Konstruktionen.[388] Digitale Inhalte lassen sich nicht anfassen, was aber zentrales Kriterium des Sachbegriffs des BGB ist.[389] Zugegebenermaßen konnte der historische Gesetzgeber bei der Schaffung des BGB noch nicht die heutigen technologischen Möglichkeiten hinsichtlich digitaler Wirtschaftsgüter voraussehen. Dies ändert jedoch nichts an der klaren Vorgabe der Körperlichkeit.

Dass eine Neuregelung letzten Endes erforderlich geworden war, erkannte der Gesetzgeber spätestens mit der Änderung von § 453 BGB zum 01.01.2002.[390] Neben Sachen im Sinne des § 90 BGB sollten nunmehr auch „sonstige Gegenstände" kaufrechtlich gehandelt werden können. Sind diese Gegenstände also im Mittelpunkt einer kaufvertragstypischen Parteivereinbarung, kommen die Vorschriften über den Kauf von Sachen entsprechend zur Anwendung. Das ist auch der Grund dafür, warum die Diskussionen gerade hinsichtlich des Kaufrechts an Schärfe verloren haben.[391] Denn ein körperlicher Gegenstand ist seither nicht mehr erforderlich, um in die Anwendbarkeit der §§ 433 ff. BGB zu gelangen.

Damit offenbart sich schließlich, dass auch der Gesetzgeber Daten nicht als Sachen ansieht. Ansonsten hätte es der Klarstellung in der Gesetzesbegründung[392] nicht bedurft, die die Erfassung von Software als Anwendungsfall des § 453 Abs. 1 BGB explizit anführt. Dass diese Sichtweise mit Bedeutung für das Sachenrecht aus einem schuldrechtlichen Zusammenhang entnommen wurde, ist dabei unschädlich.[393]

Stresemann, in: MüKo-BGB, § 90 Rn. 25; *Zahn*, ZEuP 2014, 77 (79); *Zech*, CR 2015, 137 (142).

387 Vgl. LG Konstanz, Urt. v. 10.05.1996, 1 S 292/05, NJW 1996, 2662 (2662).

388 *Redeker*, NJOZ 2008, 2917 (2919).

389 *Redeker*, NJW 1992, 1739 (1739).

390 Gesetz zur Modernisierung des Schuldrechts vom 29.11.2001, BGBl I Nr. 61; vgl. *Redeker*, IT-Recht, Rn. 279.

391 Vgl. *Druschel*, Digitale Inhalte im GEKR, S. 30.

392 Begr. zum RegE, BT-Drs. 14/6040, S.242.

393 *Stichtenoth*, K&R 2003, 105 (106).

d) Fazit

Mag die Vorfrage für die Anwendbarkeit kaufrechtlicher Vorschriften durch die Einführung des § 453 BGB beantwortet worden sein, so bleibt ihre Relevanz für die übrigen Bereiche des BGB außerhalb des Kaufrechts bestehen.[394] Nur vereinzelt halten Vertreter noch an ihren – vor diesem kaufrechtlichen Hintergrund überholten – Ansichten fest.[395] Hier entsteht teilweise der Eindruck, als wolle man, unter Inkaufnahme dogmatischer Ungenauigkeiten, um jeden Preis die Anwendbarkeit des besonderen Schuldrechts gewährleisten.

Letztlich kann die Ablehnung der Sacheigenschaft von Daten auch aus schuldrechtlichem Blickwinkel nicht ins Wanken geraten. Welche Konsequenzen diese Ablehnung für die eingangs aufgeworfene und jetzt beantwortete Vorfrage hat, soll nun in der angekündigten typologischen Zuordnung geklärt werden.

V. Zuordnung zu Normstrukturtypen

1. Zuordnung der Kategorie „dauerhafte Überlassung“

Einen Sonderfall der „Zuordnung“ stellt bereits die erste Fallgruppe der dauerhaften Überlassung dar. Was Softwareüberlassungssituationen anging, knüpfte die Rechtsprechung häufig an den Verbund aus Datenträger und Computerprogramm an.[396] Da dieser in den entschiedenen Fällen auch stets gegeben war, wurde die Sacheigenschaft für die jeweils übergeordneten Rechtsfragen, wie die Anwendbarkeit der §§ 459 ff. BGB a.F., bejaht. Eine isolierte und grundsätzliche Beantwortung der Frage war nicht beabsichtigt.

Es handelt sich bei der dauerhaften Gebrauchsüberlassung um eine klassische Austauschsituation. Auf der einen Seite steht das vom Käufer begehrte Gut, auf der anderen eine meist monetäre Gegenleistung.[397] Der Käufer wird sich vorher durchs Internet navigiert und ein entsprechendes Produkt ausgewählt haben. Anders als beim Kauf in Ladenlokalen hat der Käufer keinen Gegenstand unmittelbar vor sich, kann ihn nicht haptisch wahrnehmen. Der Beschreibung und Bebilderung, die vom Anbieter zur Verfügung gestellt wird, kommt daher ein erhebliches Gewicht zu. Der Interessent nutzt diese, um sich ein Gesamtbild

---

394 Vgl. *Druschel,* Digitale Inhalte im GEKR, S. 30.

395 Kritisch dazu auch *Struwe,* Virtuelle Waren, S. 120.

396 BGH, Urt. v. 14.07.1993, VIII ZR 147/92, NJW 1992, 2436; BGH, Urt. v. 04.11.1987, VIII ZR 314/86, CR 1988, 124; so auch *Grübler,* Digitale Güter und Verbraucherschutz, S. 107.

397 Zur Gegenleistung in Form von persönlichen Daten siehe 4. Teil, F.III.6, S. 180 ff.

davon zu machen, was er von seinem Kaufgegenstand erwarten kann. Möglicherweise hat er auch Werbeaussagen auf anderen Internetseiten oder sonstigen Kanälen verfolgt, die ihm Eigenschaften und/oder Funktionalitäten vermittelt haben, deren faktisches Vorliegen er nun voraussetzt. Das kann sowohl ein Mindestmaß an Tonqualität eines heruntergeladenen Musikstückes als auch die Interoperabilität eines gekauften Programmes mit dem installierten Betriebssystem sein. Vor allem muss das gekaufte Produkt nutzbar sein, es muss funktionieren. Beim Kauf eines Hörbuchs erwartet der Verbraucher beispielsweise, dieses herunterladen und beliebig oft anhören zu können.[398] Die Nutzung darf dem Käufer nicht durch rechtswidrige urheberrechtliche Restriktionen eingeschränkt oder versagt werden. Diese Art von Geschäften zeichnet aus, dass sie auf einen nur einmaligen punktuellen Austausch gerichtet sind. Wenn die jeweiligen Vertragsgegenstände die Parteien gewechselt haben, ist der Vertrag abgewickelt. Denkbar sind zwar vielfältige Nebenleistungspflichten.[399] Um die aufgeworfene Frage nach der vertragstypologischen Einordnung einheitlich zu beantworten, soll hier auf Details nicht eingegangen werden.

Der Regelfall ist in diesen Fällen eine einmalige Kaufpreiszahlung und nicht etwa das Modell eines Abonnements.[400] Außerdem werden die übermittelten Daten dem Nutzer auf Dauer und für seine eigene Nutzung[401] überlassen, was zugleich für eine Einordnung als Kauf wegweisend ist.[402]

Für die Zuordnung dieser Kategorie zum Kaufrecht müsste es sich beim Vertragsgegenstand ausweislich des Wortlautes des § 433 Abs. 1 BGB um eine Sache handeln. Das sind digitale Inhalte jedoch nicht. Von dem eingangs genannten Sonderfall kann deswegen gesprochen werden, weil der Gesetzgeber diese Problematik erkannte und mit der Änderung des § 453 BGB zum 01.01.2002 im Zuge der Schuldrechtsmodernisierung aktiv wurde. Der Rechtsprechung, die bereits zuvor die Vorschriften des Kaufrechts auf die entgeltliche Übertragung unter anderem von Software anwandte, sollte ausweislich der Gesetzesmaterialien gefolgt werden.[403] Es sollte also dafür gesorgt werden, dass der unter anderem in Bezug auf digitale Inhalte zu enge Anwendungsbereich des Kaufrechts

398 LG Bielefeld, Urt. v. 05.03.2013, 4 O 191/11, ZUM 2013, 688 (691).

399 So zum Beispiel die Frage, ob der Bezieher eines Computerprogrammes auch immer die zeitgemäße Versorgung mit Updates vonseiten des Anbieters erwarten kann.

400 Gleichwohl können die Parteien auch Ratenvereinbarungen treffen, ohne dass der Charakter der „Einmaligkeit" hinfällig wäre.

401 Vgl. LG Bielefeld, Urt. v. 05.03.2013, 4 O 191/11, ZUM 2013, 688 (691).

402 Vgl. *Westermann*, in: MüKo-BGB, § 433 Rn. 14.

403 BT-Drs. 14/6040, S. 242.

erweitert wird. Die Vorschrift bestimmt seither, dass auch „sonstige Gegenstände“[404] Objekte eines Kaufvertrags sein und die §§ 433 ff. BGB entsprechend angewendet werden können. Diese Formulierung ist weit genug gehalten, um auch digitale Inhalte erfassen zu können.[405] Um in dieser Kategorie der dauerhaften Überlassung beispielsweise in den Genuss des Mängelgewährleistungsrechts für digitale Güter zu kommen, bedarf es damit keiner aufwendig Begründungen für das Vorliegen der früher noch zwingend notwendigen Sacheigenschaft mehr.

Es sei daran erinnert, dass streng genommen auch bei Kaufsituationen, denen in einem Datenträger verkörperte digitale Inhalte zugrunde liegen, nicht von einem Kaufvertrag über eine Sache im Sinne des § 433 BGB gesprochen werden kann, sondern von einem Kaufvertrag über einen „sonstigen Gegenstand“ im Sinne des § 453 Abs. 1 BGB. Die Unterscheidung, ob der digitale Inhalt beim Verkauf auf einem Transportmedium verkörpert vorliegt (etwa Postversand eines Computerprogramms auf DVD) oder unmittelbar über die Internetleitung zum Käufer gelangt, spielt keine Rolle.[406]

Durch eine gesetzliche Anpassung wurde letztlich die Zuordnung der Kategorie „dauerhafte Überlassung“ zum Normstrukturtypus des „Kaufs eines sonstigen Gegenstandes“ gemäß §§ 433, 453 BGB ermöglicht.[407] Der diesbezügliche Einordnungsstreit hat sich für das Kaufrecht damit erledigt.[408] Die §§ 433 ff. BGB sind in derlei Fällen ipso iure entsprechend anwendbar.[409]

2. Zuordnung der Kategorie „zeitweise Gebrauchsüberlassung“

a) Fallgruppe

Auch für die Fallgruppe der zeitweisen Gebrauchsüberlassung digitaler Inhalte müssen die prägenden Merkmale einer typischen Parteivereinbarung bei diesen Geschäften herausgearbeitet werden.

---

404 Zum Begriff der sonstigen Gegenstände im Rechtsverkehr *Peukert*, in: Leible/Lehmann/Zech, S. 95 ff.

405 So zuletzt auch für digitale Inhalte im Sinne des § 312 f Abs. 3 BGB *Beckmann*, in: Staudinger-BGB, § 453 Rn. 2.

406 A. A. *Beckmann/Köhler*, in: FS Rüßmann, S. 389 (404); *Ellenberger*, in: Palandt-BGB, § 90 Rn. 2.

407 Vgl. dazu *Peintinger*, MMR 2016, 3 (4), der den Erwerb rein digitaler Produkte hingegen als Rechtskauf bewertet; offen gelassen von *Weidenkaff*, in: Palandt-BGB, § 453 Rn. 8.

408 So *Grübler*, Digitale Güter und Verbraucherschutz, S. 95.

409 So im Ergebnis auch *Ganzhorn*, Vertrieb und Weitergabe digitaler Güter, S. 100 f.

Was diese Gruppe mit der Erstgenannten eint, ist die Überlassung des Gutes „digitaler Inhalt“ zur Nutzung. Hier ergeben sich keine Unterschiede. Es soll dem Nutzer möglich sein, den Inhalt vollständig zu erhalten und zu konsumieren. Dass also auch für diese Kategorie digitale Inhalte als Vertragsgegenstand vorliegen müssen, versteht sich freilich von selbst.

Das wesentliche Abgrenzungskriterium ist vielmehr die zeitliche Befristung der Überlassung der digitalen Inhalte. Dieser Häufigkeitstypus ist nicht auf den einmaligen und punktuellen Austausch von Leistung und Gegenleistung angelegt, sondern auf eine Nutzungseinräumung für eine gewisse Zeit. Häufig ist in der Praxis auch vom „Ausleihen“[410] des entsprechenden Inhaltes die Rede. Nach seiner Zurverfügungstellung, die auch in dieser Kategorie meist per Download erfolgt, verbleibt dem Nutzer eine vorher festgelegte Frist, innerhalb der er den Inhalt konsumieren kann. Um die für den Bezug erforderliche durchgehende Internetverbindung muss der Nutzer sich selbst kümmern.[411] Etwaige Ausfälle wären in diesem Fall nicht dem Inhalte-Anbieter, sondern dem Internetprovider des Nutzers anzulasten.

Wie bereits herausgearbeitet,[412] ist nach Ablauf der Frist eine weitere Nutzung nicht mehr möglich. Eine dauerhafte lokale Speicherung ist nicht vorgesehen. Durch technische Vorkehrungen wird ein weiterer Gebrauch verhindert. Dies stellt sich häufig so dar, dass ein lokal beim Nutzer gespeicherter Inhalt automatisch gelöscht wird. Eine Rückgewähr des Vertragsgegenstandes, wie es bei körperlichen Gegenständen üblich ist, wäre hier sinnlos, da es sich bei dem übermittelten Inhalt um eine bloße Kopie handelt, an deren Rückerhalt der Anbieter keinerlei Interesse hat. Durch eine automatische Löschung wird die Situation unterbunden, dass der Nutzer über die vereinbarte Zeitspanne hinaus von dem wirtschaftlichen Wert des Inhaltes profitieren kann.

Die wesentlichen Merkmale dieser zweiten Kategorie sind also die Nutzungseinräumung des digitalen Inhaltes durch den Anbieter sowie die zeitliche Befristung dieser Überlassung. Seitens des Nutzers ist das zuvor vereinbarte Entgelt zu entrichten.

---

410 Zum Prozess des Ausleihens etwa bei Apple siehe https://.support.apple.com/de-de/HT201611.

411 So auch für Online-Spiele *Striezel,* Handel mit virtuellen Gegenständen, S. 206.

412 Vgl. bereits die Skizzierung dieser Kategorie, 4. Teil, C.II, S. 96.

b) Vertragstypen

Fraglich ist, welche BGB-Vertragstypen hierfür in Betracht kommen. Im Folgenden sollen denkbare Vertragstypen auf ihre Anwendbarkeit für diese Fallgruppen überprüft werden.

aa) Kaufvertrag, §§ 433 ff. BGB

Wie beschrieben liegt auch bei der zweiten Fallgruppe eine Überlassung vor. Unabhängig von der viel diskutierten Frage der Sacheigenschaft digitaler Inhalte hat der Gesetzgeber mit § 453 BGB die Möglichkeit geschaffen, digitale Inhalte als sonstige Gegenstände zu erfassen. Allerdings ist das prägende Element gerade *nicht* die Dauerhaftigkeit der Überlassung des Inhaltes. Zwar könnte auch die in der Praxis durchaus übliche Einmaligkeit einer Entgeltentrichtung für den Charakter einer Kaufsituation sprechen. Die Befristung der Überlassung beziehungsweise der Nutzung ist für die Beurteilung aber weitaus richtungsweisender und lässt die Art der Zahlung in den Hintergrund treten. Unabhängig von der Frage der Sachqualität einer Digitalkopie fehlt es hier außerdem an dem Willen, Eigentum auf Dauer zu übertragen, wozu der Verkäufer aber streng genommen nach § 433 Abs. 1 Satz 1 BGB verpflichtet wäre.[413] Auch ist eine Anwendung der im Kaufvertragsrecht vorgesehenen Regelungen etwa zu Gewährleistungsfristen bei einer befristeten Überlassung denknotwendig ausgeschlossen.

Im Ergebnis spricht die zentrale Eigenart dieses Geschäfts, dass der Vertragsgegenstand nach Zeitablauf wieder „zurückgegeben" beziehungsweise gelöscht wird, somit deutlich gegen die Einordnung dieser Fallgruppe als Kaufvertrag.

bb) Mietvertrag, §§ 535 ff. BGB

Möglicherweise wird die Einordnung als Mietvertrag der Fallgruppe „zeitweise Gebrauchsüberlassung" digitaler Inhalte besser gerecht.

(1) Zeitweise Gebrauchsüberlassung

Das Element der zeitlichen Befristung könnte sich mit den §§ 535 ff. BGB besser erfassen lassen. Denn anders als bei einem Veräußerungsvertrag wie dem Kaufvertrag, dessen zentrales Charakteristikum unter anderem die Dauerhaftigkeit der Übertragung des Rechtsgegenstandes ist, steht bei Überlassungsverträgen – und damit auch beim Mietvertrag – die Zurverfügungstellung des Rechtsgegenstandes auf Zeit im Mittelpunkt.[414]

---

413 So zur vertraglichen Einordnung von Cloud-Computing *Wicker*, MMR 2012, 783 (784).

414 *Oetker/Maultzsch*, Vertragliche Schuldverhältnisse, § 1 Rn. 17 f.

Somit ist in der oben vorgestellten Fallgruppe ein wesentliches Element gegeben, das auch beim Vertragstyp Mietvertrag vorliegt. Ebenso findet sich die (Pflicht zur) Beendigung der Nutzung bei beiden Vergleichsobjekten wieder: Während sie für den Mietvertrag in § 546 Abs. 1 BGB normiert ist, erfolgt sie bei der Fallgruppe der zeitweisen Gebrauchsüberlassung in Form einer automatischen Dateilöschung. Die Ausgestaltung dieser „Rückgabe" ist bei der zeitweisen Gebrauchsüberlassung von Daten also meist eine andere. Die „Rückgabe" erfolgt nämlich aufgrund technischer Vorkehrungen[415] automatisch, sodass der Nutzer sich durch diese selbstständige Löschung um nichts kümmern muss. Dieser Umstand ist jedoch nicht ausreichend, um eine Vergleichbarkeit der Beendigung der Nutzung abzulehnen.[416] Deutlich wird dies an dem Telos, der hinter der Rückgabepflicht des § 546 BGB steckt: Spiegelbildlich zur Besitzeinräumung zugunsten des Mieters[417] soll der Vermieter nach Beendigung des Mietverhältnisses zwar den vertraglichen Anspruch haben, wieder in den unmittelbaren Besitz der Sache zu gelangen.[418] Hinsichtlich digitaler Inhalte wird es dem Anbieter eher darum gehen, dass der Nutzer nicht mehr vom Wert des Inhaltes profitieren kann. Letzteres wird auch gewährleistet, wenn die überlassenen Daten gelöscht werden und dem Nutzer somit nicht mehr zur Verfügung stehen. Eine klassische Rückgabe im Sinne einer Wiedereinräumung des Besitzes ist somit nicht erforderlich. Allein die Rückgabepflicht des § 546 BGB steht der Zuordnung dieser Kategorie zum Mietvertragsrecht nicht durchgreifend entgegen.[419]

(2) Vorliegen einer Mietsache

Problematisch hingegen ist das Vorliegen einer Miet*sache*. Diese wird von § 535 Abs. 1 S. 1 BGB ausdrücklich und typenprägend[420] vorausgesetzt, wie ja auch die Rückgabeverpflichtung des § 546 Abs. 1 BGB zeigt.

Hiermit befasst sich die ASP-Entscheidung des Bundesgerichtshofes. Dazu sei vorab angemerkt, dass die dort behandelte Vertragskonstellation (Zugangsgewährung zu der beim Anbieter befindlichen Software) nach hiesigem Verständnis eher der noch zu behandelnden Kategorie „bloßer Zugang" als derjenigen der

---

415 *Von dem Bussche/Schelinski*, in: Leupold/Glossner, MAH IT-Recht, Teil 1 Rn. 109.

416 A. A. *Grübler*, Digitale Güter und Verbraucherschutz, S. 108.

417 *Bieber*, in: MüKo-BGB, § 546 Rn. 4.

418 *Rolfs*, in: Staudinger-BGB, § 546 Rn. 3.

419 Nach *Stieper*, Schranken des Urheberrechts, S. 409, ist die Verpflichtung des Kunden, die Datei nach Ablauf der Vertragszeit nicht mehr abzuspielen, sogar eine Entsprechung der Rückgabe beispielsweise einer vermieteten DVD.

420 *Marly/Jobke*, LMK 2007, 209583.

zeitweisen Gebrauchsüberlassung entspricht. Gleichwohl werden Argumente vom Bundesgerichtshof und der die Entscheidung heranziehenden Literatur[421] angeführt, die sich mit dem Mietrecht auseinandersetzen und denen zumindest Gehör zu verschaffen ist.

Hinsichtlich der Überwindung des Hindernisses, das die vorausgesetzte Sacheigenschaft der Mietsache mit sich bringt, ist der ASP-Entscheidung wenig Gewinnbringendes zu entnehmen. Es sei dem Bundesgerichtshof hier zugestanden, dass er sich noch nicht mit der gesetzgeberischen Wertung der erst später erfolgten Neuregelung des § 453 BGB auseinandersetzen musste. Letztlich ist ihm und den die ASP-Entscheidung heranziehenden Stimmen vorzuwerfen, dass sie viel zu sehr auf dem physischen Fundament der Daten basieren, das bei den heutigen neuesten Technologien keine relevante praktische Bedeutung mehr hat.[422] Vor diesem Hintergrund muss die Entscheidung daher als nicht mehr zeitgemäß betrachtet werden.

Die Heranziehung der mietvertraglichen Vorschriften wird vielfach vertreten.[423] Meist wird aber lediglich auf das genannte Urteil des Bundesgerichtshofes verwiesen[424] und nicht weiter oder gar überzeugend begründet. Hervorgehoben seien vielmehr diejenigen Stellungnahmen, die sich nicht nur auf die ASP-Entscheidung berufen, sondern die Problematik des Fehlens der Sacheigenschaft erkennen oder zumindest im Ergebnis zu einer Ablehnung der direkten Anwendung der §§ 535 ff. BGB kommen.[425]

Der ASP-Entscheidung und der direkten Heranziehung des Mietrechts kann im Ergebnis also nicht gefolgt werden. Es bleibt bei den obigen Ausführungen zur fehlenden Sache im mietvertraglich vorausgesetzten Sinne.

---

421 Siehe Fn. 365 sowie etwa *Müller-Hengstenberg/Kirn*, NJW 2007, 2370 (2373); *Wicker*, MMR 2012, 783 (785).

422 Vgl. *Müller-Hengstenberg/Kirn*, NJW 2007, 2370 (2373).

423 *Diegmann/Kuntz*, NJW 2010, 561 (562); *Marly*, Praxishandbuch Softwarerecht, Rn. 743; zumindest das Vorliegen einer Mietsache bejahend *Grübler*, Digitale Güter und Verbraucherschutz, S. 107.

424 So bei OLG Hamburg, Urt. v. 15.12.2011, 4 U 85/11, MMR 2012, 740; *Wicker*, MMR 2012, 783 (785).

425 *Druschel/Oehmichen*, CR 2015, 173 (177); *Hantschel*, Softwarekauf und -weiterverkauf, S. 177; *Heydn*, CR 2010, 765 (773); *Stresemann*, in: MüKo-BGB, § 90 Rn. 25; *Zech*, ZUM 2014, 3 (7); zumindest kritisch *Müller-Hengstenberg/Kirn*, NJW 2007, 2370 (2371); *Psczolla*, Onlinespielrecht, S. 78; vgl. auch *Zech*, ZGE 2013, 368 (384), der derlei Verträgen zwar einen mietvertraglichen Charakter zuspricht, gleichwohl einräumt, dass von § 535 BGB nur Mietsachen erfasst werden; ebenfalls Mietrecht ablehnend *Stieper*, Schranken des Urheberrechts, S. 409.

(3) Gesetzgeberische Wertung

Von Interesse ist in diesem Zusammenhang auch die Sichtweise des Gesetzgebers. Denn auffällig ist, dass eine Neuregelung, wie sie für das Kaufrecht in § 453 Abs. 1 BGB eingeführt wurde („sonstige Gegenstände"), im Mietrecht fehlt.[426] Es liegt zumindest der Schluss nahe, dass es Wille des Gesetzgebers war, den Mietvertrag nicht für die Erfassung der zeitweisen Überlassung digitaler Inhalte „herzurichten". Dieser Umstand muss also all jenen entgegengehalten werden, die für die uneingeschränkte Anwendbarkeit des Mietrechts plädieren.

(4) Fazit

Unter rein sachenrechtlichen Gesichtspunkten wurde die Sacheigenschaft von Daten beziehungsweise digitalen Inhalten bereits abgelehnt.[427] Auch für die eingangs erörterte Vorfrage, ob digitale Inhalte aus schuldrechtlicher Sicht wie Sachen zu behandeln sind, ergab sich nichts anderes.[428] Die nähere Betrachtung des Mietrechts vermag diese Bewertung nicht zu erschüttern. Über das Vorliegen einer Mietsache und damit einer Sache im Sinne des § 90 BGB kommt man bei der vertragstypologischen Zuordnung der zeitweisen Gebrauchsüberlassung digitaler Inhalte nicht hinweg. Diese Fallgruppe lässt sich nicht dem Typus des Mietvertrags zuordnen.

cc) Pachtvertrag, §§ 581 ff. BGB

Eine Lösung für das Problem des Nichtvorliegens einer Sache könnte das Pachtrecht bieten, das im Wesentlichen auf das Mietrecht verweist. Auch das Pachtrecht ist ein Dauerschuldverhältnis, welches die Gebrauchsgewährung zum Gegenstand hat.

(1) Gegenstand statt Sache

Ein wesentlicher Unterschied zum Mietrecht besteht darin, dass keine *Sache*, sondern nur der zu verpachtende *Gegenstand* vorausgesetzt wird. Der Begriff des Gegenstandes[429] kommt im BGB an verschiedenen Stellen vor,[430] wird aber nicht legal definiert.[431] Man versteht darunter „alle individualisierbaren,

426 Vgl. schon *Druschel*, Digitale Inhalte im GEKR, S. 32; *Grübler*, Digitale Güter und Verbraucherschutz, S. 106; *Marly/Jobke*, LMK 2007, 209583; *Redeker*, CR 2011, 634 (635).

427 2. Teil, D.I.1, S. 70 ff.

428 4. Teil, D.IV.2, S. 108 ff.

429 Zu den Gegenstandsbegriffen des BGB vgl. *Cebulla*, Die Pacht nichtsächlicher Gegenstände, S. 17; *Hantschel*, Softwarekauf und -weiterverkauf, S. 88 ff.

430 Z. B. §§ 273 Abs. 2, 285 Abs. 1, 463, 506 Abs. 2, 523 Abs. 2 BGB.

431 *Stresemann*, in: MüKo-BGB, § 90 Rn. 1.

vermögenswerten Objekte und Güter, über die Rechtsmacht im Sinne von Herrschafts- oder Nutzungsrechten ausgeübt werden kann".[432] Unter diese Voraussetzungen lassen sich ohne weiteres körperliche Gegenstände, also Sachen, subsumieren, die einen Unterfall von Gegenständen[433] bilden. Da diese Definition aber weiter gefasst ist als die der Sachen im Sinne des § 90 BGB, werden neben beweglichen und unbeweglichen Sachen auch Rechte sowie sonstige Gegenstände von § 581 Abs. 1 BGB erfasst.[434] Auch digitale Inhalte unterfallen – wie bei der Regelung in § 453 BGB – dem Begriff der sonstigen Gegenstände. Hier wird der Vorteil gegenüber dem Mietvertrag deutlich. Durch die größere Reichweite des Gegenstands- gegenüber dem Sachbegriff werden digitale Inhalte als Pachtgegenstände erfasst,[435] während sie als (Miet)„Sache", wie oben gesehen, nicht in Betracht kommen.

(2) Fruchtziehung

Miete und Pacht unterscheiden sich jedoch nicht nur im Erfordernis einer Sache beziehungsweise eines Gegenstandes. Ein wesentliches Charakteristikum der Pacht ist das der Fruchtziehung,[436] die dem Pächter gestattet werden muss. Gemeint sind dabei Früchte im Sinne des § 99 BGB.[437] Dass damit auch Sachfrüchte erfasst werden,[438] sei zwar kurz erwähnt, kann in der hier zu untersuchenden Konstellation der Abwesenheit von Sachen jedoch keine Rolle spielen. Maßgeblich ist vielmehr, welche Art von Früchten bei der zeitweisen Überlassung digitaler Inhalte gezogen werden können.

Denkbar wäre eine Fruchtziehung bei einer Internet-Domain,[439] wenn aus ihr wirtschaftlicher Nutzen gezogen und der Gewinn gesteigert werden kann.[440]

---

432 *Stresemann*, in: MüKo-BGB, § 90 Rn. 1; näher zum Gegenstandsbegriff *Stieper*, in: Staudinger-BGB, Vorbem. zu §§ 90–103 Rn. 4 ff.

433 *Fritzsche*, in: BeckOK-BGB, 01.02.2017, § 90 Rn. 3; *Stresemann*, in: MüKo-BGB, § 90 Rn. 1; *Wieling*, Sachenrecht, S. 21.

434 *Schaub*, in: Staudinger-BGB, Vorbem. § 581 Rn. 2.

435 Zur Erfassung von Software als Pachtgegenstand vgl. *Schaub*, in: Staudinger-BGB, § 581 Rn. 63, die dabei hervorhebt, dass mithilfe des Pachtgegenstandsbegriffes auch zukünftige neuartige Gegenstände erfassen können.

436 *Harke*, in: MüKo-BGB, § 581 Rn. 1; *Oetker/Maultzsch*, Vertragliche Schuldverhältnisse, § 5 Rn. 236; *Schaub*, in: Staudinger-BGB, Vorbem. § 581 Rn. 34.

437 *Teichmann*, in: Jauernig-BGB, § 581 Rn. 6.

438 *Schaub*, in: Staudinger-BGB, § 581 Rn. 228.

439 Vgl. *Dingeldey*, GuT 2004, 205.

440 Denkbar etwa bei einer sehr bekannten Domain, vgl. BGH, Urt. v. 30.06.2009, VI ZR 210/08, GRUR 2009, 1093 (1094).

Frucht im Sinne des § 99 BGB könnte auch die Vergütung für die Weiterüberlassung von Software sein, wenn diese beispielsweise vermietet wird.[441] Bei Software wird die Fruchtziehung teilweise deshalb bejaht, weil sich hierdurch Dateien erstellen ließen, denen wiederum ein wirtschaftlicher Wert zukäme.[442] Werden jedoch Musik und Filme zeitweise überlassen, mit denen bekanntermaßen keine neuen Dateien erzeugt werden können, so belegt das die mangelnde Allgemeingültigkeit dieses Arguments und hilft insoweit für die übergreifende Betrachtung digitaler Inhalte nicht weiter.

Auch sonst wird häufig eher darauf abgestellt, dass der weite Pachtgegenstandsbegriff digitale Daten sehr gut erfassen könne. Worin die Fruchtziehung genau liegen soll, wird vielfach jedoch nicht deutlich.[443] Abgestellt wird teilweise auf das dem Verbraucher eingeräumte Nutzungsrecht.[444] In den meisten Fällen handelt es sich dabei aber um ein einfaches, nicht übertragbares, nicht unterlizenzierbares, eingeschränktes Nutzungsrecht.[445] Die kommerzielle Nutzung soll gerade ausgeschlossen werden. Der Nutzer kann also aufgrund der fehlenden Lizenzeinräumung keine weiteren Lizenzen an andere Nutzer verkaufen und somit Früchte ziehen. Würden hingegen umfangreichere Nutzungsrechte, wie etwa ein Verwertungsrecht nach §§ 15 ff. UrhG, eingeräumt, ließe sich die Fruchtziehungsbefugnis bejahen.[446] Wird nur ein einfaches Nutzungsrecht eingeräumt, entspricht dies eher dem Wesen des Mietvertrages,[447] weil es an der pachtvertragstypischen Furchtziehungsberechtigung gerade fehlt.

Es bleibt daher festzuhalten, dass die zeitweise Überlassung digitaler Inhalte dann kein Pachtvertrag sein kann, wenn lediglich die einfache Nutzung und nicht die – darüber hinausgehende – Befugnis zur Fruchtziehung vereinbart wird.[448] Bei den hier untersuchten Massengeschäften zwischen Inhalte-Anbietern und

---

441 *Koch*, Computer-Vertragsrecht, S. 411.

442 So *Heydn*, CR 2010, 765 (773); *dies.*, in: Kilian/Heussen, CHB, Teil 3, 32.13, Vermarktung von Gebrauchtsoftware Rn. 37; a. A. *Schaub*, in: Staudinger-BGB, § 581 Rn. 94.

443 So etwa *Druschel*, Digitale Inhalte im GEKR, S. 32, der die Tauglichkeit des Pachtgegenstandsbegriffes für digitale Inhalte hervorhebt, auf die Voraussetzung der Fruchtziehung aber nicht eingeht; ähnlich *Alpert*, CR 2000, 345 (349).

444 So offenbar *Hantschel*, Softwarekauf und -weiterverkauf, S. 177.

445 Vgl. etwa die Nutzungsbedingungen bei Amazon Instant Video, Stand: 09.06.2018, abrufbar unter: www.amazon.de/gp/help/customer/display.html/?nodeId=201422760.

446 Vgl. *Struwe*, Virtuelle Waren, S. 360.

447 Vgl. *Koch*, Computer-Vertragsrecht, S. 411.

448 Für gleichlautende Ergebnisse vgl. *Grübler*, Digitale Güter und Verbraucherschutz, S. 108; *Redeker*, CR 2011, 634 (635); *Schaub*, in: Staudinger-BGB, § 581 Rn. 94; *Struwe*, Virtuelle Waren, S. 360; *Lenhard*, Vertragstypologie von

Verbrauchern dürfte die einfache Nutzungserlaubnis aber der absolute Regelfall sein.

(3) Fazit

Auf den ersten Blick hilft das Pachtrecht über die sachbegriffliche Hürde, indem sie nicht auf § 90 BGB, sondern auf einen sehr viel weiteren Gegenstandsbegriff abstellt. Wegen des nicht abdingbaren[449] Erfordernisses der Fruchtziehung taugt der Pachtvertrag im Normalfall aber nicht als Rechtsgrundlage für die zeitweise Überlassung digitaler Daten.

Er muss daher, ebenso wie Kauf und Miete, als Grundlage für die Fallgruppe der zeitweisen Gebrauchsüberlassung digitaler Inhalte ausscheiden.

dd) Werkvertrag, §§ 631 ff. BGB

Vorgeschlagen wird auch die Heranziehung der werkvertraglichen Regelungen aus den §§ 631 ff. BGB.[450] Wenngleich sich der Gesetzgeber bei der Konzeption des Werkvertragsrechts von der Neuherstellung handwerklicher Gegenstände überschaubaren Umfangs hat leiten lassen,[451] ist denkbar, dass das Werkvertragsrecht auch unkörperliche Gegenstände als durch Arbeit oder Dienstleistung herbeizuführenden Erfolg erfasst (§ 631 Abs. 2 BGB). Ferner ist der Charakter eines Dauerschuldverhältnisses bei Werkverträgen prinzipiell vorstellbar, wenn der Unternehmer nämlich fortlaufend Leistungen schuldet und der Vertrag nicht nach einmaliger Erfolgsherbeiführung abgewickelt ist.[452]

Es ist jedoch nicht zu erkennen, worin die Erfolgsherbeiführung liegen soll, wenn etwa eine „fertige" Filmdatei zur 48-stündigen Nutzung zum Download angeboten wird, der Nutzer sie herunterlädt und die Datei sich nach Ablauf der Nutzungszeit selbstständig löscht. Gegen die Qualifikation des Bereitstellens von Inhalten als Werkvertrag spricht, dass derartige Geschäfte nicht die Erstellung eines Werkes beinhalten, sondern dieses bei Vertragsschluss bereits abruffähig

---

Softwareüberlassungsverträgen, S. 220, lehnt zumindest die direkte Anwendung des Pachtrechts bei Fehlen der Möglichkeit der Fruchtziehung ab; vgl. auch *Zech*, ZGE 2013, 368 (384), der zwar den pachtrechtlichen Charakter mancher Konstellationen hervorhebt, gleichzeitig aber die fehlende Fruchtziehungsbefugnis einräumt; ebenso *Stieper*, Schranken des Urheberrechts, S. 409.

449 Zumindest nicht vollständig, vgl. *Schaub*, in: Staudinger-BGB, § 581 Rn. 228.

450 So etwa *Redeker*, CR 2011, 634 (635), der dies bei Überlassung zu einmaliger Nutzung zumindest für näherliegend hält als die Anwendung von Mietrecht.

451 *Peters/Jacoby*, in: Staudinger-BGB, Vorbem. §§ 631 ff. Rn. 5.

452 So etwa bei der Softwarepflege, vgl. *Schneider/Spindler*, CR 2014, 213 (216).

besteht.[453] Tatsächlich kommt es dem Nutzer darauf an, dass er während der Vertragslaufzeit ein fertiges und nutzbares Produkt erhält, das seine Konsumansprüche befriedigt. Ihm geht es nicht um das Tätigwerden des Anbieters, an dessen Ende die Fertigung eines Produktes steht.[454] Die Einordnung der zeitweisen Überlassung digitaler Inhalte als Werkvertrag würde den Schwerpunkt des Vertrages jedoch genau auf diese Arbeitsleistung verlagern.[455] Dass die Abwicklung solcher Geschäfte vollautomatisch erfolgt und im Regelfall kein Zutun des Anbieters erforderlich ist, spricht ebenfalls gegen eine Werkleistung des Anbieters.

Die Einordnung der Überlassung digitaler Inhalte als Werkvertrag vermag also die Interessen der Parteien bei der zeitweisen Überlassung digitaler Inhalte auch nicht hinreichend zu berücksichtigen.

ee) Dienstvertrag, §§ 611 ff. BGB

Auch die Anwendbarkeit von Dienstvertragsrecht ist in Betracht zu ziehen, zumal dieses Gegenstand des Regierungsentwurfes zum Fernabsatzgesetz war.[456] Konkret ging es in dem Entwurf allerdings um den Ausschluss des Widerrufsrechts bei der Erbringung von Dienstleistungen, zu denen gleichwohl der „Online-Download" gezählt wurde. Auch ein Download kann jedoch zur zeitlich beschränkten Nutzung überlassen werden. Allerdings ist zweifelhaft, ob der Vertragstyp des Dienstvertrages mit der zeitweisen Überlassung digitaler Inhalte als Vertragszweck übereinstimmt.

Wie auch beim Werkvertrag schuldet der Dienstverpflichtete eine Tätigkeit gegen Zahlung einer Vergütung, § 611 Abs. 1 BGB. Der wesentliche Unterschied beider Vertragstypen liegt jedoch darin, dass es beim Dienstvertrag mit dieser Pflicht zum Tätigwerden sein Bewenden hat („Wirken"), während beim Werkvertrag darüber hinaus der Eintritt eines weiteren Erfolges (das „Werk") herbeigeführt werden muss.[457] Als mögliche Tätigkeit des Inhalte-Anbieters könnte hier sein Bemühen gesehen werden, dass der jeweilige digitale Inhalt während

---

453 *Busse*, CR 1996, 389 (389); so im Ergebnis auch *Rodorff*, Grenzbestimmung zwischen Kauf- und Werkvertrag, S. 271; ähnlich *Cichon*, Internet-Verträge, Rn. 956.

454 Daher gegen Werkvertragsrecht, wenn die Inhalte nicht an spezielle Bedürfnisse des Verbrauchers angepasst sind: *Spindler/Klöhn*, CR 2003, 81 (83).

455 Vgl. ähnlich für Know-how Verträge *Greco*, Verwertung von Know-how, S. 113.

456 Vgl. den Regierungsentwurf zum Fernabsatzgesetz, BT Drs. 14/2658, S. 43.

457 *Müller-Glöge*, in: MüKo-BGB, § 611 Rn. 22; *Oetker/Maultzsch*, Vertragliche Schuldverhältnisse, § 7 Rn. 7; vgl. *v. Herget/Reimer*, DStR 1996, 1288 (1290), die betonen, dass auch im Online-Bereich eine derartige Abgrenzung erfolgen müsse.

der Überlassungsdauer vom Verbraucher genutzt werden kann. Wenn dieses Bemühen jedoch als Erbringung der vertraglich vereinbarten Leistung ausreichte, könnte vom Nutzer ein Entgelt selbst dann verlangt werden, wenn es während des Übertragungsvorgangs technische Probleme gab und dieser letztlich gescheitert ist.[458] Es ist offensichtlich, dass dieses Ergebnis nicht gewollt sein kann und der Empfänger für die Entrichtung seines Entgeltes zumindest die Inhalte tatsächlich nutzen möchte. Wie dies final geschieht und wie sehr sich der Anbieter vorher bemüht haben mag, dürfte ihm vollkommen einerlei sein.

Ähnlich wie bereits beim Werkvertrag ist die Einordnung als Dienstvertrag auch deshalb abzulehnen, weil die bloße Arbeitsleistung zu sehr im Mittelpunkt stünde und sich dies nicht mit dem Vertragszweck der zeitweisen Überlassung digitaler Inhalte deckt. Wird Dienstvertragsrecht im Zusammenhang mit digitalen Inhalten angenommen,[459] so finden sich meist keine Begründungen hierfür.

Im Ergebnis erweist sich daher auch der Dienstvertrag als nicht tauglich, um die zeitweise Überlassung digitaler Inhalte vertragstypologisch angemessen zu erfassen. Das bloße Bemühen, das nach § 611 BGB geschuldet ist, kann nicht ausreichen.[460] Es entspricht nicht den Interessen der Parteien, insbesondere nicht dem Interesse des Erwerbers.

ff) Zwischenergebnis

Zwar konnten mit der Ähnlichkeitsprüfung für die Einordnung der zeitweisen Überlassung digitaler Inhalte besonders der Miet- und der Pachtvertrag in die nähere Auswahl gezogen werden. Allerdings beinhalten diese mit dem Erfordernis der (Miet)Sache und der Einräumung eines Fruchtziehungsrechts Merkmale, die derart typenprägend sind, dass sie eine Zuordnung scheitern lassen. Erst recht kommt ein Rückgriff auf das Kauf-, Werk- und Dienstvertragsrecht nicht in Betracht. Ein anwendbarer Vertragstyp ist für diese Fallgruppe im BGB insgesamt daher nicht erkennbar.

---

458 Ähnlich bei *Cichon*, Internet-Verträge, S. 294; dem folgend *Grübler*, Digitale Güter und Verbraucherschutz, S. 98.

459 *Tamm* etwa bezeichnet die Zurverfügungstellung digitaler Inhalte ohne nähere Begründung als Dienstleistung: *Tamm*, VuR 2014, 9 (11); *dies.*, in: Brönneke/Tonner, Das neue Schuldrecht, Kap. 4 Rn. 11; siehe auch BGH, Urt. v. 16.03.2006, III ZR 152/05, MMR 2006, 453 (457); *Schirmbacher/Creutz*, ITRB 2014, 44 (45).

460 So im Ergebnis auch *Härting/Schätzle*, ITRB 2006, 186 (187); *Hoenike/Hülsdunk*, MMR 2004, 59 (66); *Rudkowski/Werner*, MMR 2012, 711 (712).

3. Zuordnung der Kategorie „bloße Bereitstellung (Zugang)“

Schließlich verbleibt noch die vertragliche Einordnung der letzten und an Bedeutung zunehmenden Fallgruppe der bloßen Bereitstellung. Der bloße Zugang zu digitalen Inhalten hat sich in den letzten Jahren zu einer modernen Nutzungsform entwickelt, die sich die beinahe jederzeitige Verfügbarkeit von Hochgeschwindigkeitsinternet zu Nutzen gemacht hat.[461]

a) Fallgruppe

Beim bloßen Zugang zu digitalen Inhalten kommt es nicht mehr zur „Überlassung“ im Sinne der beiden erstgenannten Kategorien. Während dort die (zumindest zeitlich befristete) Übermittlung einer Kopie wesentliches Element war, so wird dies hier nicht vorausgesetzt. Der Nutzer erhält die Möglichkeit einen beliebigen Inhalt via Stream in Echtzeit zu konsumieren, ohne ihn dabei dauerhaft lokal abspeichern zu müssen.

In dieser Beliebigkeit liegt ein weiterer wesentlicher Unterschied zu den beiden vorigen Kategorien. Denn bei Vertragsschluss steht noch nicht fest, welche konkreten Inhalte der Nutzer beziehen möchte. Vielmehr erhält er mit Abschluss eines Abonnements und der Registrierung Zugang zu einem großen Fundus an Inhalten, die für ihn jederzeit auf Abruf bereitstehen. Es handelt sich damit auch hier um ein Dauerschuldverhältnis. Im Unterschied zur zweiten Kategorie liegt hier jedoch keine Befristung zugrunde. Das Vertragsverhältnis besteht so lange, bis eine Kündigung der einen oder anderen Partei erfolgt. Infolge einer solchen Kündigung bedarf es nicht der Löschung des Inhalts als digitales Pendant zur Rückgewähr, sondern lediglich der Sperrung des Zugangs. Ohne den Zugang gelangt der Nutzer auch nicht mehr zum Abruf einzelner Inhalte und der Anbieter hat die Gewissheit, dass dieser sich mit Vertragsende auch nicht mehr den Wert der Inhalte zu eigen macht.

Die Leistung des Anbieters umfasst daher auch die Bereitstellung des Systems, das wiederum die Inhalte für den Nutzer zugänglich macht. Grundsätzlich könnte man meinen, dass gleichfalls die Aufrechterhaltung und Aktualisierung des Medienangebots geschuldet ist. In der Vergangenheit hat sich aber gezeigt, dass Inhalte, die Nutzer sich vorgemerkt hatten, plötzlich nicht mehr verfügbar waren, was die Anbieter mit Problemen mit den Lizenzgebern erklärten[462] und auch in ihren Nutzungsbedingungen klarstellten. Der nachvollziehbare Unmut

---

461 Siehe bereits 4. Teil, 0, S.97 sowie *Zech*, ZGE 2013, 368 (368).

462 *Verbraucherzentrale NRW*, Streaming-Portale verärgern Film- und Serienfans: Starker Schwund auf der Watchlist, 13.11.2014, abrufbar unter: www.vz-nrw.de/streaming.

einiger Nutzer liegt bei längerfristigen Abonnements darin begründet, dass sie zunächst von einem gewissen Bestand an Medien ausgegangen sind, der sie mitunter zum Vertragsschluss bewegt hat. Verschwinden diese Inhalte im Laufe der Zeit aber, bedeutet das für sie gewissermaßen den Wegfall eines Teils der Gegenleistung. Da die Anbieter aber den fortwährenden Bestand sämtlicher Inhalte nicht versichern wollen, kann die Aufrechterhaltung des einmal vorgefundenen Angebotes nicht zu einem Merkmal dieser Kategorie erklärt werden. Vielmehr muss der Nutzer mit einer gewissen Fluktuation rechnen.

Die Gegenleistung für diesen Zugang erbringt der Nutzer in Form von Zahlung einer monatlichen Kostenpauschale. Bei regelmäßiger Entrichtung eines feststehenden Betrages kann er sich also sicher sein, dass keine weiteren Kosten pro Abruf o. ä. auf ihn zukommen.

b) Vertragstypen

Es stellt sich auch hier die Frage, ob diese Fallgruppe einem Vertragstyp des BGB zugeordnet werden kann.

aa) Kaufvertrag, Mietvertrag, Pachtvertrag

Wie schon bei der zeitweisen Gebrauchsüberlassung ergibt sich auch hier keine hinreichende Ähnlichkeit zum Kaufvertrag. Insbesondere der Charakter des Dauerschuldverhältnisses spricht gegen einen Kauf, der auf ein punktuelles Geschäft ausgerichtet ist.

Selbiges gilt für den Vertragstyp des Mietvertrages. An der fehlenden Körperlichkeit digitaler Inhalte ändert sich auch dann nichts, wenn durch Verträge in erster Linie der Zugang zu ihnen ermöglicht wird. An dem Vorliegen einer Mietsache im Sinne des § 535 Abs. 1 BGB fehlt es daher.

Dass den Pachtvertrag neben den mietrechtlichen Elementen vor allem die Befugnis des Pächters zur Fruchtziehung auszeichnet, wurde oben bereits dargelegt. Dass sich im Regelfall keine Früchte aus überlassenen digitalen Inhalten ziehen lassen, gilt auch hier.

bb) Dienstvertrag, §§ 611 ff. BGB

Beim Dienstvertrag jedoch könnte sich im Vergleich zur vorigen Fallgruppe „zeitweise Gebrauchsüberlassung“ eine andere Bewertung ergeben. Dort wurde bemängelt, dass es nicht im Sinne der Parteien sein kann, wenn lediglich die Tätigkeit und gerade nicht ein Erfolg geschuldet wird. Bei der bloßen Bereitstellung eines Zugangs könnte das jedoch anders aussehen. Ganz wesentlich in dieser Fallgruppe ist die Leistung des Anbieters, dass der Nutzer sich völlig frei aus dem vorhandenen Medienangebot bedienen kann. Betrachtet man also den gesamten Ablauf der Vertragsabwicklung, so setzt diese früher ein als etwa bei der zeitweisen Gebrauchsüberlassung der Inhalte. Dort nämlich wird der Vertrag erst geschlossen, wenn ein konkretes Produkt ausgewählt wurde. Neben der Bereitstellung des konkret gewählten und abzuspielenden Inhalts schuldet der Anbieter also auch die Aufrechterhaltung eines jederzeit abrufbaren Angebotes an Werken. Um dies zu ermöglichen, ist zweifelsohne eine fortlaufende Tätigkeit erforderlich, die von § 611 BGB vorausgesetzt wird und sich in Form von Updates, Datenbankpflege und Fehlerbehebung zeigen kann. Ebenso muss der Nutzer erwarten können, dass stets aktuelle Titel eingepflegt werden und nicht nur ein alterndes Archiv zugänglich gemacht wird. Teilweise wird in den Nutzungsbedingungen darauf hingewiesen, dass man Einschränkungen bei der Erreichbarkeit in Kauf nehmen muss.[463] Der Nutzer muss sich, soweit er die Nutzungsbedingungen akzeptiert, also darüber im Klaren sein, dass nicht durchgehend und für alle Medien gewährleistet werden kann, dass diese für ihn während der gesamten Vertragslaufzeit einsehbar sind. Insofern könnte es zutreffen, dass tatsächlich kein konkreter Erfolg geschuldet ist, sondern nur das Bemühen, die technischen und lizenzrechtlichen Voraussetzungen soweit wie möglich vorzuhalten. Es lässt sich argumentieren, dass es nicht um eine konkrete Datei geht, die der Nutzer erwartet. Es geht um die Auswahl aus einer Vielfalt an Inhalten. Zwar sollen auch diese selbstverständlich abrufbar sein. Schlägt ein Abruf aber fehl, entfällt nicht der gesamte Vertragszweck. Denn dem Nutzer ist es weiterhin unbenommen, auch andere Inhalte zu konsumieren.

Legt man also die Annahme zugrunde, dass die umfassende Auswahlmöglichkeit ohne Zusatzkosten den Reiz dieser Angebote ausmacht, so könnte der Schwerpunkt sich zumindest hinsichtlich der fortlaufenden Aufrechterhaltung des Werke-Fundus in eine dienstvertragliche Richtung bewegen.[464]

Eine andere und hier vertretene Sichtweise ergibt sich freilich, wenn nach wie vor auf die tatsächliche Wiedergabe eines dann ausgewählten Inhaltes abgestellt wird. Nur so kann die eigenartige Konsequenz vermieden werden, dass ein Nutzer die mangelhafte Nutzbarkeit seines Produktes hinnehmen muss. Genau das

---

463 So heißt es in den Spotify Nutzungsbedingungen (Stand 15.08.2018) unter Ziffer 11: „Spotify wird angemessene Anstrengungen unternehmen, um die Spotify Service betriebsbereit zu halten. Aufgrund bestimmter technischer Schwierigkeiten (…) kann es jedoch gelegentlich zu vorübergehenden Störungen kommen.“, abrufbar unter: www.spotify.com/de/legal/end-user-agreement/.

464 Vgl. auch *v. Herget/Reimer*, DStR 1996, 1288 (1290), die die regelmäßige Zurverfügungstellung von Informationen als Dienstvertrag einordnen.

wäre nämlich der Fall, wenn hinsichtlich dieser faktischen Nutzbarkeit das bloße Bemühen des Anbieters ausreichte. Dass der Nutzer zuvor in den Genuss einer großen Auswahl gekommen ist, hilft ihm dann wenig.

Das Argument der nicht notwendigen Erfolgsbezogenheit kann also bei einer finalen Gesamtbetrachtung nicht verfangen. Dies hat sich bereits bei den Ausführungen zur Fallgruppe der zeitweisen Gebrauchsüberlassung herausgestellt.

cc) Werkvertrag, §§ 631 ff. BGB

Diese Erfolgsbezogenheit lässt sich womöglich mit dem Werkvertrag besser erfassen. Das herzustellende Werk setzt sich aus zweierlei Bestandteilen zusammen. Zum einen geht es nach wie vor um die Abrufbarkeit, die Nutzbarkeit des konkreten jeweiligen Inhaltes, nachdem man diesen ausgewählt hat. Auf der anderen Seite und von ähnlichem Gewicht steht der problemlose Zugang und die Aufrechterhaltung der technischen Seite des Systems, damit der Nutzer überhaupt bis zur Phase des Auswählens gelangen kann. Der Leistungserfolg tritt dann ein, wenn beide Komponenten in dem vorher vereinbarten Maß vorliegen, also, um das oben genannte Beispiel aus der Praxis aufzugreifen, etwa der Zugang zum System und die Abrufbarkeit des Inhaltes bis zu einem Level von 95 % pro Monat gegeben sind.

Eine der Hauptpflichten des Bestellers beim Werkvertrag ist die Abnahme des Werkes nach § 640 Abs. 1 S. 1 BGB. Eine körperliche Entgegennahme des Werks durch den Besteller[465] scheidet bei digitalen Inhalten aufgrund ihrer Unkörperlichkeit gerade aus. Die Abnahme digitaler Inhalte ist nach ihrer Beschaffenheit ausgeschlossen im Sinne des § 640 Abs. 1 S. 1 HS. 2. Für diese Fälle bestimmt § 646 BGB, dass die Vollendung des Werkes an die Stelle einer Abnahme tritt. Ob der Zeitpunkt der Vollendung in dieser Kategorie überhaupt jemals eintreten kann, ist fraglich. Denn die fortlaufende Gewährung des Zugangs stellt sich schon wegen der Aktualisierung des Inhalte-Angebots als potenziell unendlich dar. Auch wird die für einen problemlosen Zugang notwendige Infrastruktur Veränderungen unterworfen sein, um etwa in puncto Sicherheit dem Stand der Technik zu entsprechen. Durch diesen nie endenden Vorgang ist zweifelhaft, ob

---

465 BGH, Urt. v. 05.06.2014, VII ZR 276/13, NJW-RR 2014, 1204 (1205); BGH, Urt. v. 25.04.1996, X ZR 59/94, NJW-RR 1996, 883 (884); BGH, Urt. v. 27.02.1996, X ZR 3/94, NJW 1996, 1749 (1749); BGH, Urt. v. 16.11.1993, X ZR 7/92, NJW 1994, 942 (943); BGH, Urt. v. 18.09.1967, VII ZR 88/65, NJW 1967, 2259 (2260); *Busche*, in: MüKo-BGB, § 640 Rn. 3 (6. A. 2012).

das Werk je fertiggestellt werden kann. Damit scheidet auch die Zuordnung der Kategorie der bloßen Bereitstellung zum Vertragstypus des Werkvertrages aus.

dd) Zwischenergebnis

Die Ähnlichkeitsprüfung bei der Kategorie des bloßen Zugangs führt nur bedingt zu einem befriedigenden Ergebnis. Das hier neue Element der Aufrechterhaltung des Zugangs ließe sich nur isoliert durch einen Dienstvertrag erfassen. Erhält der Nutzer zwar Zugang, sind aber die konkret ausgewählten Inhalte nicht abrufbar, so wird klar, dass zumindest teilweise das Erfordernis einer Erfolgsherbeiführung nötig ist. Der Werkvertrag kommt daher der dritten Kategorie am nächsten, weil eben jene Erfolgsbezogenheit ihn vom Dienstvertrag abgrenzt. Hinsichtlich der körperlichen Abnahme oder ersatzweise der Vollendung des Werkes wird abermals deutlich, dass sich digitale Inhalte, hier in Form der bloßen Bereitstellung, mit den Vertragstypen des BGB nur schwer erfassen lassen.

4. Ergebnis

So gerne Juristen Tatbestände in geordnete Kategorien einsortieren, muss man an dieser Stelle eingestehen, dass es in unserem modernen, zunehmend von der Digitalisierung geprägten Wirtschaftsleben Vertragskonstellationen gibt, die sich aktuell als nicht oder nur schwer einordnungstauglich erweisen. Dazu gehören die letzten beiden der hier gebildeten und untersuchten Fallgruppen. Lediglich die Fälle der dauerhaften Überlassung digitaler Inhalte können mithilfe des § 453 BGB dem Kaufvertragsrecht der §§ 433 ff. BGB problemlos zugeordnet werden. Die zeitweise Überlassung oder die modernste Kategorie des bloßen Zugangs zu Inhalten lassen sich keinem konkreten Vertrag vollumfänglich zuordnen. Das Ergebnis der Ähnlichkeitsprüfung ist daher eher ernüchternd. Gerade die letzte Kategorie nimmt an Bedeutung stetig zu und befindet sich weiterhin auf dem Vormarsch. Die notwendige Rechtssicherheit in der vertragstypologischen Behandlung kann mit der direkten Anwendung des besonderen Schuldrechts aber nicht in einem zufriedenstellenden Maß gewährleistet werden.

VI. Sonstige Möglichkeiten rechtlicher Erfassung

Wenngleich an dieser Stelle bereits belegt und die eingangs aufgeworfene Frage beantwortet ist, dass das BGB teilweise keine eindeutig passenden Vorschriften zur vertragsrechtlichen Erfassung digitaler Inhalte bietet, soll im Folgenden trotzdem eruiert werden, ob durch analoge Anwendung der verfügbaren Vertragsarten die Erfassung der letzten beiden Fallgruppen möglich ist und bessere

Ergebnisse liefert. Darüber hinaus werden die Anwendungsmöglichkeiten des Lizenzvertrages und des Vertrages sui generis allgemein erörtert.

1. Analoge Rechtsanwendung

Um das unbefriedigende Ergebnis der nicht möglichen Zuordnung zu korrigieren, könnte die Methode der Analogie Abhilfe schaffen. Selbst wenn dies letztlich zutreffen sollte, so zeigt sich hier bereits, dass die Elastizität des Rechts zumindest strapaziert werden muss, um halbwegs sachgerechte Ergebnisse zu erzielen.

a) Kategorie „zeitweise Gebrauchsüberlassung“

aa) Analoge Anwendung des Mietrechts

Wie bereits ausgeführt, kommt das Mietrecht der zweiten Fallgruppe zumindest nahe. Schwierigkeiten gab es jedoch bei dem Merkmal der Miet*sache*, was letztlich zu einem Scheitern der Zuordnung zu dieser Vertragsart für die digitalen Inhalte geführt hat. Fraglich ist also, ob das Mietrecht für die zeitweise Überlassung digitaler Inhalte analog angewendet werden kann.

Dazu müssten die Voraussetzungen für eine Analogiebildung vorliegen.[466] Die Interessenlage ist bei der klassischen Mietsituation und der zeitweisen Überlassung digitaler Inhalte zweifelsohne vergleichbar.[467] Insbesondere geht es um die zeitweise Überlassung eines Gutes und dessen Rückgabe beziehungsweise um den Umstand, dass es nach Ablauf der vereinbarten Zeitspanne für den Mieter nicht mehr nutzbar sein soll. Eine analoge Anwendung setzt indes eine planwidrige Regelungslücke voraus. Diese könnte deshalb verneint werden, weil es an einer mit § 453 BGB vergleichbaren Vorschrift, die durch den neu eingeführten Begriff der sonstigen Gegenstände auch digitale Inhalte erfasst, im Mietrecht fehlt. Denn der Gesetzgeber war sich der Problematik um die Fassbarkeit digitaler Inhalte im Rahmen der Schuldrechtsmodernisierung bewusst und hat deshalb mit der Änderung des § 453 BGB eine entsprechende Reaktion gezeigt. Das Mietrecht hat er dabei aber unberücksichtigt gelassen. Dabei wäre es ihm ebenso möglich gewesen, eine Vorschrift einzuführen, die bestimmt, dass auch sonstige Gegenstände Bestandteil eines Mietvertrags sein können. Das Untätigbleiben in diesem Bereich kann demnach als bewusste Entscheidung des Gesetzgebers

466 Dazu etwa *Luther*, Jura 2013, 449; *Rüthers/Fischer/Birk*, Rechtstheorie, Rn. 889; *Schmidt*, JuS 2003, 649 (651).

467 So auch *Stieper*, Schranken des Urheberrechts, S. 409.

gedeutet werden, die gegen eine Planwidrigkeit der Lücke spricht.[468] Dass der Wortlaut „Mietsache" überdies eindeutig ist, führt ebenfalls zu Bedenken hinsichtlich einer Analogiebildung.[469]

Die für eine analoge Anwendung des Mietrechts erforderliche planwidrige Regelungslücke ist daher im Ergebnis nicht zu erkennen, zumal diejenigen Stimmen im Schrifttum, die sich für die analoge Anwendung des Mietrechts aussprechen, eine Begründung schuldig bleiben.[470]

bb) Analoge Anwendung des Pachtrechts

Teilweise wird eine analoge Anwendung des Mietrechts beziehungsweise die Ausdehnung des Begriffs der (Miet)Sache auf digitale Inhalte für nicht erforderlich gehalten, da immaterielle zeitweise Gebrauchsüberlassungen durch das Pachtrecht geregelt seien.[471] Wie oben nachgewiesen, fehlt es jedoch in der Regel an der Einräumung einer Fruchtziehungsbefugnis.[472] Daher könnte allenfalls eine analoge Anwendung des Pachtrechts in Erwägung gezogen werden.

Ziel dieser Analogie müsste also sein, sich den weiten Gegenstandsbegriff des Pachtrechts zu Nutze zu machen, gleichzeitig aber auf das Erfordernis der Fruchtziehungsbefugnis zu verzichten, um auch die Einräumung einfacher Nutzungsrechte an den digitalen Inhalten genügen zu lassen. Das jedoch würde die Eigenart des Pachtvertrages ad absurdum führen. Denn diese Gewährung zur Ziehung von Früchten ist genau das Merkmal, was ihn entscheidend vom Mietvertrag und auch von anderen Verträgen abgrenzt. Die Fruchtziehungsbefugnis ist also das „Mehr", welches über die Überlassung und die einfache Nutzung hinausgeht. Hält man sich dann noch vor Augen, dass digitale Inhalte in aller Regel „einfache" Konsumgüter sind, die gerade nicht für mehr verwendet werden, als für die reine Nutzung etwa in Form der Wiedergabe von Musik oder Film, so macht das die fehlende Übereinstimmung mit dem Wesen des Pachtvertrages umso deutlicher.

---

468 So im Ergebnis auch *Schneider*, in: Lehmann/Meents, FA IT-Recht, Kap. 4 Rn. 359.

469 Vgl. *Redeker*, CR 2011, 634 (636), der die analoge Anwendung des Mietrechts zumindest für „schwierig" hält; Ablehnung der Analogiefähigkeit der Mietsache auch bei *Struwe*, Virtuelle Waren, S. 356.

470 So etwa *Druschel/Oehmichen*, CR 2015, 173 (177); *Stresemann*, in: MüKo-BGB, § 90 Rn. 25.

471 So *Struwe*, Virtuelle Waren, S. 356.

472 4. Teil, D.V.2.b)cc)(2), S. 116 ff.

Bei Ausschluss des Erfordernisses einer Fruchtziehungseinräumung kann schlichtweg nicht mehr von einem Pachtvertrag die Rede sein, sodass auch eine Analogie diesen Missstand nicht beheben kann.[473]

Die analoge Anwendung des Pachtrechts ist daher nach hier vertretener Ansicht kein taugliches Mittel zur vertragstypologischen Behandlung der zeitweisen Überlassung digitaler Inhalte.

b) Kategorie „bloße Bereitstellung (Zugang)"

Das prägende Merkmal des Dienstvertrages ist das der Nichterfolgsbezogenheit der geleisteten Tätigkeit. Ähnlich wie das Fruchtziehungserfordernis beim Pachtvertrag ist dieses Merkmal dasjenige, das diesen Vertragstypus entscheidend ausmacht. Eine Analogie, die dies beseitigte, würde den Dienstvertrag völlig seiner Eigenarten entheben und letztlich die Umwandlung in einen Werkvertrag bedeuten. Eine dahin gehende analoge Anwendung des Dienstvertragsrechts entbehrt jeder Sinnhaftigkeit.

Ähnlich stellt es sich beim Werkvertrag dar. Während die Erfolgsbezogenheit noch am ehesten zu dieser Kategorie passt, lässt sich die vertragliche Abnahmepflicht respektive die Vollendung des Werkes kaum mit den Eigenarten der bloßen Bereitstellung digitaler Inhalte in Einklang bringen. Zwar könnte man an eine Analogie denken, die auf Abnahme und Vollendung verzichtete. Das führte jedoch dazu, dass viele Bereiche des Werkvertragsrechts überhaupt nicht mehr zur Anwendung kommen könnten, weil an das Institut der Abnahme mannigfache Rechtswirkungen[474] geknüpft sind. Mit einer solchen Analogiebildung wäre daher nicht viel gewonnen.

Auch in der Fallgruppe der bloßen Bereitstellung hilft eine analoge Anwendung schuldvertraglicher Normen daher nicht weiter.

c) Ergebnis

Soweit also im Schrifttum die Anwendbarkeit einiger Vorschriften des besonderen Schuldrechts auf digitale Inhalte mittels Analogien vorgeschlagen wird, bestehen hiergegen erhebliche Bedenken. Unabhängig von der an sich durchaus kritikwürdigen Heranziehung von Analogien bei modernen Vertragstypen[475]

---

473 So auch *Struwe*, Virtuelle Waren, S. 380.

474 *Busche*, in: MüKo-BGB, § 640 Rn. 2 (6. A. 2012); beispielsweise wird für den Beginn der Verjährung von Mängelansprüchen an die Abnahme angeknüpft, § 634a Abs. 2 BGB.

475 Vgl. *Martinek*, Moderne Vertragstypen, S. 24, der dies als „Rechtsfolgenbestimmung ohne Rechtsnaturbestimmung" bezeichnet und kritisiert, dass dieses Ausweichen auf einen methodischen Lösungsweg nur scheinbar die vertragstypologische Einordnung

müssten die Normstrukturtypen des BGB bis zur Unkenntlichkeit gedehnt und dann ihrer eigentlichen Charakteristika enthoben werden, was nicht im Sinne des Gewinns systematischer Klarheit sein kann. Ferner führen Analogien auch nicht zu einer Beseitigung des Umstandes, dass noch kommenden digitalen Erscheinungsformen eine passende gesetzliche Basis fehlt, um sie schnell und zufriedenstellend vertragsrechtlich zu erfassen.

2. Weitere Vertragsarten

Weitere Möglichkeiten, digitale Inhalte vertragsrechtlich greifbar zu machen, sind die Heranziehung des Lizenzvertrages oder die Behandlung als Vertrag sui generis.

a) Lizenzvertrag

Bei der Einordnung digitaler Inhalte häufig zu lesen ist der Begriff der Lizenz[476] oder des Lizenzvertrages. Dieser wurde aber deshalb nicht im Abschnitt „Zuordnung zu Normstrukturtypen" behandelt, weil es sich dabei um eine „Vertragsart" handelt, die dem BGB unbekannt ist.[477]

Von Lizenzen ist häufig im Zusammenhang mit urheberrechtlichen Fragestellungen zu lesen. Das UrhG liefert jedoch keine Definition.[478] Etymologisch basiert das Wort „Lizenz" auf dem lateinischen „licet" und bedeutet im Wesentlichen „Erlaubnis".[479] Nach einer allgemein anerkannten Kurzdefinition versteht man die Lizenz daher als die Erlaubnis beziehungsweise Befugnis, das Immaterialgut eines anderen zu nutzen.[480] Vertragsabreden, die eine entsprechende Befugnis zum Gegenstand haben, werden demzufolge als Lizenzverträge bezeichnet. Die Heranziehung von „Lizenzvertragsrecht" wird teilweise damit begründet, dass dem Endnutzer bei Verträgen über digitale Inhalte ein urheberrechtliches Nutzungsrecht eingeräumt wird, das sich in einer entsprechenden Lizenz abbildet.[481]

---

vermeide und dessen intersubjektive Nachvollziehbarkeit im Einzelfall besonderen Zweifeln ausgesetzt sein könne.

476 Ausführlich zur Lizenz im Zivilrecht vgl. die Arbeit von *McGuire,* Die Lizenz, passim.

477 *Von dem Bussche/Schelinski*, in: Leupold/Glossner, MAH IT-Recht, Teil 1 Rn. 13.

478 Auch andere Normen lassen keinen zwingenden Rückschluss auf den Begriff der Lizenz zu, vgl. *McGuire,* Die Lizenz, S. 35.

479 *McGuire,* Die Lizenz, S. 31.

480 *Beckmann/Köhler*, in: FS Rüßmann, S. 389 (395 f.); *Straßer/Feyock*, in: Hasselblatt, MAH GewRS, § 49 Rn. 1.

481 Vgl. etwa *Jani*, in: Wandtke/Ohst, Medienrecht Praxishandbuch, Kap. 1 Rn. 125; *Schmidt-Kessel*, K&R 2014, 475 (477).

Teilweise wird vertreten, dass die Einräumung eines solchen Nutzungsrechtes gar nicht zwingend erforderlich sei, wenn die Inhalte nur verwendet werden sollen.[482] Denn wenn von Lizenzen die Rede ist, geht es meist um urheberrechtliche Verwertungsrechte, die dem Inhaber einen wirtschaftlichen Vorteil einbringen. Darunter fallen klassischerweise das Recht zur Vervielfältigung des Werkes, zu seiner Verbreitung oder das Recht, es öffentlich auszustellen. Bezieht der Verbraucher allerdings digitale Inhalte, so wird es ihm im Normalfall lediglich darauf ankommen, den Inhalt entsprechend *nutzen* zu können. Gemeint ist die faktische Möglichkeit,[483] den digitalen Inhalt zu lesen, zu hören, anzusehen oder ihn sonst zu nutzen, indem der Nutzer etwa eine App bedient. Ein Lizenzvertrag kann allenfalls dann wieder relevant werden, wenn dem Nutzer Verwertungsrechte eingeräumt werden sollen, die über die faktische Nutzung hinausgehen.[484] Dann allerdings ließe sich auch wieder über das Vorliegen einer Fruchtziehungsbefugnis und die Anwendbarkeit des Pachtrechts diskutieren. Teilweise wird sogar kritisiert, dass mit der Verwendung des Lizenzvertrages als Vertrag ohne gesetzliches Leitbild versucht wird, die Nutzer ihrer Rechte zu entheben.[485]

Vor allem aber hilft allein die Bezeichnung als „Lizenzvertrag" hinsichtlich einer vertragstypologischen Erfassung nicht weiter. Über den Inhalt eines solchen Vertrages sagt diese Bezeichnung schon wegen dessen fehlender Konturschärfe[486] nichts aus.[487] Unabhängig davon, ob man hier von einem Lizenzvertrag sprechen kann, ist dieser Begriff nur eine Sammelbezeichnung für verschiedenartig ausgeprägte schuldrechtliche Nutzungsrechtseinräumungen. Die angestrebte Rechtssicherheit beim Umgang mit digitalen Inhalten lässt sich mit der Heranziehung eines „Lizenzvertrages" auch deshalb nicht erzielen, weil hierfür in jedem Einzelfall untersucht werden müsste, aus welchen BGB-immanenten

---

482 Vgl. *Cichon,* Internet-Verträge, Rn. 937; *Ganzhorn,* Vertrieb und Weitergabe digitaler Güter, S. 73; *Stieper,* in: FS Köhler, S. 729 (736); eingehender dazu *Zech,* ZUM 2014, 3 (4).

483 *Stieper,* in: FS Köhler, S. 729 (736).

484 Vgl. *Stieper,* in: FS Köhler, S. 729 (736).

485 *Cichon,* GRUR-Prax 2010, 381 (381); *Druschel,* GRUR Int. 2015, 125 (137).

486 Vgl. *Ganzhorn,* Vertrieb und Weitergabe digitaler Güter, S. 93; *Grübler,* Digitale Güter und Verbraucherschutz, S. 99; die Rechtsnatur des Lizenzvertrags ist im Übrigen größtenteils streitig, vgl. *Lenhard,* Vertragstypologie von Softwareüberlassungsverträgen, S. 133.

487 Vgl. *von dem Bussche/Schelinski,* in: Leupold/Glossner, MAH IT-Recht, Teil 1 Rn. 13; ähnlich *Beckmann/Köhler,* in: FS Rüßmann, S. 389 (408).

Vertragskodifikationen sich der entsprechende Lizenzvertrag jeweils zusammensetzt.[488]

Daher ließen sich Verträge über digitale Inhalte zwar als Lizenzverträge bezeichnen. Allerdings ist dies mit Blick auf die angestrebte typologische Einordnung nicht zielführend.

b) Vertrag sui generis

Finden sich im Wege typologischer Zuordnung keine hinreichend passenden Vertragsarten, so bietet sich am Ende einer Untersuchung das Institut des Vertrags sui generis an. Wie schon beim Lizenzvertrag, der ebenfalls ein Vertrag eigener Art ist,[489] kennt das BGB diesen nicht als klassischen Vertragstyp wie etwa den Kaufvertrag. Er ist Ausdruck des Grundsatzes der Privatautonomie im Allgemeinen und der Vertragsfreiheit im Schuldrecht[490] im Besonderen. Bei einem Vertrag sui generis handelt es sich um eine Parteivereinbarung mit eigenständigem Charakter, die sich nicht mit den Bestimmungen des BGB erfassen lässt.[491] Diese Verträge lassen sich also in keine „Schublade" des besonderen Schuldrechts einsortieren.[492] Dass dies auch gar nicht zwingend notwendig ist, um eher untypische Abreden rechtlich zu würdigen, zeigt § 311 BGB.[493] Die Vertragsfreiheit findet in dieser Norm ihren Ausdruck, da sie von Abs. 1 vorausgesetzt wird.[494]

Teilweise wird es aber als Scheitern an der typologischen Zuordnung gewertet, wenn an deren Ende das Ergebnis eines Vertrages eigener Art steht.[495] Tatsächlich wird der Rückgriff auf einen Vertrag sui generis häufig mit Rechtsunsicherheit

---

488 Ähnlich *Struwe*, Virtuelle Waren, S. 375; auch kritisch zur Heranziehung von Lizenzverträgen *Ganzhorn*, Vertrieb und Weitergabe digitaler Güter, S. 93 f.

489 Lizenzverträge seien Verträge eigener Art und enthielten je nach Ausgestaltung Elemente verschiedener kodifizierter Vertragstypen, BGH, Urt. v. 03.11.1988, I ZR 242/86, NJW 1989, 456 (457).

490 Vgl. *Oetker/Maultzsch*, Vertragliche Schuldverhältnisse, § 1 Rn. 34 f.

491 Die Rede ist auch von „atypischen Verträgen", siehe *Emmerich*, in: MüKo-BGB, § 311 Rn. 24.

492 Es handelt sich dabei also gerade nicht um einen der „benannten" Verträge, vgl. *Kindl*, in: Erman-BGB, vor § 311 Rn. 10.

493 *Heydn*, CR 2010, 765 (768).

494 *Looschelders*, SchRAT, § 3 Rn. 2.

495 Ähnlich *Cebulla*, Die Pacht nichtsächlicher Gegenstände, S. 98, der bemängelt, dass bei auftretenden Schwierigkeiten mit dem gesetzlichen Leitbild allzu schnell auf einen Auffang-Vertragstypus sui generis ausgewichen werde; den Verruf des Vertrag sui generis kritisiert *Heydn*, CR 2010, 765 (768).

verbunden.[496] Dies mag vor allem daran liegen, dass in diesem Fall nur der Rückgriff auf die Normen des Allgemeinen Schuldrechts möglich ist,[497] während speziellere Normen des Besonderen Schuldrechts allein den kodifizierten Vertragstypen vorbehalten bleiben. Die Heranziehung dieser mancherorts passenden Spezialnormen kann allenfalls anhand von Analogien erfolgen.[498] Die Einordnung als Vertrag sui generis sagt damit zunächst noch nichts über dessen rechtliche Behandlung aus.[499]

Auch in Verbindung mit digitalen Inhalten wird die Heranziehung eines Vertrages sui generis teilweise erwogen.[500] Als konkrete Lösung vorgeschlagen wurde die Entwicklung und Verwendung eines solchen etwa von einer Expertengruppe der Amsterdam University in einer Studie,[501] die zumindest in Teilen noch bei der Entwicklung der VRRL berücksichtigt werden konnte.[502] Die Idee war, spezifische Vorschriften zu erlassen, die speziell der digitalen Wirtschaft angepasst sind. Dies habe – so die Studie – den Vorteil, dass technische und technologische Entwicklungen hinreichend berücksichtigt werden könnten. Allerdings wurde auch die grundsätzliche Problematik eingestanden, dass die Einführung neuer und damit unbekannter Rechtsbegriffe ihrerseits wieder zu Rechtsunsicherheit führt. Im Ergebnis sprach man jedoch eine Empfehlung für die Option eines Vertrages sui generis aus.

Verträge über digitale Inhalte als Vertrag sui generis zu bezeichnen und die konkrete Ausgestaltung den Parteien und den Gerichten zu überlassen, mag der notwendigen Offenheit für den steten technischen Fortschritt zugutekommen. Es besteht aber die Gefahr, dass sich damit gerade nicht die dringend notwendigen klaren Strukturen im Umgang mit digitalen Inhalten einstellen. Denn für die Bestimmung des anwendbaren Rechts müssen stets die Umstände des Einzelfalls inklusive der Parteiinteressen ausgiebig berücksichtigt werden.[503] Das aber

---

496 Vgl. *Cebulla*, Die Pacht nichtsächlicher Gegenstände, S. 3; *Pahlow*, Lizenz und Lizenzvertrag, S. 263.

497 Vgl. *Emmerich*, in: MüKo-BGB, § 311 Rn. 26; *Kindl*, in: Erman-BGB, vor § 311 Rn. 11.

498 Vgl. *Emmerich*, in: MüKo-BGB, § 311 Rn. 26.

499 *Grübler*, Digitale Güter und Verbraucherschutz, S. 102.

500 Vgl. etwa *Cichon*, Internet-Verträge, Rn. 1099; *Druschel*, Digitale Inhalte im GEKR, S. 11; *Grübler*, Digitale Güter und Verbraucherschutz, S. 102; *Stieper*, in: FS Köhler, S. 729 (729); so auch im DigInRL-E, S. 7.

501 *Loos/Helberger/Guibault u.a.*, Digital content contracts for consumers – Final Report, 2011, zuletzt abgerufen am 17.05.2017 unter: www.ec.europa.eu/justice/consumer-marketing/files/legal_report_final_30_august_2011.pdf, S. 6.

502 *Unger*, ZEuP 2012, 270 (299).

503 *Emmerich*, in: MüKo-BGB, § 311 Rn. 34.

birgt die Gefahr von Billigkeitserwägungen[504] und ist bei den massenhaft abgeschlossenen Verträgen über digitale Inhalte kaum handhabbar. Zudem müssten die Verträge stets derart umfangreich ausgestaltet sein, dass man auf alle Eventualitäten bei der Vertragsdurchführung vorbereitet ist, denn ein Rückgriff auf Lücken füllende Normen des besonderen Schuldrechts käme wegen der nicht gewollten oder nicht möglichen Zuordnung zu einem Vertragstyp nicht mehr in Betracht.

Die Einordnung als Vertrag sui generis kann daher nicht das nötige Vertrauen schaffen, das aber im rechtssicheren Umgang mit diesem Wirtschaftszweig dringend geboten ist und seitens der EU für einen funktionierenden Binnenmarkt auch stets angestrebt wird.[505]

3. Zwischenergebnis

Sowohl durch analoge Rechtsanwendung als auch mittels eines Vertrages sui generis lassen sich digitale Inhalte theoretisch erfassen. Allerdings begegnen insbesondere der dogmatischen Herleitung von Analogien nicht unerhebliche Bedenken. Während ein Rückgriff auf den Lizenzvertrag wegen des fehlenden Erfordernisses einer urheberrechtlichen Nutzungsrechtseinräumung und wegen seiner fehlenden Kantenschärfe noch auf Bedenken stößt, ist der Vertrag sui generis ein dankbares Auffanginstrument, das alle denkbaren Vertragsgestaltungen erfassen kann. Klare Strukturen können jedoch auch hierüber nicht erarbeitet werden, sodass man wegen der stets vorzunehmenden Einzelfallbetrachtung wieder am Anfang steht.

VII. Ergebnis Vertragstypologie

Fast allen Lösungsansätzen sei zugestanden, dass sie praxisorientiert sind und für die tägliche Rechtsanwendung brauchbare Ergebnisse liefern wollen. Gleichwohl haben sie aber erhebliche Probleme bei einer stringenten dogmatischen Begründung oder lassen diese ganz vermissen.[506] Dies belegt die wachsende Unfähigkeit des BGB, digitale Inhalte adäquat zu erfassen. Nicht weniger problematisch als die Gegenwart ist eine zu erwartende Zukunft mit neuen, bisher noch unbekannten Erscheinungsformen der digitalen Wirtschaft, die die Rechtsanwendung gewiss nicht leichter machen werden. Zwar wäre auch die Einführung

---

504 So für das Lizenzvertragsrecht *Pahlow*, Lizenz und Lizenzvertrag, S. 263.

505 So zuletzt im DigInRL-E, S. 2.

506 Zu einem ähnlichen Schluss kommt *Redeker*, CR 2011, 634 (636) hinsichtlich des Rechtsgutes Information.

neuer Vorschriften dem Risiko ausgesetzt, dass sie nur eine Momentaufnahme sein könnten, wie es letztlich schon beim Inkrafttreten des BGB vor mehr als 100 Jahren gewesen ist. Aber ein „Update", das den Rechtsanwender für die nächsten zehn, vielleicht auch für die nächsten 50 oder mehr Jahre wieder handlungsfähiger macht, könnte hier eine mögliche Lösung sein.

Mit der gesetzlichen Normierung digitaler Inhalte in § 312f Abs. 3 BGB wurde ein Anfang in Sachen Verbraucherschutz gemacht. Das allerdings ist nur ein kleiner Teil eines noch viel weiteren Feldes voller unbeantworteter Fragen. Insbesondere jene nach der passenden Vertragsart sollte durch die VRRL, die § 312f Abs. 3 BGB zugrunde liegt, aber nicht beantwortet werden. Die Vertragsarten des BGB sind zu sehr in einer analogen Vergangenheit fern von digitalen Daten verhaftet, als dass sie zufriedenstellende und sogar stringent begründete Lösungen bereithielten. Angesichts des stattlichen Alters[507] der meisten Vorschriften und der nur geringfügigen Reformen bezüglich digitaler Inhalte, kann das jedoch kein Vorwurf sein.

E. Vorschläge für die rechtliche Erfassung digitaler Inhalte

I. Einleitung

Die vorstehenden Ausführungen belegen, dass es längst wieder gesetzgeberischen Handlungsbedarf gibt. Nach der geübten Kritik an den bestehenden Regelungen sollen nachfolgend Überlegungen angestellt werden, wie dem Problem begegnet werden könnte. Es soll daher am Beispiel digitaler Inhalte untersucht werden, ob die Lösung im vertragsrechtlichen Bereich die Normierung eines neuen, auf die digitale Wirtschaft zugeschnittenen Vertragstypus oder zumindest weiterer spezieller „digitaler" Normen sein könnte.

Die dazu angebotenen Lösungen werden unterteilt in solche, die neben dem BGB als zusätzliches zivilrechtliches Instrument stehen (externe Vorschläge) und in solche, die das BGB selbst, also intern, modifizieren (interne Vorschläge).

II. Externe Vorschläge

Eine externe Lösung wäre es, ein in sich abgeschlossenes Instrument ins Leben zu rufen, das digitale Inhalte umfassend regelt und autonom Bestand haben kann.

---

507 Vgl. auch *Hoeren*, JuS 2002, 947 (948), der das bürgerliche Recht gar als „zutiefst überaltet" bezeichnet.

1. Neue EU-Richtlinie

Die EU-Kommission hat mit dem Vorschlag einer *Richtlinie über bestimmte vertragsrechtliche Aspekte der Bereitstellung digitaler Inhalte*[508] angedeutet, womit zukünftig zu rechnen sein könnte. Mit diesem Vorschlag werden digitale Inhalte sehr viel ausführlicher behandelt als noch in der VRRL.[509]

Offen ist, wie eine neue Richtlinie in das deutsche Recht transferiert werden sollte. Mit dem Schuldrechtsmodernisierungsgesetz wurde die bis dahin bestehende Trennung von Verbraucherrecht und BGB aufgegeben. Seit 2002 also ist das Verbraucherrecht im BGB enthalten. Mit Umsetzung der VRRL wurde dies beibehalten.[510] Dass dies aber nicht der einzig gangbare Weg ist, zeigen Frankreich und das Vereinigte Königreich. In der französischen Rechtsordnung sowie in Österreich, Dänemark, Finnland, Schweden, Italien, Portugal und Spanien wurden Verbraucher(vertrags)recht und sonstiges Privatrecht voneinander getrennt.[511] Die Briten hingegen bevorzugen häufig 1:1-Umsetzungen von Richtlinien in Form von „statutory instruments".[512] Diese Vorgehensweisen bieten den Vorteil neue und an den technischen Fortschritt angepasste (Verbraucher)Regelungen nicht mit vergleichsweise großem Aufwand in die Systematik bestehender Gesetzeswerke integrieren zu müssen, sondern Neuregelungen frei formulieren und selbstständig neben das alte Recht stellen zu können.

Dieser Vorgehensweise könnte man bei einer Umsetzung in das deutsche Recht entgegenhalten, dass durch das Nebeneinander von einem zu entwickelnden Instrument und dem BGB trotzdem immer die Wertungen des Letzteren berücksichtigt werden müssten, um Widersprüche zu vermeiden. Würde beispielsweise ein neues Regelungswerk den Verbraucherbegriff aufgreifen, müsste dessen Reichweite immer auch an § 13 BGB orientiert werden. Es wäre also nicht möglich, ein Instrument für digitale Inhalte isoliert anzuwenden, ohne die Wertungen des BGB zu berücksichtigen.

---

508 KOM(2015) 634; zu diesem Richtlinienvorschlag siehe etwa *Schmidt-Kessel/Erler/Grimm u.a.*, GPR 2016, 54; *Wendland*, GPR 2016, 8; *Staudenmayer*, ZEuP 2016, 801; *v. Westphalen*, BB 2016, 1411.

509 Dazu später im 4. Teil, F, S. 142 ff

510 Vgl. *Tonner*, VuR 2014, 23 (25).

511 Vgl. *Micklitz*, Brauchen Konsumenten und Unternehmen eine neue Architektur des Verbraucherrechts?, S. 25.

512 *Tonner*, VuR 2014, 23 (25); statutory instruments lassen sich mit „Verordnungen" übersetzen.

Zwar kann dem Umsetzungsgesetzgeber zugutegehalten werden, dass er die Einbindung der VRRL ins BGB trotz des Vollharmonisierungsgrundsatzes in respektabler Weise gemeistert hat. Gerade auf digitale Inhalte bezogen bietet die Einführung eines in sich grundsätzlich abgeschlossenen Regelungswerkes aber eine Reihe von Vorteilen. Hierfür spricht zum einen, dass neue Vertragsarten für digitale Inhalte (etwa für die hiesige zweite sowie dritte Kategorie) entwickelt werden könnten, die sich nicht in das analoge Korsett von 1900 zwängen müssten. Ein Mängelhaftungsrecht könnte von Grund auf neu entwickelt, zumindest aber angepasst werden und damit den aktuellen technischen Gegebenheiten der weiter voranschreitenden Digitalisierung Rechnung tragen. Auch notwendige Informationspflichten könnten, spezifisch angepasst auf digitale Inhalte, in einem solchen Instrument übersichtlich zusammengefasst und müssten nicht mehr über Verweisungen mühsam zusammengesucht werden. Hinsichtlich der Ausgliederung des Verbraucherrechts beschreibt *Micklitz* das BGB sehr bildlich als „schwerfälligen Tanker", der mit dem dynamischen Verbraucherrecht nicht Schritt halten könne.[513] Ähnlich ließe sich die Situation auf digitale Inhalte präzisiert beschreiben.

Unionsrechtliche Vorgaben, wie Richtlinien umzusetzen sind, gibt es nicht.[514] Nach seinem Wortlaut überlässt Art. 288 AEUV vielmehr den Mitgliedstaaten die Wahl und die Form der Mittel der Umsetzung.

2. Neues nationales Gesetz

Der 71. Deutsche Juristentag 2016 stand in der Abteilung Zivilrecht unter dem Motto „Digitale Wirtschaft – analoges Recht; braucht das BGB ein Update?". Dort wurde diese Frage aus verschiedenen Perspektiven diskutiert. Aus den Beschlüssen[515] ergibt sich ein recht deutliches Gesamtbild: Ein gänzlich neuer Vertragstyp für digitale Inhalte wird abgelehnt. Vielmehr werden nur dort Sonderregelungen für sinnvoll erachtet, wo besondere Sachprobleme durch die Art der Überlassung digitaler Inhalte auftreten. Insbesondere wird für die Einführung einer dem § 453 Abs. 1 BGB entsprechenden Norm im Mietrecht plädiert.

---

513 *Micklitz,* Brauchen Konsumenten und Unternehmen eine neue Architektur des Verbraucherrechts?, S. 25.

514 Vgl. *Ruffert,* in: Calliess/Ruffert AEUV, Art. 288 Rn. 26; *Schroeder,* in: Streinz AEUV, Art. 288 Rn. 71.

515 Deutscher Juristentag 2016, Beschlüsse, abrufbar unter:http://www.djt.de/fileadmin/downloads/71/Beschluesse_gesamt.pdf, S. 1–11.

Eine weitere Diskussionsplattform bot das Justizministerium des Landes Nordrhein-Westfalen. Zwischen November 2015 und Februar 2016 eröffnete es die Möglichkeit, an der Online-Beteiligung „Digitaler Neustart" teilzunehmen, die sich ebenfalls dem Thema „Braucht unser Recht ein Update" verschrieben hatte.

Nicht nur auf EU-, sondern auch auf nationaler Ebene ist man sich der Problematik um eine sachgemäße Behandlung digitaler Inhalte bewusst. Dass es hierzulande allerdings zu einem eigenständigen nationalen Gesetzesvorhaben kommt, ist unwahrscheinlich. Durch die Europäisierung gerade im Verbraucherrecht machte ein solcher „Alleingang" wenig Sinn. Vielmehr steht zu erwarten, dass das Richtlinienvorhaben und ein darauffolgendes deutsches Umsetzungsgesetz Hand in Hand gehen werden. Auch in den Beschlüssen des 71. Deutschen Juristentages ist bereits teilweise die Rede davon, auf eine Änderung des DigInRL-E hinzuwirken.[516]

III. Interne Vorschläge

Wie gezeigt stößt das BGB mit seiner in der analogen Vergangenheit verhafteten Systematik vielfach an seine Grenzen. Das ergibt sich gerade an der althergebrachten Unterscheidung zwischen Sachen und Rechten. Diese Strukturen werden durch die nachträgliche Einführung des Begriffs der sonstigen Gegenstände in § 453 Abs. 1 BGB nur unzureichend aufgebrochen. Dass insbesondere Sachen in der digitalisierten Gesellschaft zunehmend an Bedeutung verlieren, wurde hinreichend nachgewiesen.[517]

1. Eingriff ins Sachenrecht

Zur Lösung des Problems könnte de lege ferenda also genau dort angesetzt werden – nämlich im Sachenrecht. Zur Verbesserung der rechtlichen Stellung von Tieren und der darauf beruhenden Einführung des § 90a BGB hat es bereits einen gesetzgeberischen Eingriff an ähnlicher Stelle gegeben. Demnach sind Tiere keine Sachen mehr und durch besondere Gesetze geschützt. Der Gleichstellung von Tier und Sache wurde damit aus tierschutzrechtlichen Gründen entgegengetreten.[518] Sie werden gemäß § 90a S. 3 BGB einer Sache entsprechend behandelt, soweit nicht etwas anderes bestimmt ist.

---

516 *Deutscher Juristentag 2016*, Beschlüsse, abrufbar unter: http://www.djt.de/fileadmin/downloads/71/Beschluesse_gesamt.pdf, S. 6.

517 Siehe im 3. Teil, B.I, S. 77 oder im 4. Teil, 0, S. 97 und D.IV.2.c), S. 107.

518 Vgl. *Ellenberger*, in: Palandt-BGB, § 90 Rn. 1.

Die Einführung einer ähnlichen Vorschrift für Daten als Kern digitaler Inhalte könnte also Abhilfe verschaffen. So stellen *Engelhardt* und *Klein* die Normierung eines § 90b BGB zur Diskussion,[519] in dem Immaterialgüter unter der Einschränkung eines monetären Werts erfasst sein könnten. Die Nähe von Daten zu Sachen sei auch vom Gesetzgeber eingestanden worden, der die strafrechtlichen Normen der §§ 303a und 303b StGB als Untertitel der Sachbeschädigungsdelikte verortet habe.

Welche sachenrechtlichen Konsequenzen das im Detail hätte und zu welchen Unstimmigkeiten es führen könnte, soll hier nicht aufgearbeitet werden. Klar ist aber, dass damit eine entscheidende Weiche – etwa für die Anwendbarkeit des Mietrechts – gestellt wäre. Mietsachen im Sinne des § 535 BGB wären dann auch Daten.

Zuvor schon schlug *Bydlinski* Ähnliches vor, nachdem er sich die Frage gestellt hatte, ob der Sachbegriff im elektronischen Zeitalter zeitlos oder anpassungsbedürftig sei.[520] Seinen ursprünglich angedachten Vorschlag änderte er nach Kritik aus der dem Beitrag zugrunde liegenden Diskussionsrunde ab und verblieb mit der Formulierung für einen möglichen § 90 Abs. 2 BGB:

> *„Die Vorschriften über Sachen sind im rechtsgeschäftlichen Verkehr entsprechend auf sonstige beherrschbare Gegenstände anzuwenden, soweit nicht abweichende Regelungen bestehen.“*[521]

Folgte man dem, so ließen sich Daten und damit digitale Inhalte als sonstige beherrschbare Gegenstände erfassen. Erneut wäre es dann beispielsweise möglich, das Mietrecht für zeitweise Gebrauchsüberlassungen digitaler Inhalte zur Anwendung zu bringen. Auf der anderen Seite lässt diese Formulierung die Interpretation zu, dass insbesondere die sachenrechtlichen Vorschriften bei digitalen Inhalten entweder sehr beschränkt oder gar nicht angewendet werden, wenn sie unausweichlich auf die Körperlichkeit der Sache abstellen[522] und daher „abweichende Regelungen“ im Sinne des Vorschlages darstellen. Es könnte gleichzeitig genug Spielraum verbleiben, um die schuldrechtlichen Vorschriften des Besonderen Teils anzuwenden, die das Vorliegen einer Sache voraussetzen und daher originär nicht passen. Die möglichen, oben angesprochenen sachenrechtlichen Unstimmigkeiten ließen sich damit vermeiden, dass tatsächlich nur im Schuldrecht die Vorschriften über Sachen auf Daten entsprechend angewendet würden.

---

519 *Engelhardt/Klein*, MMR 2014, 355 (359).
520 *Bydlinski*, AcP 198 (1998), 287.
521 *Bydlinski*, AcP 198 (1998), 287 (328).
522 Etwa der Akt der Übergabe als Teil der Übereignung nach § 929 S. 1 BGB.

Der Vorschlag *Bydlinskis* wurde allerdings nicht aufgegriffen.[523] Diese und ähnliche Herangehensweisen sehen sich vielmehr Kritik ausgesetzt, weil sie das Sachenrecht bis zur Unkenntlichkeit überdehnen, um das gewünschte Ergebnis zu erreichen.[524]

Weniger als Eingriff denn als eine alternative Herangehensweise lässt sich die analoge Anwendung sachenrechtlicher Regelungen auf Informationen[525] bezeichnen. *Zech* wirft dies kurz für syntaktische Informationen auf, kommt jedoch schnell zu dem Ergebnis, dass dem sowohl der klare Wortlaut des § 90 BGB entgegensteht als auch die Vergleichbarkeit der Lebenssachverhalte nicht gegeben ist.[526]

Mit dem Argument des eindeutigen Wortlautes kann auch *Weitz* nicht gefolgt werden, der für eine weite Auslegung des Sachbegriffes plädiert.[527]

Die Teilnehmer des 71. Deutschen Juristentages befassten sich ebenfalls mit der Problematik des Sachbegriffes. Zwar wurde die ausdrückliche Einordnung von Software als Sache im Hinblick auf Kaufverträge entschieden abgelehnt. Gleichwohl sprach sich eine knappe Mehrheit dafür aus, den Gesetzgeber prüfen zu lassen, ob sich über die schuldrechtlichen Regelungen hinaus eine allgemeine Erweiterung des Sachbegriffs des § 90 BGB auf digitale Inhalte empfehle.[528]

2. Eingriff ins Schuldrecht

a) Entsprechung von § 453 BGB

Weniger radikal[529] als die eingangs beschriebene Erweiterung der römischrechtlich fundierten und über Jahrhunderte hinweg tradierten Zweiteilung der Rechtsobjekte in körperliche und unkörperliche Gegenstände[530] wäre, wie schon 2002 mit der Änderung des § 453 BGB geschehen, ein Eingriff ins Schuldrecht. Seinerzeit wurde die Erfassung sonstiger Gegenstände durch das Kaufrecht ermöglicht.

---

523 *Peukert*, in: FS Schricker, S. 149 (154).

524 So *Peukert*, in: FS Schricker, S. 149 (154).

525 Dazu für das Mietrecht *Struwe*, Virtuelle Waren, S. 356.

526 *Zech*, Information als Schutzgegenstand, S. 326; so im Ergebnis auch *Redeker*, NJOZ 2008, 2917 (2925).

527 *Weitz*, Software als „Sache", S. 188.

528 *Deutscher Juristentag 2016*, Beschlüsse, abrufbar unter: http://www.djt.de/fileadmin/downloads/71/Beschluesse_gesamt.pdf, S. 3.

529 So jedenfalls bezeichnen *Engelhardt/Klein*, MMR 2014, 355 (360) ihre Idee.

530 *Stieper*, in: Staudinger-BGB, § 90a Rn. 2.

Denkbar wäre ein Pendant zu § 453 BGB für die Vertragsarten, die nach wie vor zwingend auf Sachen abstellen. Im Falle des Mietrechts könnte damit geregelt werden, dass dessen Vorschriften auf „sonstige Gegenstände“ entsprechend angewendet werden können.[531] Diese gegenüber dem Eingriff ins Sachenrecht weniger einschneidende Änderung hätte den Vorteil, dass sich das Recht punktuell und ganz gezielt an die digitale Realität anpassen ließe. In concreto könnte ein neu einzufügender § 535a BGB lauten:

> *„Die Vorschriften über die Miete von Sachen finden auf die Miete von sonstigen Gegenständen entsprechende Anwendung.“*

In Fällen, in denen Vorschriften des Besonderen Schuldrechts unabhängig vom Sachbegriff eindeutig nicht auf digitale Inhalte Anwendung finden können, könnte dies auch noch mit zusätzlichen Klarstellungen unterstrichen werden. So bestünde beispielsweise die Möglichkeit, klarzustellen, dass die Vorschriften über Wohnraummietverhältnisse nicht entsprechend auf sonstige Gegenstände anwendbar sein sollen. Dies könnte gleich zu Beginn des entsprechenden Abschnittes in § 549 Abs. 1 BGB durch die Einfügung eines zusätzlichen S. 2 geschehen:

> *„Für Mietverhältnisse über Wohnraum findet § 535a BGB keine Anwendung.“*

Dass Wohnraummietverhältnisse und digitale Inhalte nichts miteinander zu tun haben, liegt auf der Hand. Hiermit soll nur illustriert werden, dass punktuelle Anpassungen möglich sind, um das Recht möglichst für digitale Inhalte zurechtzulegen und darüber hinausgehende Widersprüche zu vermeiden.

Ein dahin gehendes Tätigwerden des Gesetzgebers ist eindeutig zu bevorzugen, anstatt wie bisher die Rechtsfortbildung ausschließlich Rechtsprechung und Literatur zu überlassen,[532] wenn einmal von der Einführung digitaler Inhalte durch die VRRL abgesehen wird.

b) Eigener Abschnitt im BGB

Eine weitere Möglichkeit, mit der die Systematik des BGB aufrechterhalten werden kann und die auch die Implementierung eines größeren Normenkomplexes zulässt, ist die Einführung eines eigenen Abschnittes über digitale Inhalte. In

531 So auch *Faust,* Gutachten A zum 71. DJT 2016, A 53 und dessen Empfehlung durch entsprechenden Beschluss mit großer Mehrheit folgend *Deutscher Juristentag 2016,* Beschlüsse, abrufbar unter: http://www.djt.de/fileadmin/downloads/71/Beschluesse_gesamt.pdf, S. 3.

532 So *Druschel,* Digitale Inhalte im GEKR, S. 32 f.

Betracht käme ein solcher Abschnitt etwa als zusätzlicher Bestandteil des Verbraucherrechts. Da sich die derzeitigen Bedürfnisse im Zusammenhang mit digitalen Inhalten in erster Linie dort abspielen, wäre dies logisch. Von Vorteil wäre, dass es im BGB einen Ort gäbe, der in diesem Falle gebündelt alle relevanten Vorschriften über digitale Inhalte bereithielte. Das übrige und erst kürzlich umfassend reformierte Verbraucherrecht könnte größtenteils aufrechterhalten werden. Anpassungen bestehender Normen wären lediglich dort erforderlich, wo bereits seit Umsetzung der VRRL auf digitale Inhalte Bezug genommen wird.

Denkbar erscheint auch, besieht man die obigen Ergebnisse für die Fallgruppen der zeitweisen Gebrauchsüberlassung und des bloßen Zugangs, die Einfügung eines Titels „Verträge über digitale Inhalte“ nach dem Miet- und Pachtrecht.

IV. Ergebnis

Die hier genannten Vorschläge zeigen, dass es nicht an Optionen mangelt, digitale Inhalte noch mehr zum Gegenstand des geschriebenen Rechts zu machen. Dass finale Umsetzungen noch sehr viel mehr Detailarbeit bedürfen, steht außer Frage.

Der Anfang Dezember 2015 vorgestellte Vorschlag für eine DigInRL, der ebenfalls eine vollharmonisierte Umsetzung vorschreibt,[533] zeigt jedoch, dass die Richtung, in die zukünftige Reformen gehen werden, wohl vorgezeichnet ist. In dem Fall wäre nach hier vertretener Auffassung die Ausgliederung des Verbraucherrechts aus dem BGB der bevorzugte Weg. Als wesentlicher Teil des Verbraucherrechts können digitale Inhalte dann an Ort und Stelle eingearbeitet werden. Die Vorteile liegen zum einen in der gewonnenen Übersichtlichkeit, die den verbraucherrechtlichen Vorschriften im BGB immer mehr abhandengekommen ist. Zum anderen lassen sich neue Vorschriften über digitale Inhalte auf diese Weise leichter einbetten, als wenn sie in eine bestehende und dafür nicht ausgelegte Struktur eingegliedert werden müssten.

Letztlich steht fest, dass ein gesetzgeberisches Handeln im Bereich digitaler Inhalte dringend erforderlich, aber auch möglich ist.

In welcher Hinsicht überhaupt neue Regelungen erforderlich sind, soll im nachfolgenden Kapitel geklärt werden.

---

533 Die Wahl dieses Instruments wird begrüßt von *Spindler*, MMR 2016, 147 (147).

F. Regelungsbedarf unter Berücksichtigung des DigInRL-E

I. Überblick

In den vorstehenden Kapiteln wurde festgestellt, dass es vor allem hinsichtlich der hier gebildeten Kategorien „zeitweise Gebrauchsüberlassung“ und „Zugang“ Regelungslücken gibt und wie sie möglicherweise behoben werden können. Der im Dezember 2015 vorgestellte Vorschlag für eine *Richtlinie über bestimmte vertragsrechtliche Aspekte der Bereitstellung digitaler Inhalte* könnte diese Lücken möglicherweise schließen. Zwar soll keine umfassende Besprechung des gesamten Richtlinienvorschlags erfolgen.[534] Wohl aber soll zum einen untersucht werden, ob die Lücke der unzureichenden Normierung dieser beiden Kategorien im Allgemeinen geschlossen wurde oder ob auch dort nicht hinreichend differenziert wird. Zum anderen soll, unter Beibehaltung der Untergliederung in die Kategorien, eruiert werden, welche Spezialregelungen sinnvollerweise zu normieren sind und welche Vorschläge der DigInRL-E hierfür bereithält.

Soweit dies möglich ist, sollen die tatsächlichen Probleme, die sich den Verbrauchern im Umgang mit digitalen Inhalten stellen, auch mit den verfügbaren Werkzeugen des aktuell geltenden Rechts zu lösen versucht werden. Da die Verbrauchsgüterkaufrichtlinie[535] diesem zugrunde liegt, soll sie vergleichend neben den DigInRL-E gehalten werden.

Am Rande werden auch das Gemeinsame Europäische Kaufrecht (GEKR) und der britische Consumer Rights Act 2015 (CRA) hinsichtlich möglicher Regelungsoptionen untersucht. Der Vorschlag für ein GEKR wurde zwar zwischenzeitlich zurückgezogen, die Gedanken hierzu jedoch nicht verworfen. Das geht aus der Begründung für die im Dezember 2015 präsentierten Richtlinienvorschläge[536] hervor: Die im Zuge der Verhandlungen über eine GEKR-VO gewonnenen Erfahrungen seien dort eingeflossen.[537] Besagter CRA bietet ebenfalls eine eingehende Behandlung digitaler Inhalte.

---

534 Siehe dazu die Beiträge von *Druschel/Lehmann*, CR 2016, 244 (245); *Schmidt-Kessel/Erler/Grimm u.a.*, GPR 2016, 2; *Spindler*, MMR 2016, 219; *ders.*, MMR 2016, 147; *Wendland*, GPR 2016, 8; *ders.*, EuZW 2016, 126.

535 RL 1999/44/EG zu bestimmten Aspekten des Verbrauchsgüterkaufs und der Garantien für Verbrauchsgüter, kurz und im Folgenden „VerbrGüterKRL“.

536 Neben dem bereits erwähnten DigInRL-E ist dies ein Vorschlag für eine Richtlinie über bestimmte vertragsrechtliche Aspekte des Online-Warenhandels und anderer Formen des Fernabsatzes von Waren, KOM(2015) 635 endgültig; hierzu *Härting/Gössling*, CR 2016, 165; *Schmidt-Kessel/Erler/Grimm u.a.*, GPR 2016, 2.

537 DigInRL-E und KOM(2015) 635 endgültig, jeweils S. 2.

II. Abbildung der Kategorien im DigInRL-E

Zunächst stellt sich die Frage, ob der Richtlinienentwurf – im Gegensatz zum BGB – in der Lage ist, alle der hier gebildeten Kategorien zufriedenstellend vertragsrechtlich zu erfassen.

1. Dauerhafte Überlassung

Eine entscheidende Weichenstellung zur Erfassung der verschiedenen Kategorien bietet bereits die fortlaufende Nutzung des Terminus der „Bereitstellung" digitaler Inhalte im DigInRL-E. Dieser sehr weite Begriff[538] umfasst ohne Weiteres die Situation der dauerhaften Überlassung. Auch sonst ist in dem Richtlinienentwurf, insbesondere im Begründungsteil, häufig vom Kauf oder Verkauf digitaler Inhalte die Rede.[539] Das dürfte vor allem daran liegen, dass digitale Inhalte in ihrer „Urform" ausschließlich auf Datenträgern gehandelt wurden und dieser Vorgang mit dem Verkauf von Waren gleichgesetzt wurde. Im Übrigen wird die „Bereitstellung" in Art. 2 Abs. 1 DigInRL-E unter anderem als „Zurverfügungstellung" legaldefiniert. Auch mit diesem Begriff lässt sich die dauerhafte Überlassung digitaler Inhalte abbilden.

2. Zeitweise Gebrauchsüberlassung

Wenngleich der DigInRL-E eher an Kaufverträge angelehnt zu sein scheint,[540] so sind dort aber auch zeitlich begrenzte Überlassungsformen geregelt. Das ergibt sich zum einen aus der Begrifflichkeit „Bereitstellung", unter die auch eine zeitweise Gebrauchsüberlassung subsumiert werden kann. Zum anderen ist an vielen Stellen des Entwurfes von digitalen Inhalten die Rede, die „im Laufe eines Zeitraums" bereitgestellt werden.[541]

Auch der oben[542] zugrunde gelegte technische Prozess (Übermittlung einer Datei und spätere Löschung mit Ablauf der vereinbarten Zeit) lässt sich mit den Inhalten des Richtlinienentwurfes in Einklang bringen. Neben der „Zurverfügungstellung" nach Art. 2 Abs. 10 DigInRL-E findet sich dort auch für die Löschung in Art. 13 Abs. 2 lit. d DigInRL-E eine entsprechende Norm wieder.

---

538 Siehe zu den Vorzügen des Begriffes „Bereitstellung" bereits 2. Teil C.II.1.b)bb)(6), S. 40.

539 DigInRL-E, etwa auf S. 6, 8 und 10.

540 *Magnus*, ZEuP 2017, 140 (148).

541 Art. 6 Abs. 3, 8 Abs. 2, 10 lit. c, 13 Abs. 5, 15 Abs. 1 DigInRL-E.

542 4. Teil D.V.2.a), S. 110.

3. Bloße Bereitstellung (Zugang)

Die steigende Bedeutung der dritten Kategorie „bloße Bereitstellung" findet ihren Niederschlag vor allem in Art. 2 Abs. 10 DigInRL-E. Danach wird „Bereitstellen" im Entwurfssinne als „Verschaffung des Zugangs" legaldefiniert. Obwohl der Zugang nach dem hier festgelegten Verständnis[543] meist nicht auf eine vorher festgelegte Zeitspanne beschränkt wird, so handelt es sich doch um ein Dauerschuldverhältnis, das der Entwurf, wie oben gezeigt, auch zu regeln vermag. Auch der Umstand, dass bei Vertragsschluss noch nicht feststeht, welcher konkrete Inhalt bezogen werden soll, steht der Anwendbarkeit des Richtlinienentwurfes, bedingt durch seine große Reichweite, nicht entgegen.

Hinsichtlich dieses Anwendungsbereiches könnte allenfalls fraglich sein, ob die bei der Kategorie „Zugang" geforderte Aufrechterhaltung des Angebots und Wartung der digitalen Infrastruktur unter den Ausschlussgrund des Art. 3 Abs. 5 lit. a DigInRL-E fällt. Danach sollen keine Dienstleistungen erfasst sein, bei denen die menschliche Intervention durch den Anbieter überwiegt und die digitale Form hauptsächlich der Übermittlung dient. Dem dürfte aber deshalb nicht so sein, weil die Aufrechterhaltung des Zugangs letztlich auf die Gewährleistung der Abrufbarkeit der digitalen Inhalte an sich abzielt und damit auch nicht schwerpunktmäßig menschliche Intervention gefragt ist. Das belegt im Übrigen auch Art. 6 Abs. 1 lit. a DigInRL-E, wonach Leistungsmerkmale wie Zugänglichkeit, Kontinuität und Sicherheit für die Vertragsmäßigkeit der Inhalte ausdrücklich auf die Inhalte selbst bezogen sind. Soweit also auch eine menschliche Dienstleistung in Form von händischer Wartung der digitalen Infrastruktur zur Kategorie „Zugang" gezählt wird, spielt diese keine „überwiegende" Rolle, wie dies von Art. 3 Abs. 5 lit. a DigInRL-E gefordert wird.

III. Einzelfragen im Lichte des DigInRL-E

Wie angekündigt soll auch hinsichtlich der Einzelfragen die hier vorgenommene Kategorisierung beibehalten werden. Viele dieser Fragen stellen sich in allen Kategorien. Es erscheint daher wenig sinnvoll, jede Kategorie zunächst isoliert zu betrachten. Vielmehr erfolgt eine Untergliederung nach Themenschwerpunkten und – soweit erforderlich – eine Unterscheidung nach dauerhafter Überlassung, zeitweiser Gebrauchsüberlassung sowie bloßem Zugang.

543 4. Teil D.V.3.a), S. 121.

1. Hauptvertragspflichten

Wenn moderne Regelungen für Verträge über digitale Inhalte gefordert werden, so muss daraus deutlich hervorgehen, was die jeweiligen Leistungspflichten sind.[544] Zwar sind durch die hier schon oft betonte Vielfältigkeit zahlreiche Vereinbarungen denkbar, die jeweils unterschiedliche Haupt- und Nebenleistungspflichten beinhalten können. Dennoch soll kurz versucht werden, die wichtigsten Leistungspflichten darzustellen. Da die den BGB-Vertragstypen zu entnehmenden klassischen Leistungspflichten nur bedingt mit den Besonderheiten digitaler Inhalte vereinbar sind, müssen andere Anhaltspunkte herangezogen werden.

Häufig ist die Rede davon, dass der Anbieter den Verbraucher in die Lage versetzen muss, den Vertragsgegenstand nutzen zu können. So sprach das LG Bielefeld von dem „Erwerb einer Nutzungsmöglichkeit" durch den Verbraucher sowie von der „Ermöglichung des Downloads".[545] Ebenfalls in einem Downloadfall sah es das LG Stuttgart als Hauptpflicht an, die rechtlichen Voraussetzungen zu schaffen, damit der Download erfolgen kann.[546] Auch andernorts ist die Rede von einem faktischen Zugänglichmachen oder einer physisch-realen Nutzungsmöglichkeit.[547]

Deutlich wird hierbei, dass die Leistungspflicht des Anbieters bei digitalen Inhalten immer auch eng mit einer diesbezüglichen Aktivität zusammenhängt, die sich etwa als dauerhafte Übertragung, Verschaffung, Überlassung oder vorübergehende Nutzungsbefugnis äußern kann.[548]

Der DigInRL-E schlägt daher eine entsprechende Richtung ein und bezeichnet es als die wichtigste Vertragspflicht des Anbieters, dem Kunden die digitalen Inhalte bereitzustellen.[549] Man brauche einfache und klare Vorschriften, um die Unsicherheit der Unternehmen hinsichtlich ihrer Rechte und Pflichten zu beseitigen.[550]

Das Ergebnis dieser Erkenntnis ist zunächst die Definition von „Bereitstellung" in Art. 2 Nr. 10 DigInRL-E. Im Sinne des Richtlinienentwurfes ist das

544 Siehe dazu bereits die hier als „Fallgruppen" beschriebenen Sachverhalte, 4. Teil, D.V, S. 108 ff.

545 LG Bielefeld, Urt. v. 05.03.2013, 4 O 191/11, ZUM 2013, 688 (690).

546 LG Stuttgart, Urt. v. 14.04.2011, 17 O 513/10, BeckRS 2011, 19820.

547 Vgl. etwa *Lenhard,* Vertragstypologie von Softwareüberlassungsverträgen, S. 26.

548 Vgl. *Schmidt-Kessel,* K&R 2014, 475 (478).

549 DigInRL-E, Erwägungsgrund (23), S. 20; es ist auch die Rede von einer „Hauptvertragspflicht", vgl. Erwägungsgrund (35), S. 23.

550 DigInRL-E, S. 6 sowie Erwägungsgrund (23), S. 20.

> *„die Verschaffung des Zugangs zu oder die Zurverfügungstellung von digitalen Inhalten".*

Der Anwendungsbereich des Richtlinienentwurfes wird in Art. 3 Abs. 1 DigInRL-E zunächst allgemein festgelegt. Daraus ergibt sich hinsichtlich der Leistungspflichten, dass auf Anbieterseite dieser

> *„einem Verbraucher digitale Inhalte bereitstellt oder sich hierzu verpflichtet".*

Die Gegenleistung des Verbrauchers besteht darin, dass er

> *„einen Preis zahlt oder aktiv eine andere Gegenleistung als Geld in Form personenbezogener oder anderer Daten erbringt."*

Damit geht bereits aus der Bestimmung des Anwendungsbereiches des Richtlinienvorschlags hervor, welches die Basispflichten von Anbieter und Verbraucher sind. In Art. 5 DigInRL-E, der sich schon seiner Überschrift nach mit dieser „Bereitstellung der digitalen Inhalte" beschäftigt, konkretisiert Abs. 1 lit. b), dass auch ein vom Verbraucher hierzu bestimmter Dritter die Inhalte in Empfang nehmen kann.

Die Leistungszeit wird in Art. 5 Abs. 2 DigInRL-E geregelt. Die Inhalte müssen „sofort nach Vertragsschluss" bereitgestellt werden, sofern nichts anderes vereinbart wurde. Das erinnert an § 271 Abs. 1 BGB, wonach die Leistung vom Gläubiger sofort verlangt und vom Schuldner sofort bewirkt werden kann. Der DigInRL-E wirkt mit seiner Formulierung („Der Anbieter *stellt* die digitalen Inhalte sofort nach Vertragsschluss *bereit*"[551]) etwas strenger als das BGB („kann"). Dies dürfte aber der grundsätzlich Verbraucher schützenden Ausrichtung des Richtlinienentwurfes geschuldet sein, wonach dem Unternehmer klare und nicht selten strenge Vorgaben gemacht werden. So findet sich im Entwurf auch keine entsprechende Formulierung, wonach der Verbraucher sofort nach Vertragsschluss den Preis zu zahlen oder eine entsprechende Gegenleistung zu erbringen hat.

Zwar ist die Pflicht zur Bereitstellung der Inhalte recht allgemein gehalten. Dies ist aber auch nötig, um verschiedenste Vertragskonstellationen abdecken zu können, in denen sich die Bereitstellung mal auf die eine, mal auf die andere Art und Weise vollzieht. Im Übrigen zeugt dies von Weitsicht, da so auch gegenüber zukünftigen Erscheinungsformen mehr Handlungsfähigkeit gewährleistet wird, als wenn die Bereitstellung noch weiter konkretisiert und damit womöglich neuartigen und bisher unbekannten Formen die Zugänglichkeit zu diesem Begriff verwehrt worden wäre.

---

551 Hervorhebung durch den Verfasser.

Für die Kategorie der zeitweisen Gebrauchsüberlassung sind diese sehr weit gehaltenen Formulierungen nicht ausschließlich vorteilhaft. Eine zeitliche Komponente lässt sich darunter zwar subsumieren. Allerdings fehlt es etwa an einer Regelung, die, wie § 546 BGB im Mietrecht, die Rückgabe des Inhalts als Hauptvertragspflicht fordert. Für diese Kategorie wurde die Dateilöschung als digitales Pendant herausgearbeitet. Der Richtlinienentwurf kennt zwar eine solche Unbrauchbarmachung des Inhalts, jedoch nur auf der Sekundärebene in Verbindung mit seiner Mangelhaftigkeit.[552] Insoweit kann auf die zuvor angestellte Überlegung rekurriert werden, wonach es sinnvoll und effektiv wäre, für diese Kategorie der zeitweisen Gebrauchsüberlassung schlichtweg eine dem § 453 BGB entsprechende Norm im Mietrecht einzuführen.

Eine ähnliche Unzulänglichkeit aufseiten der Hauptvertragspflichten ergibt sich für die Kategorie des bloßen Zugangs, die durch ihre typenprägende Mehraktigkeit (Gewährleistung Zugang zum Medienfundus und faktische Abrufbarkeit der Inhalte) zweifellos auch die komplexeste ist. Hier wären konkret bezeichnete Basispflichten des Anbieters wünschenswert gewesen, aus denen etwa hervorgeht, im welchem zeitlichem Umfang er den Zugang sicherstellen muss.

Zwar normiert der Entwurf Leistungspflichten. Diese sind jedoch recht abstrakt gehalten[553] und differenzieren nicht eindeutig nach den hier herausgearbeiteten Kategorien. Es scheint, als sei die Form der dauerhaften Überlassung bei Entwicklung des Entwurfes zugrunde gelegt und lediglich am Rande einige Erweiterungen implementiert worden, die auch auf die anderen beiden Kategorien übergreifen. Dass der DigInRL-E auch aus den Erfahrungen zum Gemeinsamen Europäischen *Kauf*recht heraus entwickelt wurde,[554] bestärkt diesen Gedanken.

2. Mängelgewährleistung

Eine schwer zu fassende Thematik ist jene der Mängelgewährleistung bei digitalen Inhalten. Anders als ein Auto, dessen Mangelhaftigkeit mehr oder minder schnell, jedenfalls aber eindeutig feststellbar ist, sind digitale Inhalte durch ihre fehlende Greifbarkeit naturgemäß anders zu beurteilen beziehungsweise zu

552 Vgl. Art. 13 Abs. 1 lit. d DigInRL-E. Art. 16 Abs. 4 lit. c DigInRL-E schreibt ebenso eine Unbrauchbarmachung vor. Dies jedoch nur, wenn der Vertrag seitens des Verbrauchers gekündigt wurde.

553 Von einer nur sehr rudimentären Regelung ist die Rede bei *Metzger*, AcP 2016, 817 (847 f.)

554 Dazu bereits 4. Teil, F.II.1, S. 142.

untersuchen. Dem Mängelgewährleistungsrecht kommt daher eine exponierte Bedeutung zu. Neben einem zu konkretisierenden Mangelbegriff, der sich mit den Besonderheiten digitaler Inhalte verträgt, sollen außerdem mögliche Mängel benannt und auch sonstige Probleme behandelt werden, die sich im Zusammenhang mit digitalen Inhalten stellen.

a) Mangelbegriff

Vor allem die Vertragsmäßigkeit ist als eines der Probleme zu benennen, die sich Verbrauchern beim Umgang mit digitalen Inhalten häufig stellen.[555] Diesem Thema hat sich die VRRL trotz Drängens von Verbraucherverbänden nicht gewidmet.[556] In der Begründung zum neuen Vorschlag für eine DigInRL wird jedoch ausdrücklich darauf hingewiesen, dass mangelhafte digitale Inhalte Verbraucher häufig vor Schwierigkeiten stellen.[557]

Trotz der im dritten Teil deutlich gewordenen Vielschichtigkeit digitaler Inhalte soll ein hierzu passender Mangelbegriff besprochen werden, der allgemeine Gültigkeit besitzt. Der klassische Mangelbegriff ist wohl der des Kaufrechts, weswegen er als Ausgangspunkt herangezogen werden soll. Damit wird gleichzeitig die Prüfungsreihenfolge der Kategorien festgelegt. Zunächst beziehen sich die Überlegungen schwerpunktmäßig auf die der dauerhaften Überlassung. Im Anschluss wird untersucht, ob sich für die Kategorien „zeitweise Gebrauchsüberlassung“ und „bloßer Zugang“ Abweichungen ergeben.

aa) Dauerhafte Überlassung

(1) Beschaffenheitsvereinbarung

Soll dem Gedanken der Privatautonomie hinreichend Geltung verschafft werden, so muss der Ausgangspunkt für die Feststellung eines Sachmangels stets das Abstellen auf einen subjektiven Fehlerbegriff sein.[558] Seit der Schuldrechtsmodernisierung und Umsetzung der Verbrauchsgüterkaufrichtlinie findet sich diese subjektive Theorie, die ohnehin schon vorher praktiziert wurde,[559] in § 434

---

555 Vgl. *Europe Economics*, Digital Content Services for Consumers: Assessment of problems experienced by consumers, 2011, zuletzt abgerufen am 17.05.2017 unter: www.ec.europa.eu/justice/consumer-marketing/files/empirical_report_final_-_2011-06-15.pdf, S. 100.

556 Vgl. *Micklitz/Rott*, in: Dauses (Hrsg.), Hdb. EU-WirtschafsR, H. V. Rn. 246.

557 DigInRL-E, Erwägungsgrund (4), S. 17.

558 Vgl. *Looschelders*, SchRBT, Rn. 34 f.

559 *Beckmann*, in: Staudinger-BGB, Vor §§ 433 ff. Rn. 70.

Abs. 1 S. 1 BGB wieder und bildet den umzusetzenden Art. 2 Abs. 1 Verbrauchsgüterkauf-RL ab.

Gleiches muss als Ausgangspunkt auch für digitale Inhalte gelten: Haben die Parteien konkrete Vereinbarungen über die Beschaffenheit des Informationsgutes getroffen, so sind diese bevorzugt zu berücksichtigen. Allerdings dürften solche individuell ausgehandelten Parteivereinbarungen bei den zahlreich abgeschlossenen Massengeschäften eher die Ausnahme sein.

Dem trägt Art. 6 Abs. 1 DigInRL-E durchaus Rechnung. Unter Buchstabe a) greift er einerseits auf die vertraglich vereinbarten Inhalte und vorvertraglich gegebenen Informationen zurück, verlangt andererseits aber in einer klaren und transparenten Weise bestimmte Voraussetzungen, die vorliegen müssen, um eine Vertragsmäßigkeit begründen zu können (Entsprechung der Anforderungen des Vertrages, Eignung für angestrebten Zweck, Bereitstellung mit Anleitungen und Kundendienst, Aktualisierung) und kombiniert damit quasi den subjektiven und objektiven Fehlerbegriff.[560]

Ein ähnliches System sieht bereits das GEKR[561] vor. Dem Bekenntnis zum subjektiven Fehlerbegriff in Art. 99 GEKR folgen in Art. 100 GEKR objektive Kriterien für die Bestimmung der Vertragsmäßigkeit.[562]

Letztlich darf, auch hinsichtlich zukünftiger Regelungen, der grundsätzliche Vorrang von Individualabreden nicht außer Acht bleiben. Gleichzeitig muss der Realität des Charakters von Verträgen über digitale Inhalte als Massengeschäft Rechnung getragen werden, bei denen der Nutzer als schwächere Partei, will er den Vertrag schließen, die Bedingungen des Anbieters akzeptieren muss. Die vom DigInRL-E vorgegebene Kombination aus subjektivem und objektivem Fehlerbegriff ist hierfür ein gangbarer Kompromiss.

(2) Vertraglich vorausgesetzte Verwendung

Fehlen Parteivereinbarungen, so ist subsidiär auf die vertraglich vorausgesetzte Verwendung des Kaufgegenstandes abzustellen (Art. 2 Abs. 2 lit. b Verbrauchsgüterkauf-RL beziehungsweise § 434 Abs. 1 S. 2 Nr. 1 BGB).[563] Hierfür müssen sich die Parteien jedoch im Vorfeld des Vertragsschlusses, zumindest konkludent,

---

560 *Spindler*, MMR 2016, 147 (151).

561 Zu Parallelen zwischen GEKR und BGB vgl. *Matusche-Beckmann*, in: Staudinger-BGB, § 434 Rn. 292.

562 Zum Fehlerbegriff im GEKR vgl. *Gsell*, in: Schulte-Nölke/Zoll/Jansen/Schulze, S. 229 (231–234).

563 Vgl. *Matusche-Beckmann*, in: Staudinger-BGB, § 434 Rn. 38; *Oetker/Maultzsch*, Vertragliche Schuldverhältnisse, § 2 Rn. 46.

über eine gemeinsame Vorstellung hinsichtlich der Verwendung ausgetauscht haben.[564] Auch das dürfte bei digitalen Inhalten ähnlich unüblich sein wie eine individuelle Beschaffenheitsvereinbarung. Betrachtet man den aktuellen Markt für digitale Inhalte, so ist dieser auf eine „take it or leave it" Mentalität zugeschnitten: Entweder man schlägt bei den vorhandenen Angeboten zu, oder man verzichtet darauf. Dass der Anbieter im Rahmen einer individuellen Beratung über die geplante Verwendung des Inhalts durch den Nutzer Kenntnis erlangt und darauf eingeht, ist schwer vorstellbar, insbesondere, weil der Vertragsschluss seitens des Anbieters, der seine Personalkosten niedrig halten will, vollständig automatisiert ist und kompetente Ansprechpartner, etwa über eine Hotline, in der Regel schwer erreichbar sind.

Die vertraglich vorausgesetzte Verwendung soll aber weiterhin – zumindest theoretisch – Berücksichtigung finden, wie sich in den aktuellen Bestrebungen der EU-Kommission in dem genannten Vorschlag für eine DigInRL zeigt. Art. 6 lit. b) DigInRL-E enthält die Vorgabe, dass es für die Vertragsgemäßheit digitaler Inhalte auch eine Rolle spielt, ob diese sich „für einen bestimmten vom Verbraucher angestrebten Zweck eignen". Im Gleichlauf mit dem deutschen Recht kommt es im Richtlinienvorschlag darauf an, dass der Verbraucher den Anbieter über den angestrebten Zweck bei Vertragsschluss in Kenntnis setzt und der Anbieter dem zustimmt.

Dass das GEKR als Basis für den DigInRL-E fungiert, zeigt sich hier erneut: Gemäß Art. 100 lit. a) GEKR müssen digitale Inhalte für jeden bestimmten Zweck geeignet sein, der dem Verkäufer zum Zeitpunkt des Vertragsschlusses zur Kenntnis gebracht wurde. Berücksichtigung des Vertragszwecks und Kenntnis des Käufers sind damit auch hier aufzufinden.

Im Vereinigten Königreich ist mit dem Consumer Rights Act 2015 (CRA) ein umfassendes Verbraucherschutzgesetz entstanden. In Part 1 werden digitale Inhalte erstmalig als selbstständige Kategorie mit eigenen gesetzlichen Rechten und Rechtsbehelfen behandelt. Das gesamte Chapter 3 hält diese spezifischen Regelungen bereit (sec. 33–47). Eine Entsprechung der „vertraglich vorausgesetzten Verwendung" findet sich dort in sec. 35 (Digital content to be fit for particular purpose). Hier muss der Unternehmer aber gleichfalls über einen solchen Vertragszweck Bescheid wissen („...if before the contract is made the consumer makes known to the trader (expressly or by complication)", sec. 35 (1)).

Diese Ähnlichkeiten der einzelnen Regelungswerke sind kein Zufall: Den Materialien zur Erarbeitung des DigInRL-E lässt sich entnehmen, dass in

564 *Oetker/Maultzsch*, Vertragliche Schuldverhältnisse, § 2 Rn. 57 f.

Beratungen der CRA zumindest als gute Basis für ein zukünftiges Europäisches Instrument gewürdigt wurde.[565]

Dass überhaupt auf „vertraglich vorausgesetzte" Umstände abgestellt wird, steht im offenen Widerspruch zur oben genannten „take it or leave it" Haltung. Während für die Mangelhaftigkeit der Inhalte auf individuelle Vorstellungen (also die erst herauszufindende vertraglich vorausgesetzte Verwendung) abgestellt wird, besteht beim Gros der am Markt gehandelten Inhalte keine Möglichkeit diese individuellen Anliegen einfließen zu lassen.

(3) Eignung für gewöhnliche Zwecke

Ein Ausweg aus dem genannten Widerspruch könnte die Bestimmung der Mangelfreiheit nach objektiven Gesichtspunkten sein. Seit Umsetzung des Art. 2 Abs. 2 Verbrauchsgüterkauf-RL sind dies die Kriterien der gewöhnlichen Verwendung und der üblichen Beschaffenheit (§ 434 Abs. 1 S. 2 Nr. 2 BGB). Diese objektive Fehlerbestimmung kommt dann zum Tragen, wenn weder eine ausdrückliche Vereinbarung getroffen wurde, noch sich eine beabsichtigte Verwendung aus dem Vertrag ergibt.[566]

Digitale Inhalte sind im Vergleich zu Sachen ein noch sehr junger und zudem in immer neuen Formen auftretender Rechtsgegenstand. Daher fehlen naturgemäß Erfahrungswerte, in welchen Fällen von üblicher Beschaffenheit gesprochen werden kann. Auch wann die Verwendung eines Inhaltes als „gewöhnlich" bezeichnet werden kann, ist unter Umständen nicht leicht zu ermitteln.[567] Denn eine „standardmäßige" gewöhnliche Verwendung, an der man sich orientieren könnte, hat sich noch nicht herauskristallisiert.[568] Dass sich die in Art. 2 Verbrauchsgüterkauf-RL vorgefundenen Formulierungen auf Sachen beschränken, ist für die Übertragbarkeit auf digitale Inhalte kein Hindernis. Denn die dortigen

565 Vgl. *Stakeholder Consultation Group for Consumer rules for Online and Digital Purchases*, Minutes of the 2nd meeting, 11.03.2015, abrufbar unter: www.ec.europa.eu/transparency/regexpert/index.cfm?do=groupDetail.groupDetailDoc&id=18860&no=1, S. 2.

566 *Berger*, in: Jauernig-BGB, § 434 Rn. 8; *Medicus/Lorenz*, SchRBT, Rn. 83.

567 Vgl. dazu *Helberger*, die bereits 2009 zu bedenken gab, dass es aufgrund der vielfältigen Ausgestaltungen von Nutzungsbedingungen unmöglich festzustellen sei, was die normale Erwartung des Verbrauchers sei, *Europäisches Parlament*, Kurzbericht über Verbraucherrechte beim Kauf digitaler Inhalte – Stockholm (4. bis 5. November 2009), 17.11.2009, abrufbar unter: www.europarl.europa.eu/RegData/commissions/imco/communication/2009/430703/IMCO_CM%282009%29430703_DE.pdf, S. 6.

568 Vgl. *Loos/Helberger/Guibault u.a.*, ERPL 2011, 729 (741).

Formulierungen sind offen genug gehalten, um die Fehlerhaftigkeit von Daten erfassen zu können.[569]

Weitergehende Anhaltspunkte für die Ermittlung der objektiven Vertragsgemäßheit liefert die Europäische Kommission in ihrem Richtlinienvorschlag. Dort werden in Art. 6 DigInRL-E einige Leistungsmerkmale genannt, auf die es bei digitalen Inhalten typischerweise ankommt. Namentlich sind dies die Qualität, Quantität, Dauer und Version der Inhalte, ihr Funktionsumfang, ihre Interoperabilität, Zugänglichkeit, Kontinuität und Sicherheit (Art. 6 Abs. 1 lit. a).[570] Zu diesen Punkten soll der Vertrag im Idealfall Ausführungen bereithalten. Tut er dies nicht und ist auch kein vom Verbraucher angestrebter Zweck zu erkennen, gilt auch im DigInRL-E ein objektiver Fehlerbegriff. In Art. 6 Abs. 2 heißt es, dass die Inhalte „für die Zwecke geeignet sein [müssen], für die *digitale Inhalte der gleichen Art gewöhnlich genutzt werden*,…".[571] Anschließend werden Umstände angeführt, die zu berücksichtigen sind, sofern sie vorliegen.[572] Interessant für die Frage nach objektiven Qualitätskriterien ist hier lit. b), wonach gegebenenfalls „internationale technische Normen" oder hilfsweise „anwendbare Verhaltenskodizes und bewährte Verfahren in der Wirtschaft" beachtet werden müssen.[573] In den Erwägungsgründen[574] ist in diesem Zusammenhang auch noch von einem allgemein gebräuchlichen Dateiformat sowie offenen technischen Spezifikationen die Rede. Diese Standards sollen auf internationaler, auf europäischer oder auf Ebene eines Industriezweigs festgelegt werden. Ein denkbares Beispiel wäre etwa das Anbieten eines Filmes via Stream „in Ultra HD". Dabei weiß der Nutzer, dass damit eine bestimmte Auflösung verbunden ist, die

569 Für § 434 BGB *Stieper*, in: FS Köhler, S. 729 (737).

570 Von „Mindestelementen" des Vertrages ist die Rede bei *Spindler*, MMR 2016, 147 (151).

571 Hervorhebung durch den Verfasser.

572 Gemäß lit. a) ist auch zu berücksichtigen, ob die Inhalte gegen Geld oder die Hingabe von Daten bereitgestellt wurden. Dies wird teilweise kritisiert, weil die Auslegung möglich sei, dass Nutzerdaten nicht so wertvoll seien wie eine Gegenleistung in Form von Geld, *Verbraucherzentrale NRW*, Stellungnahme zum Vorschlag für eine Richtlinie des Europäischen Parlaments und des Rates über bestimmte vertragsrechtliche Aspekte der Bereitstellung digitaler Inhalte [COM(2015 635 final], 28.01.2016, abrufbar unter: https://www.verbraucherzentrale.nrw/sites/default/files/migration_files/media239296A.pdf, S. 5.

573 Wobei unklar bleibt, ob damit „nur" europäische oder nationale Normen ausgeschlossen sind, *Spindler*, MMR 2016, 147 (152), Fn. 52.

574 DigInRL-E, Erwägungsgrund (28), S. 21.

als Standard festgelegt wurde.[575] Bis sich aber genügend Standards von selbst entwickelt haben, wird es wohl noch einige Zeit dauern. Daher schlägt die Kommission vor, solche Normen ihrerseits selbst zu entwickeln.[576]

Genauere Bestimmungen zur Frage, wann eine objektive Vertragsgemäßheit digitaler Inhalte gegeben ist, hält auch das GEKR nicht bereit. Art. 100 GEKR ordnet ebenfalls die Eignung für Zwecke an, für die Produkte „der gleichen Art gewöhnlich gebraucht werden".

Der Consumer Rights Act 2015 verlangt in section 34 „satisfactory quality", also befriedigende Qualität. Diese ist nach subsection (2) immer dann gegeben, wenn sie von einer vernünftigen Person als solche empfunden wird. Dort werden auch die dabei zu berücksichtigenden Kriterien genannt, nämlich jegliche Produktbeschreibungen, die Art von Gegenleistung, die der Nutzer erbracht hat (Zahlung eines Preises oder sonstige, näher beschriebene Ausnahmen), sowie alle anderen relevanten Umstände. Diese Umstände werden wiederum in subsection (5) genannt: Gemeint sind alle öffentlichen Äußerungen zu den spezifischen Charakteristika des jeweiligen Inhalts. Diese können unmittelbar vom Händler oder Hersteller kommen, aber auch von sonstigen Repräsentanten, die den jeweiligen Lagern zuzurechnen sind. In subsection (3) werden, neben der wenig hilfreichen „Beschaffenheit", überdies Merkmale aufgeführt, die bei der Ermittlung der Vertragsgemäßheit zu berücksichtigen sind. Genannt ist zum einen die Gebrauchstauglichkeit für all die Zwecke, für die digitale Inhalte dieser Art gewöhnlich geliefert werden (a). Im Übrigen werden die Abwesenheit von geringfügigen Mängeln (b) sowie Sicherheit (c) und Haltbarkeit (d) aufgeführt.

Sowohl der DigInRL-E als auch der CRA enthalten also immerhin Anhaltspunkte, anhand derer eine objektive Qualitätsbestimmung vorgenommen werden kann. Insbesondere die aus dem deutschen Kaufrecht bekannten Schlagworte „gewöhnliche Verwendung" und „übliche Beschaffenheit" finden sich in ähnlicher Formulierung auch in anderen Regelungswerken wieder. Sehr hilfreich und begrüßenswert erscheint die Heranziehung von internationalen technischen Normen oder Verhaltenskodizes, die seitens der Kommission im DigInRL-E vorgeschlagen werden.[577] Damit lässt sich auf bereits Bekanntes zurückgreifen, was den Übergang in ein selbstständiges Mängelrecht erleichtern kann.

---

575 Auflösung von ca. 8 Mio. Pixeln, festgelegt von der Consumer Technology Association (CES), siehe https://www.cta.tech/cta/media/Membership/PDFs/Video-Technology-Consumer-Definitions.pdf.

576 Vgl. DigInRL-E, Erwägungsgrund (28), S. 21.

577 Kritisch zu solchen internationalen technischen Normen *Spindler*, MMR 2016, 147 (152).

bb) Zeitweise Gebrauchsüberlassung und Zugang

Hinsichtlich der beiden verbleibenden Kategorien „zeitweise Gebrauchsüberlassung“ und „Zugang“ ist zunächst klarzustellen, dass der Hauptregelungsgegenstand mit dem Produkt „digitale Inhalte“ derselbe ist wie schon bei der „dauerhaften Überlassung“. Lediglich die Form des Vertriebs ist jeweils eine andere. Die vorgenannten Überlegungen zum Mangelbegriff gelten also gleichermaßen.

Zieht man für die Kategorie der zeitweisen Gebrauchsüberlassung das Mietrecht vergleichend heran,[578] richtet sich der Begriff des Mangels nach § 536 Abs. 1 BGB. Zentrales Kriterium ist demnach die Tauglichkeit der Mietsache zum vertragsgemäßen Gebrauch. Erneut ist daher entscheidend, was die Parteien vereinbart, also als „vertragsgemäß“ bestimmt haben. Obwohl es hier an einer mit § 434 Abs. 1 BGB vergleichbaren Systematik fehlt, dürften keine wesentlichen Unterschiede zum Kaufrecht bestehen.[579] Fehlen demnach, wie bei digitalen Inhalten üblich, explizite Parteiabreden, so kann auch im Mietrecht darauf abgestellt werden, was „billigerweise erwartet werden darf“[580]. Brächte man also das Mietvertragsrecht für digitale Inhalte zur Anwendung, so bestünde auch dort die Möglichkeit, einen Mangel derselben zu erfassen.[581]

Hinsichtlich der Kategorie „Bloße Bereitstellung (Zugang)“ ergab sich die geringste Ähnlichkeit mit BGB-Vertragstypen. Weil jedoch der tatsächlich verfügbare Zugang zu den Inhalten und ihre faktische Abrufbarkeit als unabdingbare Grundvoraussetzungen dieser Kategorie gezählt werden, erschien das Erfolgskriterium des Werkvertrages passender, als das bloße Bemühen des Dienstvertrages. Zwar entspricht der Mangelbegriff des § 633 BGB ebenfalls der Struktur des Art. 2 Verbrauchsgüterkauf-RL. Die speziellen Eigenheiten dieser Kategorie ließen sich mit dem Typus des Werkvertrages aber nur rudimentär abbilden. Eine Regelung, die sowohl die Aufrechterhaltung des Zugangs als auch die Abrufbarkeit zur Vertragsmäßigkeit digitaler Inhalte dieser Kategorie zählte, wäre wünschenswert. Insoweit verdient die Aufnahme des Leistungsmerkmals „Zugänglichkeit“ in den Katalog zur Vertragsmäßigkeit des Art. 6 DigInRL-E Zuspruch.

---

578 Zu einer möglichen Gesetzesanpassung vgl. bereits 4. Teil, E.III.2.a), S. 139.

579 Vgl. *Häublein*, in: MüKo-BGB, § 536 Rn. 3 f.

580 *Emmerich*, in: Staudinger-BGB, § 536 Rn. 5.

581 Ähnlich auch *Faust*, Gutachten A zum 71. DJT 2016, A 53, der das Gewährleistungsrecht des Mietrechts für hinreichend flexibel hält, um digitale Inhalte adäquat zu erfassen.

cc) Zwischenergebnis

Die Überlegungen zu einem digitalen Mangelbegriff haben gezeigt, dass bei Verträgen über digitale Inhalte als Massengeschäfte der Nutzer in der Regel keine Möglichkeit der Einflussnahme auf die Ausgestaltung des Vertrages hat, sodass ein rein subjektiver Mangelbegriff nicht zielführend wäre. Die Heranziehung objektiver Kriterien und damit eine Kombination aus subjektivem und objektivem Mangelbegriff ist daher sinnvoll.[582] Die Ausführungen zu den vertraglichen Anforderungen im DigInRL-E zeigen, dass den Informationen zum Produkt, die aus dem Vertrag hervorgehen, eine immense Bedeutung zukommt. Im Massengeschäft mit digitalen Inhalten müssen Anbieter also darauf achten, dass sie präzise Beschreibungen zu ihren Produkten zur Verfügung stellen und diese auch ausdrücklich in den Vertrag miteinbeziehen.[583] So kann vermieden werden, dass bei der Auseinandersetzung mit dem Nutzer Unsicherheiten hinsichtlich der tatsächlich vorzuweisenden Anforderungen bestehen.

Wie auch die Verbrauchsgüterkaufrichtlinie bedienen sich der DigInRL-E, das GEKR und der CRA zur Ermittlung der Mangelhaftigkeit gleichlautender oder ähnlicher Formulierungen. Um mit Begriffen wie „übliche Beschaffenheit" oder „gewöhnliche Verwendung" arbeiten zu können, braucht es vergleichbare Fallgruppen, die zur Wertung herangezogen werden können und die Frage beantworten, wann ein digitaler Inhalt der Kategorie X eigentlich „gewöhnlich" ist. Eine Hilfestellung für die Ermittlung einer üblichen Beschaffenheit würde – wie auch im Entwurf vorgeschlagen – die Heranziehung internationaler technischer Normen liefern. Solange also noch keine gefestigte Rechtsprechung zu der Mangelhaftigkeit digitaler Inhalte besteht, sind diese Ansätze begrüßenswert.

Wird der Kern „digitale Inhalte" aus den Situationen der hier beschriebenen Kategorien extrahiert, ergeben sich hinsichtlich eines abstrakten Mangelbegriffes keine Unterschiede. Schwierig kann es freilich dann werden, wenn die konkreten Eigenarten der Kategorien sich auch in einem passenden Mangelbegriff widerspiegeln sollen.

---

582 Für den DigInRL-E wird dies als „Mischung aus vertraglichen und gesetzlichen Anforderungen an die Vertragsmäßigkeit" beschrieben „nach denen die Qualität der digitalen Inhalte beurteilt wird", siehe dort S. 14; *Spindler*, MMR 2016, 147 (152) bemängelt, dass die subjektive Leistungsbeschreibung des Art. 6 Abs. 1 DigInRL-E deutlich im Vordergrund steht und eine Stärkung des Verbraucherschutzes damit wohl nicht erreicht wird.

583 Vgl. dazu auch OLG Hamm, Urt. v. 15.05.2014, 22 U 60/13, NJW 2014, 3659 (3666).

b) Mögliche Mängel und sonstige Probleme

Hinsichtlich möglicher Mängel sei an die im dritten Teil[584] genannten Einzelfälle erinnert. Manche der dort aufgeführten Inhalte sind fehleranfälliger als andere und daher auch eher potenzieller Gegenstand von Gewährleistungsansprüchen. Es sollen darum im Folgenden typische Fehler einiger Einzelfälle genannt und im gewährleistungsrechtlichen Kontext bewertet werden. Diese Einzelfälle können bei allen, mehreren oder auch nur einer der hier gebildeten Kategorien relevant werden, sodass dieser Abschnitt einem entsprechenden Aufbau folgt.

aa) Alle Kategorien

(1) Qualität

Bei sämtlichen Inhalten aller Kategorien kann es generell als Mangel bezeichnet werden, wenn der Inhalt nicht die erhoffte Qualität aufweist. Hierbei sind völlig unterschiedliche Facetten denkbar. Beim Abspielen von Musik kann ein Mangel eine zu geringe Bitrate und damit schlechte Tonqualität sein, bei Videos zum Beispiel Asynchronität von Bild- und Tonspur oder eine zu geringe Auflösung und damit ein unscharfes Bild. Hierbei ist natürlich in erster Linie auf die dem Vertrag zugrunde liegenden Bedingungen zu achten. Fand zuvor eine Einigung über bestimmte, unter Umständen nicht hochwertige, Qualitätsmerkmale statt, kann das Auftreten einer dementsprechenden minderen Qualität keinen Mangel begründen. Neben der Fehlerhaftigkeit eines Inhaltes kommt es auch vor, dass ein Inhalt an den Verbraucher übermittelt wird, den dieser gar nicht wollte. Auch solche Falschlieferungen kommen in der Praxis vor und müssen als Problem benannt werden.[585] Ein solcher recht pauschaler „Qualitätsmangel“ könnte teilweise bereits jetzt von den Mängelbegriffen der §§ 434, 633 BGB erfasst werden, insbesondere dann, wenn eine entsprechende Beschaffenheitsvereinbarung einmal getroffen worden sein sollte. Erst recht kann der DigInRL-E mit diesem Problem umgehen, da er ausdrücklich die „Qualität“ des Inhalts als Leistungsmerkmal in den Katalog des Art. 6 Abs. 1 lit. a aufgenommen hat.

(2) Softwarespezifische Probleme

Im Softwarebereich bieten Rechtsprechung und Schrifttum zahlreiche Ansätze zur Ermittlung der Mangelhaftigkeit eines Produkts. Hier wird aber auch in erster Linie auf die Leistungsbeschreibung abgestellt. Kommt es auf die gewöhnliche Verwendung an, so ist maßgeblich, ob sich im Verkehr gewisse Mindeststandards

---

584 3. Teil, S. 77 ff.

585 Vgl. DigInRL-E, Erwägungsgrund (4), S. 17.

herausgebildet haben.[586] Durch die vielen möglichen Ausgestaltungen verschiedener Programme ist die Anzahl der denkbaren Fehler sehr hoch. Eine Generalisierung ist bei der Fülle an Einzelfallentscheidungen[587] kaum möglich. Durch die vorgenannte Anknüpfung des Entwurfes an das Leistungsmerkmal „Qualität" dürften sich jedoch auch im Softwarebereich die meisten Mängel erfassen lassen.

(3) Datenschutzrechtliche Probleme

Die deutschen Verbraucher sind im europäischen Vergleich besonders sensibel, wenn es um ihre persönlichen Daten geht.[588] Bei digitalen Inhalten sind es vor allem Apps für Smartphone oder Tablet, die Unmengen persönlicher Daten sammeln und übermitteln.[589] Aber auch im Rahmen des Konsums digitaler Inhalte durch bloße Bereitstellung lässt sich ein Profil des Verbrauchers anlegen, das seine Nutzungsgewohnheiten abbildet. Daten werden also in allen hier beschriebenen Kategorien gesammelt.

In den meisten Fällen erklären sich die Nutzer mit einer solchen Datenweitergabe jedoch einverstanden, da ohne ihre Zustimmung schon kein Download oder keine Nutzung erfolgen kann. Denkbar wäre jedoch, dass, vom Nutzer unbemerkt, weitere und nicht benannte Daten gesammelt werden. Allerdings ist es nur schwer vorstellbar, dass sich derlei Verstöße ohne Weiteres aufdecken ließen. Der große Mangel an Transparenz, welche Daten tatsächlich gesammelt werden und wofür, stellt ein gravierendes Missverhältnis zu dem wirtschaftlichen Nutzen dar, den die Unternehmen daraus ziehen. Die rechtliche Bewertung dieses Umstandes dürfte jedoch in den Anwendungsbereich des Datenschutzrechts[590] fallen und sich vor allem um die Frage einer wirksamen Einwilligung des Nutzers drehen. Dass diese Einwilligung derzeit häufig wohl nicht gegeben sein dürfte, lässt sich kaum in Zweifel ziehen.[591]

---

586 *Matusche-Beckmann*, in: Staudinger-BGB, § 434 Rn. 239.

587 Siehe nur die Auflistung bei *Redeker*, IT-Recht, Rn. 326.

588 *Humpenöder*, Wer liest denn schon das Kleingedruckte?, 18.01.2016, abrufbar unter: www.faz.net/aktuell/feuilleton/medien/vodafone-studie-europaeer-sehen-big-data-skeptisch-14020502.html.

589 Etwa Kontakte lesen, Standort abfragen, USB-Speicherinhalte lesen, Kamerazugriff und vieles mehr.

590 Dazu *Taeger*, in: Solmecke/Taeger/Feldmann, Kap. 5 Rn. 1 ff.

591 Vgl. (speziell für Apps) zusammenfassend *Taeger*, in: Solmecke/Taeger/Feldmann, Kap. 5 Rn. 87; dazu etwa auch *Verbraucherzentrale Bundesverband*, vzbv mahnt Datenschutzerklärung von Google erneut ab, 06.01.2016, abrufbar unter: www.vzbv.de/pressemitteilung/vzbv-mahnt-datenschutzerklaerung-von-google-erneut-ab.

Dennoch könnte es einen Mangel darstellen, wenn etwa eine App zusätzlich Daten übermittelt, auf deren Weitergabe sich die Einwilligung des Nutzers nicht erstreckt hat. Wird vor dem Download der App die Einwilligung „Daten A, B und C dürfen weitergegeben werden" erteilt, so liegt darin eine Beschaffenheitsvereinbarung sowohl im Sinne des geltenden Rechts (Art. 2 Abs. 1 Verbrauchsgüterkauf-RL beziehungsweise § 434 Abs. 1 S. 1 BGB) als auch im Sinne des neuen Entwurfes (Art. 6 Abs. 1 DigInRL-E). Leitet die App aber in Wahrheit auch die Daten „D" weiter, begründet dies einen Mangel.[592]

Ebenso muss der Inhalt als mangelhaft gelten, wenn überhaupt keine Einwilligung in Rede steht und er unentdeckt mit Schadsoftware behaftet ist, die persönliche Daten ausspäht und weiterleitet. Mithilfe dieser Daten könnten Internetbetrüger etwa Finanztransaktionen oder Warenbestellungen zulasten des Nutzers durchführen. Da hier nicht auf eine vertragliche Vereinbarung abgestellt werden kann, muss spätestens auf der Ebene der „Eignung für gewöhnliche Zwecke"[593] sichergestellt werden, dass das Mängelgewährleistungsrecht eingreift. In diesem Zusammenhang erweist sich der DigInRL-E als hilfreich. In Art. 6 Abs. 1 lit. a DigInRL-E wird nämlich die „Sicherheit" des Inhalts explizit als „sonstiges Leistungsmerkmal" aufgeführt. Wenngleich der Entwurfstext selbst den Begriff der Sicherheit nicht weiter konkretisiert, kann den Erwägungen entnommen werden, dass insbesondere datenschutzrechtliche Überlegungen Hand in Hand mit der Konzeption des digitalen Gewährleistungsrechts gingen.[594]

Werden also bei der Nutzung digitaler Inhalte persönliche Daten des Verbrauchers übermittelt, ohne dass er hierzu ausdrücklich zuvor eingewilligt hat, begründet dies einen Mangel des Inhalts.[595] Das lässt sich bereits – wie immer unter dem Vorbehalt der Anwendbarkeit – etwa mithilfe des „analogen" Mängelrechts eines § 434 BGB feststellen. Fehlt es an vertraglichen Abreden und muss nach der Eignung für gewöhnliche Zwecke gefragt werden, ist es jedoch ungleich einfacher, wenn, wie in Art. 6 Abs. 1 lit. a DigInRL-E vorgesehen, das Merkmal „Sicherheit" per Gesetz standardmäßig bei der Bewertung der Vertragsmäßigkeit digitaler Inhalte zu berücksichtigen ist.

---

592 Ähnlich *Schmidt-Kessel*, K&R 2014, 475 (482): Habe der Nutzer bspw. nicht dazu eingewilligt, dass datenschutzrelevante automatische Kontrollmitteilungen zu Kopierschutzzwecken erfolgen, könne das die Vertragsmäßigkeit des Inhaltes erschüttern.

593 Siehe 4. Teil F.III.2.a)aa)(3), S. 151.

594 In Erwägungsgrund (27) DigInRL-E, S. 21, wird die Bedeutung des Schutzes der Privatsphäre und personenbezogener Daten hervorgehoben und konstatiert, dass sich Qualität in puncto Sicherheit zu einem wichtigen Leistungsmerkmal entwickle.

595 So im Ergebnis wohl auch *Spindler*, MMR 2016, 147 (151).

bb) Dauerhafte Überlassung: Erschöpfungsproblematik

Die Verbraucher sind beim Umgang mit digitalen Inhalten außerdem Unsicherheiten ausgesetzt, die sich aus der Schnittstelle zwischen Vertrags- und Urheberrecht ergeben. Da es sich bei den gehandelten Inhalten in der Regel um Werke des geistigen Eigentums handelt, ist kaum eine Vereinbarung vorstellbar, die ohne einen urheberrechtlichen Bezug auskommt.[596] In der Kategorie der dauerhaften Überlassung spielt insbesondere der Erschöpfungsgrundsatz eine wichtige Rolle.

(1) Zentrale Frage

Mit Verbreitung digitaler Werkkopien, die keinem Verschleiß unterliegen und nach Benutzung nicht „verbraucht" sind, kam sowohl von Nutzerseite als auch von Unternehmern[597] die Idee auf, diese doch auf einer Art digitalem Flohmarkt weiterveräußern zu können. Schließlich sei dafür bezahlt worden und das E-Book oder das digitale Album „gehöre" nun ihnen.[598] Dieser Auffassung liefen[599] und laufen[600] jedoch Klauseln in den AGB vieler Inhalte-Anbieter zuwider, wonach die Weiterveräußerung durch Nutzer, das Kopieren des Inhalts für Dritte oder ähnliche weitergehende Nutzungsrechte untersagt sind. Hiergegen setzte sich vor allen Dingen die Verbraucherzentrale zur Wehr.[601]

Im Mittelpunkt dieser Problematik steht der urheberrechtliche Erschöpfungsgrundsatz. Mit diesem soll gewährleistet werden, dass das Urheberrecht an einem Werk hinter dem Interesse der Allgemeinheit an seiner Verkehrsfähigkeit zurücktreten muss, sofern es mit Zustimmung des Berechtigten in den Verkehr

596 Vgl. *Schmidt-Kessel/Young/Benninghoff u.a.*, GPR 2011, 7 (9); *Terhaag/Telle*, K&R 2013, 549 (549).

597 *Beuth*, Musik-Dateien dürfen nicht weiterverkauft werden, 02.04.2013, abrufbar unter: www.zeit.de/digital/internet/2013-04/urteil-gebrauchte-mp3s-weiterverkauf-verboten.

598 Vgl. *Eutenneuer*, Warum gehören meine gekauften E-Books nicht mir?, 04.03.2013, abrufbar unter: www.welt.de/wirtschaft/webwelt/article114090565/Warum-gehoeren-meine-gekauften-E-Books-nicht-mir.html; *Kohl*, Bisher kein digitaler Bücherflohmarkt, 29.03.2014, abrufbar unter: www.lto.de/recht/hintergruende/h/gebrauchte-ebooks-verkauf/.

599 So etwa in einem Fall des OLG Hamm, Urt. v. 15.05.2014, 22 U 60/13, NJW 2014, 3659.

600 Maxdome-AGB, Ziffer 3.4., Stand: 01.08.2018, abrufbar unter: www.maxdome.de/agb.

601 *Verbraucherzentrale Bundesverband*, eBooks: Lesen erlaubt, Weiterverkaufen verboten, 30.04.2013, abrufbar unter: www.vzbv.de/meldung/ebooks-lesen-erlaubt-weiterverkaufen-verboten.

gelangt ist.[602] Die Interessenlage auf der einen Seite ist die Sicherstellung der Verkehrsfähigkeit von Waren.[603] Auf der anderen Seite stehen die verwertungsrechtlichen Interessen des Urhebers, denen in der Regel dann genügt wird, wenn er bei Vornahme der ersten Verwertungshandlung die Möglichkeit hatte, seine Zustimmung von der Zahlung eines Entgelts abhängig zu machen.[604] Könnte er durch das Innehaben von an den Werkstücken bestehenden Rechten verhindern, dass diese trotz rechtmäßiger Veräußerung weiter verbreitet werden, so wäre dadurch der freie Warenverkehr in unerträglicher Weise behindert.[605] Ohne den Erschöpfungsgrundsatz müsste dann auf jeder Handelsstufe erneut die Erlaubnis des Urhebers zur Weitergabe eingeholt werden.[606] Das Verbreitungsrecht wird jedoch nur hinsichtlich des konkreten Werkstücks erschöpft.[607] Seinen gesetzlichen Niederschlag findet der Erschöpfungsgrundsatz unter anderem in § 17 Abs. 2 UrhG.

Die zentrale Frage lautet nun, ob dieser Erschöpfungsgrundsatz auch für digitale Werkkopien gelten kann, die ohne Austausch eines Datenträgers (vor allem Download) veräußert werden. In diesem Fall nämlich wären die eingangs genannten Klauseln nicht rechtens und die Nutzer könnten ihre einmal erworbenen digitalen Inhalte auch weiterveräußern. Für die Anbieter und damit Erstveräußerer hätte das dramatische Folgen, da bei jedem „Gebrauchtkauf" der Zweit- und jeder weitere Erwerber als potenzieller Kunde nicht mehr als Käufer eines „Originals" zur Verfügung stünde.[608]

Der Brandbeschleuniger in einer schon zuvor hitzig geführten Diskussion war gewissermaßen die UsedSoft-Entscheidung des EuGH,[609] die die Erschöpfung des Verbreitungsrechts an trägerlosen Computerprogrammen zum Gegenstand hatte. Sie soll daher im Folgenden kurz erörtert werden. Anschließend

---

602 Vgl. *Götting*, in: BeckOK-UrhG, 04.06.2018, § 17 Rn. 38.

603 Vgl. *Heerma*, in: Wandtke/Bullinger-UrhG, § 17 Rn. 23; *Loewenheim*, in: Schricker/Loewenheim-UrhG, § 17 Rn. 36.

604 *Loewenheim*, in: Schricker/Loewenheim-UrhG, § 17 Rn. 36; *Rehbinder/Peukert*, Urheberrecht, Rn. 365.

605 BGH, Urt. v. 04.05.2000, I ZR 256/97 – Parfumflakon, GRUR 2001, 51 (53); BGH, Urt. v. 23.02.1995, I ZR 68/93 – Mauer-Bilder, GRUR 1995, 673 (676); BGH, Urt. v. 06.03.1986, I ZR 208/83 – Schallplattenvermietung, GRUR 1986, 736 (737).

606 *Neuber*, WRP 2014, 1274 (1274).

607 *Dustmann*, in: Nordemann/Fromm-UrhG, § 17 Rn. 28.

608 *Hauck*, NJW 2014, 3616 (3616).

609 EuGH, Urt. v. 03.07.2012, C-128/11 – UsedSoft, ZUM 2012, 661.

wird der Frage nachgegangen, ob die darin aufgestellten Grundsätze auch auf andere digitale Werkarten als Computerprogramme übertragbar sind.

(2) UsedSoft-Entscheidung

Im Fall UsedSoft[610] hatte der EuGH darüber zu entscheiden, ob das gleichnamige Unternehmen mit gebrauchten Lizenzen des Softwareherstellers Oracle handeln durfte. Das Geschäftsmodell von UsedSoft sah vor, gebrauchte Softwarelizenzen zu kaufen und diese unter Neupreis an Dritte weiter zu veräußern. Datenträger wie CDs oder DVDs waren nicht Gegenstand dieses Geschäfts. Nach Erhalt eines „gebrauchten" Lizenzschlüssels konnten sich die Kunden ihre Kopie unmittelbar von der Seite des Herstellers Oracle herunterladen. Als betroffener Softwarehersteller verlangte der die Unterlassung dieser Geschäftspraktik. Der Bundesgerichtshof legte dem EuGH die Frage vor, wie genau der Erschöpfungsgrundsatz in einem solchen Fall auszulegen sei. Der EuGH entschied, dass auch bei Computerprogrammen ohne Verkörperung auf einem Datenträger der Erschöpfungsgrundsatz Anwendung finden muss, jedoch nur bei Vorliegen einer Reihe von Voraussetzungen.[611] Zunächst muss das Programm mit dem Willen des Rechteinhabers innerhalb des Europäischen Wirtschaftsraumes (EWR) in den Verkehr gelangt sein.[612] Der ursprüngliche Rechteinhaber muss dem Erwerber eine zeitlich unbefristete Lizenz eingeräumt haben.[613] Im Gegenzug muss der Rechteinhaber hierfür eine angemessene Vergütung erhalten haben.[614] Schließlich müssen sämtliche Programmkopien des Ersterwerbers (also des „Weiterverkäufers") von diesem unbrauchbar gemacht werden.[615] Die Bejahung einer Erschöpfung beim Software-Download wurde unter anderem damit begründet, dass nach Art. 4 Abs. 2 *Computerprogramm-RL*[616] nicht unterschieden werde, ob eine Programmkopie in körperlicher oder unkörperlicher Form bezogen werde

610 EuGH, Urt. v. 03.07.2012, C-128/11 – UsedSoft, ZUM 2012, 661.

611 Zu den Voraussetzungen der Erschöpfung im Allgemeinen siehe *Becher*, Der Sekundärmarkt für Software, S. 164 ff.; *Dustmann*, in: Nordemann/Fromm-UrhG, § 17 Rn. 27 ff.; *Heerma*, in: Wandtke/Bullinger-UrhG, § 17 Rn. 24 ff.

612 *Becher*, Der Sekundärmarkt für Software, S. 29; *Rehbinder/Peukert*, Urheberrecht, Rn. 456.

613 EuGH, Urt. v. 03.07.2012, C-128/11 – UsedSoft, ZUM 2012, 661 (665); *Hartmann*, GRUR Int. 2012, 980 (981).

614 EuGH, Urt. v. 03.07.2012, C-128/11 – UsedSoft, ZUM 2012, 661 (666).

615 EuGH, Urt. v. 03.07.2012, C-128/11 – UsedSoft, ZUM 2012, 661 (666).

616 Richtlinie 2009/24/EG des Europäischen Parlaments und des Rates vom 23.04.2009 über den Rechtsschutz von Computerprogrammen.

und es auch Wille des europäischen Gesetzgebers gewesen sei, beide Formen gleich zu behandeln.[617]

(3) Übertragbarkeit von UsedSoft auf andere digitale Werkarten

Neben vielfacher Kritik[618] an der vom EuGH vorgebrachten Begründung entwickelte sich eine bedeutsame Folgediskussion. Es wird nämlich seither darüber gestritten, ob die UsedSoft-Grundsätze auf andere digitale Inhalte als Software übertragen werden können[619] oder nicht[620]. Der EuGH selbst hat dies ausdrücklich offengelassen.[621]

Bei der Beantwortung dieser Frage stehen vor allem zwei Richtlinien im Vordergrund. Neben der bereits erwähnten *Computerprogramm-RL* spielt auch die *InfoSoc-RL*[622] eine Rolle. Während die erste Lex specialis für Computerprogramme ist,[623] gilt letztere für alle übrigen (digitalen) Werkarten. Der Erschöpfungsgrundsatz ergibt sich aus dem jeweiligen Art. 4 Abs. 2 der Richtlinien.

In der InfoSoc-RL heißt es:

> *„Das Verbreitungsrecht erschöpft sich in der Gemeinschaft in Bezug auf das Original oder auf Vervielfältigungsstücke eines Werks nur, wenn der Erstverkauf dieses Gegenstands oder*

---

617 EuGH, Urt. v. 03.07.2012, C-128/11 – UsedSoft, ZUM 2012, 661 (665).

618 Siehe etwa *Apel*, ZUM 2015, 640 (645); *Hansen/Wolff-Rojczyk*, GRUR 2012, 908 (909); *Moritz*, K&R 2012, 456 (458); *Schneider/Spindler*, CR 2012, 489 (498); *Senftleben*, NJW 2012, 2924 (2927); *Stieper*, ZUM 2012, 668 (670).

619 Für eine Übertragbarkeit: *Druschel*, Digitale Inhalte im GEKR, S. 142; *ders.*, GRUR Int. 2015, 125 (131); *Ganzhorn*, CR 2014, 492 (494); *Heerma*, in: Wandtke/Bullinger-UrhG, § 17 Rn. 27; *Hoeren/Jakopp*, MMR 2014, 646 (648); *Hoeren/Försterling*, MMR 2012, 642 (647); *Kubach*, CR 2013, 279 (283); *Malevanny*, CR 2013, 422 (426); *Peifer*, AfP 2013, 89 (91); *Redeker*, CR 2014, 73 (77); *Schneider/Spindler*, CR 2012, 489 (497); *Scholz*, ITRB 2013, 17 (20); *Terhaag/Telle*, K&R 2013, 549 (552).

620 Gegen eine Übertragbarkeit: *Bäcker/Höfinger*, ZUM 2013, 623 (640); *Dietrich*, NJ 2014, 194 (195); *Haberstumpf*, NJOZ 2015, 793 (803); *Hansen*, GRUR-Prax 2013, 207 (207); *Hansen/Libor*, AfP 2012, 447 (449); *Hauck*, NJW 2014, 3616 (3616); *Heydn*, MMR 2012, 591 (591); *Hilgert*, CR 2014, 354 (355); *Koch*, ITRB 2013, 38 (39); *Krüger/Biehler/Apel*, MMR 2013, 760 (765); *Marly*, EuZW 2012, 654 (657); *Rauer/Ettig*, GRUR-Prax 2015, 202 (204); *Rehbinder/Peukert*, Urheberrecht, Rn. 374; *Schulze*, NJW 2014, 721 (724); *ders.*, in: Dreier/Schulze-UrhG, § 17 Rn. 30; *Stieper*, ZUM 2012, 668 (670).

621 EuGH, Urt. v. 03.07.2012, C-128/11 – UsedSoft, ZUM 2012, 661 (665 f.).

622 Richtlinie 2001/29/EG, auch „Urheberrechtsrichtlinie".

623 So ausdrücklich der EuGH, Urt. v. 03.07.2012, C-128/11 – UsedSoft, ZUM 2012, 661 (665).

eine andere erstmalige Eigentumsübertragung in der Gemeinschaft durch den Rechtsinhaber oder mit dessen Zustimmung erfolgt."

Der Wortlaut der Computerprogramm-RL lautet:

> *„Mit dem Erstverkauf einer Programmkopie in der Gemeinschaft durch den Rechtsinhaber oder mit seiner Zustimmung erschöpft sich in der Gemeinschaft das Recht auf die Verbreitung dieser Kopie; ausgenommen hiervon ist jedoch das Recht auf Kontrolle der Weitervermietung des Programms oder einer Kopie davon."*

Der wesentliche Unterschied beider Regelungen ist, dass für Computerprogramme eine „Programmkopie" ausreicht, während für alle übrigen Werkarten ein „Original" oder zumindest „Vervielfältigungsstücke" notwendig sind, was zwingend einen körperlichen Gegenstand voraussetzt, der den digitalen Inhalt verkörpert.[624] Diese Körperlichkeit ist jedoch gerade kein Wesensmerkmal digitaler Inhalte. Auch der EuGH verstand in seiner Entscheidung unter „Programmkopie" nicht den körperlichen Datenträger, sondern die heruntergeladene digitale Programmkopie.[625] Da die Begründung des EuGH stark auf dem Rechtsrahmen für Computerprogramme aus der gleichnamigen Richtlinie basiert, können andere digitale Inhalte nicht einfach dort „eingesetzt" werden. Bei Werken, die keine Computerprogramme sind, richtet sich die Erschöpfung ausschließlich nach den Bestimmungen der InfoSoc-RL. Rein digitale Programmkopien werden von dieser jedoch nicht erfasst, sodass eine Erschöpfung danach nicht eintreten kann. Eine Übertragbarkeit der UsedSoft-Entscheidung auf andere digitale Inhalte als Software kommt mithin nicht in Betracht. Auch bei deutschen Gerichten fand eine allgemeingültige digitale Erschöpfung bisher keinen Anklang.[626] Gleichwohl ist die Diskussion hierüber weiter im Gange[627] und eindeutige höchstrichterliche Entscheidungen auf europäischer Ebene stehen noch aus.

---

624 *Hauck*, NJW 2014, 3616 (3617); *Hilgert*, CR 2014, 354 (355); *Krüger/Biehler/Apel*, MMR 2013, 760 (762); vgl. zur Notwendigkeit eines körperlichen Gegenstandes bei § 17 UrhG: *Schulze*, in: Dreier/Schulze-UrhG, § 17 Rn. 5; *Heerma*, in: Wandtke/Bullinger-UrhG, § 17 Rn. 12.

625 EuGH, Urt. v. 03.07.2012, C-128/11 – UsedSoft, ZUM 2012, 661 (665).

626 OLG Stuttgart, Urt. v. 03.11.2011, 2 U 49/11, ZUM 2012, 811; [Vorinstanz] LG Stuttgart, Urt. v. 14.04.2011, 17 O 513/10, BeckRS 2011, 19820; OLG Hamm, Urt. v. 15.05.2014, 22 U 60/13, NJW 2014, 3659; [Vorinstanz] LG Bielefeld, Urt. v. 05.03.2013, 4 O 191/11, ZUM 2013, 688; OLG Hamburg, Beschl. v. 24.03.2015, 10 U 5/11, BeckRS 2015, 8149; [Vorinstanz] LG Hamburg, Urt. v. 20.09.2011, 312 O 414/10, BeckRS 2013, 19556.

627 Siehe dazu den Überblick bei *de la Durantaye/Kuschel*, ZGE 2016, 195 (197 ff.); *Apel*, ZUM 2015, 640.

(4) Ergebnis und Ausblick

Solange eine klare Positionierung des EuGH fehlt, müssen die Nutzer also weiterhin damit leben, dass, sofern nicht digitale Programmkopien von Computerprogrammen Vertragsgegenstand sind, ihnen die Anbieter in entsprechenden AGB-Klauseln die Weiterveräußerung ihrer erworbenen digitalen Inhalte verbieten dürfen.

Unabhängig von diesem Zustand der Rechtsunsicherheit dürfte die Erschöpfungsproblematik aber zunehmend an Bedeutung verlieren, wenn man sich erneut[628] den Wandel vom dauerhaften „Besitzen" von Dateien oder Downloads, verbunden mit der Einräumung eines zeitlich unbeschränkten Nutzungsrechts, hin zu dem bloßen Zugang zu Medien über Cloud-Dienste beziehungsweise Streaming vor Augen führt. Dann nämlich, wenn es nicht mehr um die dauerhafte, sondern um die befristete Überlassung geht, verliert der Erschöpfungsgrundsatz gänzlich an Bedeutung.[629] Die Kategorien der zeitweisen Gebrauchsüberlassung und der bloßen Bereitstellung sind hiervon also nicht betroffen. Unabhängig von der rechtlichen Klärung durch den EuGH sind vertragliche Gestaltungsmöglichkeiten, die die Erschöpfung ausschließen, ebenso denkbar wie technische.[630] Die fraglichen Klauseln dürften den Verbrauchern zumindest in dieser urheberrechtlichen Sicht mit Blick in die Zukunft eher weniger Probleme bereiten.

cc) Dauerhafte Überlassung und zeitweise Gebrauchsüberlassung

(1) Probleme nach Updates

Ein Problem, das sich häufig in den Produktbewertungen der App-Anbieter widerspiegelt, sind User-Beschwerden über Abstürze oder ähnliche Fehlfunktionen von Apps, die sich erst nach einem Update eingestellt haben.[631] In gewährleistungsrechtlicher Hinsicht stellt sich die Frage, wie viel Geduld den betroffenen Nutzern zugemutet werden kann, bis ein Softwareproblem mittels abermaligem Update behoben wird und ab wann die Schwelle der

---

628 Dazu bereits 3. Teil B.III, S. 80.

629 Dazu *Wiebe*, in: Leible/Ohly/Zech, S. 213: „Die Krise des Erschöpfungsgrundsatzes mündet in dessen Bedeutungslosigkeit."; ähnlich auch *Senftleben*, NJW 2012, 2924 (2927): „Angesichts des gegenwärtigen Trends zu Streaming und Cloud Computing (…) verkäme [die Used-Soft-Entscheidung] zum für die Praxis irrelevanten Relikt vergangener Tage."; zur Bedeutung des bloßen Zugangs siehe auch *Dreier*, in: FS Bornkamm, S. 749 (750 f.).

630 Vgl. *Ohly*, in: Gutachten zum 70. Deutschen Juristentag 2014, S. 54.

631 Zur Problembeschreibung siehe auch *Faust*, Gutachten A zum 71. DJT 2016, A 54.

Vertragswidrigkeit überschritten ist, sodass die Geltendmachung eines Rechtsbehelfes in Betracht kommt.

Da die Kategorie der dauerhaften Überlassung dem Kaufrecht zugeordnet werden kann, ist über § 453 BGB auch das Institut der Nachbesserung (§§ 437 Nr. 1, 439 Abs. 1 Alt. 1 BGB) anwendbar. In der zugrunde liegenden Verbrauchsgüterkauf-RL heißt es zur zeitlichen Komponente der Nachbesserung, dass diese „innerhalb einer angemessenen Frist" erfolgen muss (Art. 3 Abs. 3 S. 3 Verbrauchsgüterkauf-RL). Entsprechendes findet sich auch im neuen Richtlinienentwurf. Der dortige Art. 12 Abs. 2 DigInRL-E ordnet ebenfalls eine „angemessene Frist" an, innerhalb derer der Anbieter den vertragsgemäßen Zustand der digitalen Inhalte herzustellen hat. Wie lang diese Frist zu bemessen ist, dürfte sich nach dem konkreten Einzelfall und der Komplexität des Inhalts richten. Die Wiederherstellung einer App, die die Funktionalitäten eines wissenschaftlichen Taschenrechners verspricht, wird wohl deutlich mehr Zeit erfordern, als die Korrektur eines bloßen Anzeigefehlers in einer Nachrichten-App. Bereits nach derzeit geltendem Recht ließe sich das Problem des fehlgeschlagenen Updates im Rahmen der Kategorie der dauerhaften Überlassung also lösen.

Anders sieht dies in der Kategorie der zeitweisen Gebrauchsüberlassung aus. Eine eindeutige Zuordnung zu einem BGB-Vertragstyp war dort nicht möglich.[632] Wie gezeigt erfasst der Richtlinienentwurf hingegen auch diese Kategorie ohne Weiteres. Der oben angesprochene Art. 12 Abs. 2 DigInRL-E schließt Vereinbarungen über eine zeitweise Gebrauchsüberlassung nicht von seinem Anwendungsbereich aus, sodass der Nutzer auch hier eine Handhabe gegen die Update-Problematik hätte. Nach derzeit geltendem Recht wäre dies mangels einschlägigen Vertragstyps hingegen nicht möglich.

Im Rahmen der Kategorie der bloßen Bereitstellung stellt sich diese Problematik hingegen nicht. Updates tragen dort insbesondere zur Gewährleistung des reibungslosen Abrufes der Inhalte bei. Diese Abrufbarkeit ist jedoch bereits eine Hauptvertragspflicht, sodass hier kein Mängelrechtsbehelf in Betracht käme, sondern vielmehr die Erfüllung des Vertrages verlangt werden könnte.

(2) Integration der digitalen Inhalte

Im digitalen Bereich ist es wichtig, dass das erworbene Gut sich auch in die digitale Infrastruktur des Verbrauchers einfügt. Denn durch viele Kombinationsmöglichkeiten von zu erwerbenden digitalen Inhalten und verschiedenen Hard- und Softwareinfrastrukturen ist es von enormer Bedeutung, dass beide Positionen auch untereinander harmonieren. In diesem Zusammenhang stellt

632 4. Teil D.V.2, S. 110 ff.

sich die Frage, ob es einen Mangel des Inhaltes selbst begründet, wenn dieser unsachgemäß in die digitale Umgebung des Nutzers integriert wurde.

Dabei muss freilich zwischen verschiedenen Varianten differenziert werden. Verkennt der Nutzer etwa aus grobem Unverstand, dass der von ihm erworbene Inhalt nicht mit seinem veralteten Betriebssystem kompatibel ist, obwohl die Systemvoraussetzungen eindeutig der Produktbeschreibung zu entnehmen waren, kann dies wegen seiner selbstverantwortlichen Handlungsweise keinen Mangel des Inhalts darstellen.

Schlägt die Integration des Inhalts allerdings unter (Mit-)Verantwortung des Anbieters fehl, ergibt sich eine andere Bewertung. Insbesondere durch das Informationsgefälle hinsichtlich der technischen Hintergründe, das zulasten des Verbrauchers besteht, muss es ihm möglich sein, Gewährleistungsrechte in Anspruch zu nehmen.

In der Kategorie der dauerhaften Überlassung und der damit verbundenen Anwendbarkeit des deutschen Kaufrechts existiert für diese Fälle bereits eine „analoge“ Vorlage in § 434 Abs. 2 S. 1 und S. 2 BGB[633], die wiederum auf Art. 5 Abs. 2 Verbrauchsgüterkauf-RL zurückgehen. Ein Sachmangel ist danach bereits dann gegeben, wenn eine zuvor vereinbarte Montage durch den Verkäufer unsachgemäß durchgeführt worden ist oder wenn die Montageanleitung, derer sich der Käufer bedienen sollte, ihrerseits mangelhaft ist.

Die „digitale Montage“ ist nichts anderes als die sachgemäße Integration digitaler Inhalte in die digitale Umgebung des Verbrauchers. Eine Spezialvorschrift hierzu findet sich nunmehr in Art. 7 DigInRL-E. Die Mangelhaftigkeit eines Inhalts ist demnach auch dann gegeben, wenn er vom Anbieter oder unter seiner Verantwortung integriert wurde (lit. a) oder die digitalen Inhalte vom Verbraucher zu integrieren waren und die unsachgemäße Integration auf eine mangelhafte Anleitung zurückzuführen ist (lit. b). Für die Kategorie der zeitweisen Gebrauchsüberlassung würde diese Norm, verbunden mit dem großzügigen Anwendungsbereich des Richtlinienvorschlags, einen Beitrag zur Rechtssicherheit leisten.[634] Denn wie gezeigt ist dieser Kategorie der Zugang zum Kaufrecht versagt.[635]

633 Vgl. hierzu *Faust*, Gutachten A zum 71. DJT 2016, A 45 f.

634 A. A. *Faust*, Gutachten A zum 71. DJT 2016, A 46, der durch das Vorliegen von § 434 Abs. 2 BGB keinen Bedarf für eine Sonderregel sieht, dabei allerdings auch nur von der klassischen Austauschsituation des Kaufes ausgeht.

635 4. Teil, D.V.2.b), S. 112 ff.

Im Rahmen dieses Problems dürfte die Kategorie der bloßen Bereitstellung nicht betroffen sein. Die erworbenen Inhalte gelangen hier nicht in gleichem Maße mit der digitalen Infrastruktur des Nutzers in Berührung, wie bei einem ins System zu integrierenden Download, wie er bei den Kategorien der dauerhaften Überlassung oder der zeitweisen Gebrauchsüberlassung vorkommt. Insbesondere dürften in dieser Kategorie mehrheitlich Produkte wie Musik und Videos zugänglich gemacht werden, die technisch wohl weniger komplex sind, als Software, auf die die Integrationsvorschrift des Art. 7 DigInRL-E abzuzielen scheint.

dd) Zeitweise Gebrauchsüberlassung und bloße Bereitstellung

In der schnelllebigen digitalen Welt muss der Aktualität der Inhalte besondere Bedeutung beigemessen werden. Denn durch fortlaufende Entwicklungen, Verbesserungen und neue Versionen sind sie schnell veraltet. Der Standardfall sollte sein, dass der Nutzer zum Zeitpunkt des Vertragsschlusses auch die aktuellste Version erhält. Das dürfte aber bereits der gängigen Praxis entsprechen und die Verbraucher nicht vor Probleme stellen. Trotzdem stellt Art. 6 Abs. 4 DigInRL-E dies in einer entsprechenden Regelung klar.

Interessanter und wegen ihrer zeitlichen Komponente nur für die Kategorien der zeitweisen Gebrauchsüberlassung und der bloßen Bereitstellung relevant ist die Frage, ob der Anbieter im Rahmen von derlei Dauerschuldverhältnissen verpflichtet ist, die Inhalte fortlaufend zu aktualisieren. Bei der bloßen Bereitstellung wurde eine solche Pflicht als wesensbegründend herausgearbeitet.[636] Auch unter Berücksichtigung der Ähnlichkeit der Kategorie der zeitweisen Gebrauchsüberlassung mit dem Mietrecht könnte sich Entsprechendes ergeben: Als analoges Pendant zu einer digitalen Aktualisierungspflicht findet sich im Mietrecht § 535 Abs. 1 S. 2 BGB, wonach der Vermieter die Mietsache während der Mietzeit in einem Zustand zu erhalten hat, der den vertragsgemäßen Gebrauch ermöglicht. Ob es aber dem vertragsgemäßen Gebrauch entgegensteht, wenn der Nutzer eine Aktualisierung nicht erhält, die lediglich die grafische Benutzeroberfläche ändert, ist zweifelhaft. Insbesondere Defizite im Bereich der Sicherheit müssen aber vom Anbieter behoben werden.[637]

Vor dem Hintergrund der derzeitigen Unanwendbarkeit des Mietrechts sowohl für die Kategorie der zeitweisen Gebrauchsüberlassung wie auch für jene der bloßen Bereitstellung, ist die Vorschrift des Art. 6 Abs. 3 DigInRL-E

636 Dazu bereits im 4. Teil, D.V.3.b)bb), S. 122.
637 *Faust*, Gutachten A zum 71. DJT 2016, A 54.

zu begrüßen, da sie eine mit § 535 Abs. 1 S. 2 BGB vergleichbare Regelung vorschlägt. Danach müssen digitale Inhalte, die im Laufe eines Zeitraums bereitgestellt werden, während dieses Zeitraums den vertraglichen Anforderungen entsprechen. Von der Verpflichtung zur Implementierung von Verbesserungen, die über den ursprünglichen Vertragszweck hinausgehen, ist dort ebenfalls keine Rede.

In der Kategorie der dauerhaften Überlassung hingegen kommt es allein auf die Vertragsmäßigkeit zum Zeitpunkt des Gefahrübergangs an, § 434 Abs. 1 S. 1 BGB.

ee) Bloße Bereitstellung (Zugang)

(1) Streamingspezifische Probleme

Wie in dem Abschnitt über praxisrelevante Erscheinungsformen berichtet werden konnte, ist die Nutzungsart des Streamings bei Musik und Videos sehr weit verbreitet und wird immer mehr genutzt. Mit dieser Bezugsform gibt es jedoch eine Reihe spezifischer Probleme, die in der Kategorie der bloßen Bereitstellung auftauchen.

(a) Empfangsstörungen und mangelhafte Übertragungsqualität

Einer Umfrage der Verbraucherzentrale zufolge beklagen die Verbraucher beim Videostreaming am häufigsten Probleme mit ständigen Störungen beim Empfang.[638] Hier muss aus gewährleistungsrechtlicher Sicht jedoch darauf geachtet werden, dass diese Störungen auch tatsächlich in der Sphäre des Anbieters begründet sein müssen. Da eine konstante Internetverbindung die Voraussetzung für viele digitale Produkte ist,[639] kommt auch ein Fehlverhalten des Access-Providers[640] in Betracht, wenn er dem Kunden keinen fehlerfreien Zugang ermöglicht. In dem Fall könnten die Störungen bei der Übertragung des digitalen Inhalts keinen Mangel desselben begründen. Um sich gegen Ansprüche wegen Störungen möglichst wenig angreifbar zu machen, verankern manche Streaming-Anbieter in ihren Nutzungsbedingungen Klauseln, wonach eine

---

638 *Verbraucherzentrale Bundesverband*, Verbraucherbefragung Streaming Dienste, 03.09.2015, abrufbar unter: www.marktwaechter.de/sites/default/files/downloads/ergebnispraesentation_streaming_vzbv_0.pdf, S. 13.

639 So weist Netflix in Ziffer 4.7 seinen Nutzungsbedingungen darauf hin, dass die Darstellungsqualität der gestreamten Filme und Serien im Wesentlichen von der Internetgeschwindigkeit abhängt, siehe Netflix Nutzungsbedingungen (Stand: 11.05.2018), abrufbar unter: https://help.netflix.com/legal/termsofuse?locale=de-AT.

640 Zum Begriff des Access-Providers vgl. *Redeker*, IT-Recht, Rn. 1080.

kurzzeitige mangelnde Erreichbarkeit hinzunehmen ist.[641] Ungeachtet solcher Klauseln könnte jedoch folgende Vorgehensweise bei der Ermittlung der objektiven Mangelhaftigkeit helfen: Es wird ein Vergleich zwischen allen Streaming-Anbietern auf dem Markt vorgenommen und die ermittelte durchschnittliche Erreichbarkeit aller Dienste auf einen Monat gesehen dient als Ausgangspunkt für die objektive Mangelhaftigkeit. Kann nun nachgewiesen werden, dass ein Nutzer seine Inhalte nur zu 95 % oder weniger des Durchschnittswertes sehen kann, begründet dies einen Mangel.

Zu diesem Problem zeigt sich, dass die hier vorgenommene Kategorisierung sich auch im neuen Richtlinienentwurf widerspiegelt. Denn in Erwägungsgrund (35) heißt es, dass Unterbrechungen der Bereitstellung, aufgrund deren die digitalen Inhalte dem Verbraucher kurzzeitig nicht verfügbar oder zugänglich sind, nicht als unterlassene Bereitstellung, sondern als Vertragswidrigkeit gelten. Daraus geht aber nicht hervor, ob auch nur minimale Verzögerungen bereits als „kurzzeitige" Nichterreichbarkeit zählen und damit bereits eine Mangelhaftigkeit begründen sollen.[642] Ob die vorgenannten Klauseln vor diesem Hintergrund noch haltbar wären, könnte dann jedenfalls neu zu diskutieren sein.

(b) Wechselndes Angebot

Bei Streaming-Angeboten mit einer Flatrate wird mitunter das während der Vertragslaufzeit wechselnde oder schwindende Angebot kritisiert.[643] Die Nutzer sind verärgert, weil sie bei Vertragsschluss von einem gewissen Umfang an Angeboten ausgegangen sind, dieser Umfang sich jedoch danach zu ihrem Nachteil verändert hat. Doch in den Nutzungsbedingungen sichern sich die Betreiber gegen hierauf gestützte Beschwerden vorsorglich ab. Dazu heißt es von einem Video-Streaming-Anbieter nur lapidar

> *„4.3. (…) Die zum Ansehen verfügbaren Inhalte können sich je nach Region unterscheiden und werden sich außerdem von Zeit zu Zeit ändern."*[644]

Zwar mag diese Formulierung den Verbrauchern nicht weiterhelfen, weil sich daraus keine konkrete Regel herleiten lässt, wann welche Inhalte von einer

641 Siehe dazu bereits Fn. 463.

642 Hierzu *Spindler*, MMR 2016, 219 (220), der die Frage nach der Kurzfristigkeit vom jeweiligen Einzelfall abhängig machen will.

643 *Verbraucherzentrale NRW*, Streaming-Portale verärgern Film- und Serienfans: Starker Schwund auf der Watchlist, 13.11.2014, abrufbar unter: https://www.infosat.de/digital-tv/verbraucherzentrale-nrw-streaming-portale-ver-rgern-film-und-serienfans.

644 Netflix Nutzungsbedingungen, Stand: 11.05.2018, abrufbar unter: https://help.netflix.com/legal/termsofuse?locale=de-AT.

Entfernung betroffen sind. Dennoch muss auch die Situation der Anbieter berücksichtigt werden. Denn unter wirtschaftlichen Gesichtspunkten könnte es sinnvoll sein, einen immer weniger nachgefragten Inhalt aus dem Sortiment zu nehmen und entsprechende Lizenzgebühren einzusparen. Verbraucher müssen also nicht nur bei der Wahl des Anbieters achtsam sein, ob die von ihnen bevorzugten Inhalte dort verfügbar sind. Auch müssen sie grundsätzlich damit rechnen, dass sich das Angebot genau um jene Inhalte reduziert. Immerhin gibt es hierzu oft „Vorwarnungen", die etwa in der Detailansicht eines Filmes zu sehen sind. Sobald ein Inhalt innerhalb der nächsten 30 Tage aus dem Angebot genommen wird, ist dies bei einigen Anbietern vermerkt.[645]

Der DigInRL-E befasst sich nicht ausdrücklich mit diesem Problem. Als vertragswidrig im Sinne des Art. 6 DigInRL-E kann der Inhalt kaum bezeichnet werden, da er zunächst und auch für eine bestimmte Zeit verfügbar war, innerhalb derer man ihn völlig problemlos konsumieren konnte. Die Leistungsverpflichtung ist insoweit von vornherein begrenzt. Auch die nicht erfolgte Bereitstellung im Sinne des Art. 10 lit. a DigInRL-E ist eher für Fälle gedacht, in denen der Inhalt zu überhaupt keinem Zeitpunkt abrufbar war.

Um die Anbieter dazu anzuhalten, ähnliche Angaben zu machen, wie sie oben als „Vorwarnungen" beschrieben werden, ist die Einführung einer weiteren Informationspflicht im Stile des Art. 5 Abs. 1 VRRL denkbar. Eine solche Pflicht könnte sinngemäß lauten: „Der Unternehmer informiert den Verbraucher über die Verbleibdauer digitaler Inhalte in seinem Angebot." Damit würde zwar weiterhin die Möglichkeit bestehen, dass das Angebot sich auch zum Nachteil des Verbrauchers ändern kann. Allerdings wäre so ein größeres Maß an Transparenz geschaffen, das dem Verbraucher seine Entscheidung im Vorhinein erleichtert.

(2) Zugänglichkeit, Geoblocking

Ähnlich der Störungen eines laufenden Streams kann sich der Verbraucher auch in einer Situation wiederfinden, in der er schon gar keinen Zugang zu den von ihm avisierten Inhalten erhält. Auch hierin hat die Kommission ein häufig auftretendes Problem beim Umgang mit digitalen Inhalten erkannt.[646] Die Rede ist vor allem von Geoblocking.[647] Dieses Verfahren wird eingesetzt, um den Zugang zu bestimmten Inhalten territorial zu begrenzen.[648] In der Realität kann das so aussehen, dass ein Nutzer seinen Urlaub im Ausland verbringt und auch dort

---

645 So das Netflix-Hilfe-Center, abrufbar unter: https://help.netflix.com/de/node/41298.
646 DigInRL-E, S. 17.
647 Dazu etwa *Ohly*, ZUM 2015, 942.
648 Vgl. *Wiebe*, ZUM 2015, 932 (932).

den bereits erworbenen Dienst auf seinem Tablet genießen möchte, ihm der digitale Zugang hierzu jedoch wegen der ausländischen IP-Adresse[649] verwehrt bleibt.[650] Die Sperrung der Dienste hat häufig einen lizenzrechtlichen Hintergrund oder dient Vermarktungszwecken.[651]

Im Hinblick auf die Leistungspflichten bei der Überlassung digitaler Inhalte wird dies deshalb zu Recht kritisch gesehen, weil der Nutzer für die rechtmäßige Nutzung bereits eine Gegenleistung erbracht und damit auch ein berechtigtes Interesse an der grenzüberschreitenden Portabilität seiner Inhalte hat.[652] Ein Verordnungsentwurf der EU-Kommission,[653] über den EU-Vorsitz und Parlament auch bereits eine Einigung erzielen konnten,[654] unterstreicht die Bedeutung dieses Themas für die Strategie zum digitalen Binnenmarkt. Dort wurde bereits angekündigt, gegen „ungerechtfertigte" länderspezifische Sperren für legal erworbene Inhalte vorgehen zu wollen.[655]

Auch die „Zugänglichkeit" als wesentliches Leistungsmerkmal des Art. 6 Abs. 2 DigInRL-E kann vor diesem Hintergrund umfassend und länderübergreifend interpretiert werden. Es wäre daher zu begrüßen, wenn mit Inkrafttreten

649 Zu den technischen Möglichkeiten vgl. *Federrath*, ZUM 2015, 929.

650 Die Dienste des Streaminganbieters SkyGo „dürfen nur innerhalb des Gebietes der Bundesrepublik Deutschland und der Republik Österreichs" (Ziffer 3.5) und „ab dem 01.04.2018 (…) auch während eines vorübergehenden Aufenthalts in einem anderen EU-Mitgliedstaat als Österreich oder Deutschland" genutzt werden, vgl. Sky-AGB, Stand 01.04.2018, abrufbar unter: www.skygo.sky.de/agb.html.

651 *Verbraucherzentrale NRW*, Vorschlag der EU-Kommission für eine Verordnung zur Gewährleistung der grenzüberschreitenden Portabilität von Online-Inhaltediensten, Stellungnahme, 05.01.2016, abrufbar unter: www.verbraucherzentrale.nrw/sites/default/files/migration_files/media238766A.pdf, S. 2.

652 Vgl. *Verbraucherzentrale NRW*, Vorschlag der EU-Kommission für eine Verordnung zur Gewährleistung der grenzüberschreitenden Portabilität von Online-Inhaltediensten, Stellungnahme, 05.01.2016, abrufbar unter: www.verbraucherzentrale.nrw/sites/default/files/migration_files/media238766A.pdf, S. 3.

653 Vorschlag für eine Verordnung des Europäischen Parlaments und des Rates zur Gewährleistung der grenzüberschreitenden Portabilität von Online-Inhaltediensten im Binnenmarkt, KOM(2015) 627 endgültig.

654 Rat der Europäischen Union – Pressemitteilung vom 07.02.2017: „Portabilität von Online-Inhaltediensten: Einigung zwischen EU-Vorsitz und Parlament", abrufbar unter: https://europa.eu/newsroom/content/portabilit%C3%A4t-von-online-inhaltediensten-einigung-zwischen-eu-vorsitz-und-parlament_de/.

655 KOM(2015) 192 endgültig, S. 7.

der beiden Regelungswerke[656] dieses Problem der Vergangenheit angehören könnte.

3. Rechtsbehelfe

Treten derzeit Probleme bei Verträgen mit digitalen Inhalten auf, ist der Verbraucher häufig auf den „Goodwill" des Anbieters angewiesen. Große Unsicherheit herrscht auch deshalb, weil sich bei den Anbietern ein uneinheitliches Bild in der Handhabung, etwa bei der Rückgabe von Inhalten, zeigt.[657] Aber Rechtsbehelfe, die auf digitale Inhalte zugeschnitten sind, suchte man im deutschen Recht lange vergebens. Einzig ein Widerrufsrecht für digitale Inhalte, das seit Umsetzung der VRRL existiert, wurde mittlerweile in § 356 Abs. 5 BGB verankert.[658]

Die Europäische Kommission hat nun mit ihrem Vorschlag für eine DigInRL mögliche neue Regelungen vorgestellt, die es sich zum Ziel gemacht haben, den tatsächlichen Alltagsproblemen mit digitalen Inhalten Rechnung zu tragen.[659] Diese neu eingeführten Instrumente sollen mit den bereits bekannten Regelungen verglichen und auf ihre Tauglichkeit für die hier gebildeten Kategorien überprüft werden.

a) Haftung des Anbieters

Dass ein Vertragspartner (gewährleistungsrechtlich) verantwortlich ist, wenn er entweder gar nicht oder nicht wie geschuldet leistet, entspricht allgemeinem Schuldrecht (vgl. § 281 Abs. 1 S. 1 BGB). Insoweit liefert Art. 10 DigInRL-E nichts Neues. Dort aufgeführt sind die Fälle, in denen der Anbieter dem Verbraucher haftet und diejenigen Rechtsbehelfe, die ihm zur Verfügung stehen. Erfreulich ist hier Art. 10 lit. c DigInRL-E, der auch im Rahmen von Dauerschuldverhältnissen die Vertragswidrigkeit digitaler Inhalte erfasst. Wenngleich keine Vertragstypologie durch den Richtlinienvorschlag bezweckt war, so scheint der Richtliniengeber hierbei doch sehr wohl zwischen der Kategorie

656 DigInRL-E sowie KOM(2015) 627 endgültig.

657 Während im Apple-App-Store Apps innerhalb von 14 Tagen zurückgegeben werden können, ist die bei Google Play nur innerhalb von zwei Stunden möglich, vgl. *Spiegel Online*, Anwenderberichte: Apple begrenzt Widerrufsrecht im App-Store, 14.01.2015, abrufbar unter: www.spiegel.de/netzwelt/apps/apple-schraenkt-widerrufsrecht-im-app-store-ein-a-1012877.html.

658 Dazu bereits 2. Teil, C.II.1.b)bb)(3), S. 37.

659 Einen Überblick über die Rechtsbehelfe des DigInRL-E liefert *Behar-Touchais*, in: Schulze/Staudenmayer/Lohsse, S. 127 ff.

der dauerhaften Überlassung auf der einen und den Kategorien der zeitweisen Gebrauchsüberlassung und der bloßen Bereitstellung auf der anderen Seite zu differenzieren.

b) Rechtsbehelfe im DigInRL-E

Für unterschiedliche defizitäre Vertragssituationen bietet der DigInRL-E nunmehr mit Art. 12 (Abhilfen bei Vertragswidrigkeit) und Art. 13 DigInRL-E (Beendigung des Vertrages[660]) zwei Rechtsbehelfsnormen an.

Hierbei fällt auf, dass die oben genannte Differenzierung zwischen den Kategorien sich in Art. 12 oder Art. 13 DigInRL-E nicht dahin gehend manifestiert, dass jeder Überlassungsform unterschiedliche Rechtsbehelfe zugewiesen sind. Vielmehr eignen sich die dortigen „Abhilfen bei Vertragswidrigkeit" oder die „Beendigung des Vertrages" für alle Kategorien gleichermaßen.

aa) Nachbesserung und Minderung

Bei Vertragswidrigkeit seines Inhaltes hat der Verbraucher also einen „Anspruch auf unentgeltliche Herstellung des vertragsgemäßen Zustandes" (Art. 12 Abs. 1 DigInRL-E). Hier wird schnell klar, dass sich nach dem Willen des Richtliniengebers das Prinzip des Vorrangs der Nacherfüllung auch bei digitalen Inhalten fortsetzen soll. So findet sich bereits in Art. 3 Abs. 2 Verbrauchsgüterkauf-RL eine fast wortgleiche Formulierung. Die dort etablierte Rangfolge, wonach Minderung und Vertragsbeendigung nur in Betracht kommen, wenn die Herstellung des vertragsgemäßen Zustandes nicht möglich ist, sieht Art. 12 DigInRL-E ebenfalls vor.[661] Hinsichtlich der Kriterien für eine Unverhältnismäßigkeit der Kosten der Nacherfüllung ist der DigInRL-E in Art. 12 Abs. 1 Unterabs. 2 noch präziser als die Verbrauchsgüterkauf-RL und bezieht offensichtlich auch die einschlägige EuGH-Rechtsprechung[662] mit ein.[663] Zwar entspricht Art. 12 DigInRL-E in Struktur und Inhalt im Wesentlichen Art. 3 Verbrauchsgüterkauf-RL.[664] Eine Abweichung liegt jedoch darin begründet, dass im DigInRL-E

660 Um in der Terminologie des DigInRL-E zu bleiben, soll nachfolgend auch von Vertragsbeendigung die Rede sein. Zur Kritik an dieser Begrifflichkeit siehe *Wendland*, GPR 2016, 8 (16), dort Fn. 70.

661 In den Erläuterungen hierzu ist stets die Rede von erstem und zweitem Schritt für den Fall einer Vertragswidrigkeit, siehe DigInRL-E, Erwägungsgründe (36) und (37), S. 23 sowie Begründung zu Art. 12, S. 14.

662 EuGH, Urt. v. 16.06.2011, C-65/09 verb. mit C-87/09, MMR 2011, 648.

663 *Spindler*, MMR 2016, 219 (220 f.).

664 *Staudenmayer*, ZEuP 2016, 801 (815).

zwischen Nachbesserung und Ersatzlieferung nicht unterschieden wird und der Verbraucher damit auch – anders als noch in der Verbrauchsgüterkauf-RL – keine Wahlmöglichkeit zwischen beiden Instrumenten hat.[665] Es wird also dem Anbieter überlassen, wie er letztlich die Wiederherstellung der Vertragsmäßigkeit erreicht. Das ist auch sinnvoll, weil der Anbieter aufgrund seiner Sachkunde eher fundiert zu entscheiden vermag, ob im Einzelfall etwa die Zurverfügungstellung einer gänzlich neuen Datei oder die Auslieferung eines Patches angezeigt ist. Ist die Nachbesserung dem Anbieter nicht möglich, steht dem Verbraucher das ebenfalls aus Art. 3 Verbrauchsgüterkauf-RL bekannte Instrument der Minderung zu (Art. 12 Abs. 3 und Abs. 4 DigInRL-E).

bb) Beendigung des Vertrages

Ein Pendant zur „Vertragsauflösung“ (Art. 3 Abs. 3, 5 und 6 Verbrauchsgüterkauf-RL) beziehungsweise zum „Rücktritt“ (§ 323 BGB) wird im DigInRL-E als „Beendigung des Vertrages“ bezeichnet. Die Einzelheiten hierzu sind in Art. 13 DigInRL-E festgehalten.[666] Der „normale“ Weg bei der Beendigung eines Vertrages, also die Rückgewähr der empfangenen Leistungen, wird hier noch ergänzt durch Vorschriften, die die technischen Besonderheiten von digitalen Daten berücksichtigen. Dem Anbieter kommt es nämlich nicht auf den Rückerhalt der Daten an, sondern darauf, dass der Verbraucher sie nicht mehr nutzt.[667] Dafür soll Art. 13 Abs. 2 lit. d DigInRL-E sorgen, der eine Unterlassung der Datennutzung anordnet und dafür unter anderem die Löschung vorschlägt.[668] Um dem Missbrauchsrisiko vorzubeugen, dass der Verbraucher die Inhalte gerade nicht selber löscht, muss es selbstverständlich sein, dass auch der Anbieter

---

665 Vgl. auch *Staudenmayer*, ZEuP 2016, 801 (815), der eine Unterscheidung zwischen Nachbesserung und Ersatzlieferung bei digitalen Inhalten für sinnlos hält.

666 Hierzu etwa *Schmidt-Kessel/Erler/Grimm u.a.*, GPR 2016, 54 (69).

667 Zur Notwendigkeit der Unbrauchbarmachung der Inhalte siehe bereits 4. Teil, D.V.2.a), S. 111.

668 Es wird teilweise vorgeschlagen die verwendete Formulierung dahin gehend zu ergänzen, dass dem Verbraucher die notwendigen technischen Hilfsmittel zur Verfügung gestellt werden, damit er seiner Löschungspflicht nachkommen könne. Denn in bestimmten Fällen habe er selbst nicht die Möglichkeit die Inhalte ohne Weiteres zu löschen, so die *Verbraucherzentrale NRW*, Stellungnahme zum Vorschlag für eine Richtlinie des Europäischen Parlaments und des Rates über bestimmte vertragsrechtliche Aspekte der Bereitstellung digitaler Inhalte [COM(2015 635 final], 28.01.2016, abrufbar unter: www.verbraucherzentrale.nrw/sites/default/files/migration_files/media239296A.pdf, S. 8.

hier tätig werden kann.[669] Ihm wird daher durch Art. 13 Abs. 3 DigInRL-E das Recht eingeräumt, den Zugang des Verbrauchers zu den Inhalten oder dessen Nutzerkonto zu sperren.

Wie oben gezeigt, ist insbesondere der Kategorie der zeitweisen Gebrauchsüberlassung immanent, dass auch nach regulärem Ablauf der Überlassungszeit eine weitere Datennutzung durch den Verbraucher unterbleiben muss. Dass der DigInRL-E konkrete Anordnungen zum Verbleib der Daten trifft, ist daher zu begrüßen. Denn der Kerngedanke, dass nach Vertragsende keine Daten beim Nutzer verbleiben sollen, lässt sich, obwohl der Situation der Vertragsbeendigung bei einem mangelhaften Inhalt entnommen, auch auf die Leistungspflichten der genannten Kategorie übertragen.

Weniger erfreulich ist die Einschränkung des Art. 12 Abs. 5 DigInRL-E, wonach eine Vertragsbeendigung nur möglich ist, wenn die Vertragswidrigkeit „wesentliche Leistungsmerkmale der digitalen Inhalte wie deren Zugänglichkeit, Kontinuität und Sicherheit" beeinträchtigt. Denn in der Kategorie der bloßen Bereitstellung konnte vom häufig auftretenden Problem der Empfangsstörungen beim Streaming berichtet werden. Kommt es etwa im Falle eines Videostreams nur zu einer geringfügigen Störung der Verbindung, kann wohl kaum von einer Beeinträchtigung der wesentlichen Leistungsmerkmale im Entwurfssinne die Rede sein. Wiederholen sich diese Störungen aber und summieren sich zu einem derartigen Umfang, der den durchgehenden Videogenuss unmöglich macht, muss die Situation eine andere sein, die aber bei der Konzeption des Art. 12 Abs. 5 DigInRL-E offenbar nicht bedacht wurde.[670] An dieser Stelle wäre eine Nachbesserung des Entwurfes also sinnvoll, um das eingangs angesprochene Problem in der Kategorie der bloßen Bereitstellung adäquat zu erfassen.

c) Fazit

Die im DigInRL-E vorgesehenen Rechtsbehelfe sind im Wesentlichen bereits aus der Verbrauchsgüterkauf-RL bekannt. Entsprechende Umsetzungen im BGB sorgen dafür, dass auch nach derzeit geltendem Recht insbesondere die Kategorie der dauerhaften Überlassung zufriedenstellend erfasst werden kann. Die starken

---

669 Vgl. *Spindler*, MMR 2016, 219 (221).

670 Zu diesem Problem auch *Spindler*, MMR 2016, 219 (221); ebenfalls kritisch zum Rücktrittsrecht äußert sich *Wendland*, GPR 2016, 8 (816 f.), der eine damit verbundene Verschärfung gegenüber den bisherigen Rücktrittsanforderungen im Verbraucherrecht kritisiert und auf ein Auseinanderfallen der Voraussetzungen für die Ausübung des Rücktrittsrechts bei Mängeln digitaler Inhalte und bei Mängeln an Waren hinweist.

Parallelen des Entwurfsvorschlages zur Verbrauchsgüterkauf-RL zeigen aber auch deutlich, dass der Richtliniengeber von dieser Kategorie der dauerhaften Überlassung als „Normalfall" ausging. Zwar wird hinsichtlich der Rechtsbehelfe nicht unterschieden, nach welcher Fallgruppe die Inhalte bereitgestellt werden, sodass auch grundsätzlich die Kategorien der bloßen Bereitstellung und der zeitweisen Gebrauchsüberlassung erfasst sind. Dass sich hinsichtlich Letzterer sogar ein zu begrüßender Regelungsansatz findet, der auf die Bestimmung konkreter Leistungspflichten übertragen werden kann, wird jedoch dadurch getrübt, dass eines der Hauptprobleme bei der Bereitstellung des Zugangs, nämlich die kurzzeitige Nichterreichbarkeit der Inhalte, nicht, insbesondere nicht vom Rechtsbehelf der Vertragsbeendigung, erfasst wird. Es wäre daher für die Erfassung der hier gebildeten Kategorien wünschenswert, wenn die Regelungen über Rechtsbehelfe an den entsprechenden Stellen noch ausdifferenzierter wären.

4. Beweislastfragen

Nach der sogenannten Rosenberg'schen Formel[671] muss grundsätzlich derjenige, der sich auf die für ihn günstigen Rechtsfolgen einer Norm beruft, deren Tatbestandsvoraussetzungen beweisen.[672] Für digitale Inhalte bedeutet dies, dass es dem Verbraucher obliegt, darzulegen, dass die tatsächliche Umsetzung nicht der vereinbarten entspricht. Das ist für ihn allein wegen der hohen technischen Komplexität von Produkten, die aus digitalen Daten bestehen, immens schwierig und daher ein unbefriedigender Zustand.

a) Umkehr der Beweislast

Zu dieser Ansicht gelangte auch die Europäische Kommission.[673] Der neue Vorschlag für eine DigInRL gibt daher vor, dass im Falle beanstandeter Vertragswidrigkeit digitaler Inhalte die Beweislast nicht beim Verbraucher, sondern beim Anbieter liegen soll. Begründet wird dies in erster Linie mit dem Wissens- und Know-how-Vorsprung des Anbieters.[674] Dieser verfüge über bessere Fachkenntnisse und habe Zugang zu technischen Informationen und

671 *Rosenberg*, Die Beweislast, S. 98.

672 *Gsell*, JuS 2005, 967 (967); *Hartmann*, in: Baumbach-ZPO, Anh. § 286 Rn. 3; *Prütting*, in: Müko-ZPO, § 286 Rn. 111.

673 Vgl. DigInRL-E, Erwägungsgrund (32), S. 22: „… kann der Anbieter besser als der Verbraucher beurteilen, warum digitale Inhalte vertragswidrig sind".

674 *Faust* hält diesen Ansatz für verfehlt, da Gleiches auch für komplexe technische Geräte wie Computer, Fernseher oder Autos gelte, vgl. Gutachten A zum 71. DJT 2016, A 48.

High-Tech-Unterstützung.[675] Nach Art. 9 Abs. 1 DigInRL-E trägt daher die Beweislast für die Vertragsmäßigkeit der digitalen Inhalte der Anbieter.[676] Damit wird die strukturelle Informations- und Machtasymmetrie zwischen Verbraucher und Unternehmer kompensiert und ein Gleichgewicht zwischen Anbieter und Verbraucher hergestellt.[677]

Diese Beweislastumkehr geht ebenfalls auf die Verbrauchsgüterkauf-RL zurück. Nach dem dortigen Art. 5 Abs. 3 gilt die Vermutung, dass Vertragswidrigkeiten, die binnen sechs Monaten nach Lieferung auftreten, bereits zum Zeitpunkt der Lieferung bestanden. Die deutsche Umsetzung befindet sich in § 476 BGB und war bereits mehrfach Gegenstand rechtswissenschaftlicher Diskussionen. Während man früher[678] davon ausging, dass nur der Zeitpunkt vermutet wird, zu dem der Mangel vorgelegen hat, ist mittlerweile[679] vom Unternehmer nachzuweisen, dass der Mangel sowohl nach Gefahrübergang eingetreten ist sowie nicht auf einem bereits bei Gefahrübergang vorhandenen Grundmangel beruht.[680] Gelingt dem Verbraucher im Zeitraum von sechs Monaten also der Nachweis einer bloßen Vertragswidrigkeit, wird vermutet, dass diese zum Zeitpunkt der Lieferung zumindest im Ansatz bereits vorlag, auch wenn sie sich erst nach der Lieferung des Gutes gezeigt hat.[681]

Diese zeitliche Begrenzung wird bei Sachen mit ihrer zunehmenden Abnutzung begründet. Je länger nämlich eine solche Frist läuft, desto mehr verschleißen die Kaufgegenstände. Und je stärker der Verschleiß ist, umso schwieriger wird es für den Unternehmer zu belegen, dass die Sache bei Gefahrübergang noch nicht mangelhaft war. Diese Beweiserleichterung ist zwar ein effektives

---

675 DigInRL-E, Erwägungsgrund (32), S. 22.

676 Kritisch zur Beweislastumkehr im DigInRL-E *BITKOM*, Stellungnahme zu Vorschlägen der EU-Kommission für zwei Richtlinien über bestimmte vertragsrechtliche Aspekte der Bereitstellung digitaler Inhalte sowie des Online-Warnhandels und anderer Formen des Fernabsatzes, 24.02.2016, abrufbar unter: www.bitkom.org/Publikationen/2016/Positionspapiere/EU-Richtlinien-Entwuerfen-fuer-ein-Vertragsrecht-fuer-digitale-Inhalte-und-den-Onlinewarenhandel/20160225-Bitkom-Stellungnahme-RL-Onlinekaufrecht-u-digitale-Inhalte.pdf, S. 9.

677 *Wendland*, GPR 2016, 8 (16).

678 BGH, Urt. v. 14.09.2005, VIII ZR 363/04, NJW 2005, 3490 (3491); BGH, Urt. v. 21.12.2005, VIII ZR 49/05, NJW 2006, 1195 (1196); BGH, Urt. v. 23.11.2005, VIII ZR 43/05, NJW 2006, 434 (436).

679 BGH, Urt. v. 12.10.2016, VIII ZR 103/15, BeckRS 2016, 19359 im Anschluss an EuGH, Urt. v. 04.06.2015, C-497/13, NJW 2015, 2237.

680 Zur Entwicklung der Auslegung des § 476 BGB auch *Koch*, NJW 2017, 1068.

681 EuGH, Urt. v. 04.06.2015, C-497/13, NJW 2015, 2237 (2241).

Instrument des Verbraucherschutzes,[682] seine zeitliche Begrenzung jedoch notwendig, um den Unternehmer beim Sachkauf nicht zu sehr zu benachteiligen. Vor dem Hintergrund des Informations- und Know-how-Gefälles, das zu Lasten des Verbrauchers besteht, ist Art. 9 DigInRL-E zu begrüßen, da er dieses Ungleichgewicht ein Stück weit auszugleichen vermag.[683]

b) Keine zeitliche Begrenzung im DigInRL-E

Ein wesentlicher Unterschied zwischen der Beweislastumkehr in der Verbrauchsgüterkauf-RL und der DigInRL-E ist, dass in Letzterem eine solche zeitliche Begrenzung gerade fehlt. Begründet wird dies mit den Eigenarten digitaler Inhalte. Ein mit Sachen vergleichbarer Verschleiß trete dort gerade nicht auf, sodass eine zeitliche Begrenzung auch nicht erforderlich sei.[684] Die Absätze 2 und 3 enthalten überdies Sonderregeln für den Fall, dass die Vertragswidrigkeit des Inhaltes mit der fehlenden Kompatibilität zur digitalen Umgebung des Verbrauchers zusammenhängt.[685]

Außerdem regelt Art. 9 Abs. 1 DigInRL-E nicht nur die Beweislast für den Zeitpunkt der Bereitstellung des Inhalts, sondern auch für den „Zeitraum", innerhalb dessen er bereitgestellt wird. Damit wird erreicht, dass Verbraucher auch bei Geschäften, die sich im Rahmen der Kategorien der zeitweisen Gebrauchsüberlassung und der bloßen Bereitstellung bewegen, in den Genuss der unbefristeten Beweislastumkehr gelangen.

5. Besonderheiten zeitlich begrenzter Verträge

Die Möglichkeit der Berücksichtigung der Vertragsformen „zeitweise Gebrauchsüberlassung" und „bloße Bereitstellung" findet eine Fortsetzung in Art. 15 und 16 DigInRL-E. Beide Normen setzen nämlich Situationen voraus, in denen die digitalen Inhalte gerade nicht dauerhaft, sondern lediglich zeitlich begrenzt zur Verfügung gestellt werden. Anders als bei vielen der oben

---

682 *Ball*, in: FS Müller, S. 591 (598).

683 Vgl. auch *Wendland*, GPR 2016, 8 (16).

684 Vgl. DigInRL-E, S. 14; kritisch hierzu *BITKOM*, Stellungnahme zu Vorschlägen der EU-Kommission für zwei Richtlinien über bestimmte vertragsrechtliche Aspekte der Bereitstellung digitaler Inhalte sowie des Online-Warnhandels und anderer Formen des Fernabsatzes, 24.02.2016, abrufbar unter: www.bitkom.org/Publikationen/2016/Positionspapiere/EU-Richtlinien-Entwuerfen-fuer-ein-Vertragsrecht-fuer-digitale-Inhalte-und-den-Onlinewarenhandel/20160225-Bitkom-Stellungnahme-RL-Onlinekaufrecht-u-digitale-Inhalte.pdf, S. 9.

685 Hierzu eingehender *Spindler*, MMR 2016, 219 (220).

besprochenen Vorschriften gibt es dazu keine Entsprechungen oder Vorlagen aus der Verbrauchsgüterkauf-RL, weil der Vertragstypus dort auf die Form der dauerhaften Überlassung beschränkt ist.

a) *Änderung der digitalen Inhalte*

Art. 15 DigInRL-E ermöglicht es dem Anbieter, die digitalen Inhalte, die dem Nutzer für eine zeitlich begrenzte Dauer zur Verfügung gestellt werden, zu ändern. Obschon die Änderung digitaler Inhalte häufig mit Verbesserungen für den Verbraucher verbunden ist,[686] geht aus den Erwägungen des Entwurfes,[687] wie auch aus Art. 15 DigInRL-E unmittelbar,[688] hervor, dass nur solche Änderungen erfasst werden sollen, die den Verbraucher benachteiligen. Die Bedingungen, die für eine zulässige Änderung kumulativ vorliegen müssen, sind dort ebenso dezidiert geregelt, wie ein Sonderkündigungsrecht[689], das dem Verbraucher im Falle einer Änderung eingeräumt wird.

Eine solche Benachteiligung für den Verbraucher kann etwa die namentlich genannte Beeinträchtigung des Zugangs zu den digitalen Inhalten sein. Dieses Problem betrifft insbesondere die Kategorie der bloßen Bereitstellung. Dass der Anbieter durch die Vorgaben des Art. 15 DigInRL-E Dinge wie den Funktionsumfang oder sonstige Leistungsmerkmale nur unter bestimmten Voraussetzungen ändern darf, ist positiv zu bewerten. Dass dieser Mechanismus aber nur greift, wenn die Möglichkeit der Änderung auch vertraglich vereinbart wurde (Art. 15 Abs. 1 lit. a DigInRL-E), hinterlässt einen gewissen Beigeschmack, weil der Verbraucher in allen anderen Fällen die für ihn nachteiligen Begleitumstände einer Änderung hinnehmen muss.

---

686 Etwa Aktualisierung von Serversoftware aus Sicherheitsgründen, siehe *Wendland*, GPR 2016, 8 (14).

687 DigInRL-E, Erwägungsgrund (45), S. 25: „*Diese* Änderungen sollten daher bestimmten Bedingungen unterliegen" (Hervorhebung durch den Verfasser), womit an die unmittelbar im Satz davor stehenden, für den Verbraucher negativen Änderungen angeknüpft wird.

688 Erfasst sind Änderungen, „soweit sie den Zugang des Verbrauchers zu den digitalen Inhalten oder deren Nutzung beeinträchtigen", Art. 15 Abs. 1 DigInRL-E.

689 Dies wird deswegen kritisiert, weil die dort genannten Rechte des Verbrauchers hinter denen zurückbleiben, die ihm bei der Beendigung des Vertrages nach Art. 13 Abs. 2 DigInRL-E (siehe dazu bereits 4. Teil, F.III.3.b)bb), S. 174) zustehen, *Verbraucherzentrale NRW*, Stellungnahme zum Vorschlag für eine Richtlinie des Europäischen Parlaments und des Rates über bestimmte vertragsrechtliche Aspekte der Bereitstellung digitaler Inhalte [COM(2015 635 final], 28.01.2016, abrufbar unter: https://www.verbraucherzentrale.nrw/sites/default/files/migration_files/media239296A.pdf, S. 9.

b) Recht auf Beendigung langfristiger Verträge

Das zweite Instrument, das der Richtliniengeber speziell für zeitlich befristete Verträge entwickelt hat, ist das „Recht auf Beendigung langfristiger Verträge“ nach Art. 16 DigInRL-E. Anders als das „normale“ Recht auf Vertragsbeendigung aus Art. 13 DigInRL-E ist hier nicht etwa eine Vertragswidrigkeit des Inhaltes erforderlich.[690] Der Beweggrund für die Schaffung dieser Vorschrift war der Wille des Richtliniengebers, den Wettbewerb unter den Anbietern zu fördern.[691] Die einzige Voraussetzung für eine solche Beendigung ist, dass der Inhalt entweder unbefristet bereitgestellt wurde oder eine Laufzeit (Gesamtlaufzeit oder addierte Verlängerungen) von mindestens zwölf Monaten vereinbart wurde. Die Rechtsfolgen einer derartigen Vertragsbeendigung entsprechen denen des Art. 13 DigInRL-E, sodass auf die dortigen Ausführungen[692] verwiesen werden kann.

Auch dieser Rechtsbehelf dürfte in erster Linie für die Kategorie der bloßen Bereitstellung Bedeutung haben. Zwar ist auch in der Kategorie der zeitweisen Gebrauchsüberlassung eine Laufzeit von zwölf Monaten und mehr denkbar. In erster Linie dürften sich die Überlassungszeiten dort aber auf wenige Tage beschränken. Mag die Vorschrift des Art. 16 DigInRL-E auch Anlass zur Kritik geben,[693] so ist sie vor dem Hintergrund der übergeordneten Forderung nach einer besseren Erfassung der hier gebildeten Kategorien zu begrüßen. Insbesondere die Vertragsgestaltungen, die durch eine zeitlich befristete Zugangsverschaffung dem Nutzer ein hohes Maß an Flexibilität ermöglichen, werden in dieser Regelung abgebildet.

6. Berücksichtigung persönlicher Nutzerdaten

Ein Phänomen, das alle hier entwickelten Kategorien gleichermaßen betrifft, ist die Nutzung von personenbezogenen Daten als Gegenleistung und damit

---

690 Nachvollziehbar daher die Wahl der Termini „Rücktritt“ (Art. 13 DigInRL-E) und „Kündigung“ (Art. 16 DigInRL-E) bei *Wendland*, GPR 2016, 8 (16), dort Fn. 70.

691 So ausdrücklich DigInRL-E, Erwägungsgrund (46), S. 25.

692 4. Teil, F.III.3.b)bb), S. 174.

693 So etwa, *BITKOM*, Stellungnahme zu Vorschlägen der EU-Kommission für zwei Richtlinien über bestimmte vertragsrechtliche Aspekte der Bereitstellung digitaler Inhalte sowie des Online-Warnhandels und anderer Formen des Fernabsatzes, 24.02.2016, abrufbar unter: www.bitkom.org/Publikationen/2016/Positionspapiere/EU-Richtlinien-Entwuerfen-fuer-ein-Vertragsrecht-fuer-digitale-Inhalte-und-den-Onlinewarenhandel/20160225-Bitkom-Stellungnahme-RL-Onlinekaufrecht-u-digitale-Inhalte.pdf, S. 11.

faktisch als Geldersatz bei Geschäften mit digitalen Inhalten.[694] Dass diese Daten ein bedeutsames Wirtschaftsgut des heutigen Informationszeitalters sind, ist unbestritten.[695] Nicht nur digitale Inhalte als Ergebnisse geistigen Schaffens haben einen monetären Wert. Häufig sind es auch die persönlichen Daten der Nutzer, mit denen sich Geld verdienen lässt. Zahlreiche Online-Dienste lassen sich nur mit einer vorherigen Registrierung nutzen, bei der Nutzerdaten in unterschiedlichen Umfängen abgefragt werden. Zusätzlich entstehen bei der laufenden Nutzung von Diensten wie Musikstreaming oder sozialen Netzwerken Unmengen von Daten, mit denen sich präzise Profile des Nutzers erstellen lassen. Anhand dieser Profile kann ihm personalisierte Werbung vorgesetzt werden, die ungleich wirkungsvoller[696] ist als standardisierte.

a) Nutzerdaten als Gegenleistung

Für das hier behandelte Vertragsrecht spielen diese Nutzerdaten vor allem in ihrer Funktion als Gegenleistung eine Rolle. Anstatt also einen bestimmten Geldbetrag zu entrichten, könnte der Nutzer mit seinen persönlichen Daten „bezahlen".[697]

aa) Anwendungsbereich der VRRL

Die Frage, ob Daten als Entgelt im Sinne des Vertragsrechts behandelt werden können, wurde bereits bei der Umsetzung der VRRL in deutsches Recht diskutiert.[698] Während die VRRL nämlich „jegliche Verträge" in ihren Geltungsbereich mit einbeziehen will (Art. 3 Abs. 1 VRRL), bestimmt die Umsetzung

---

694 Zu persönlichen Daten als Gegenleistung für digitale Inhalte siehe ausführlich *Metzger*, AcP 2016, 817; *Schmidt-Kessel/Grimm*, ZfPW 2017, 84.

695 Vgl. *Bräutigam*, MMR 2012, 635; *Brönneke/Schmidt*, in: Brönneke/Tonner, Das neue Schuldrecht, Kap. 2 Rn. 2; *dies.*, VuR 2014, 3 (3); *Heymann*, CR 2015, 807 (807); *Langhanke/Schmidt-Kessel*, EuCML 2015, 218; *Schmidt-Kessel*, K&R 2014, 475 (479); *Wendland*, GPR 2016, 8 (14); *Zech*, CR 2015, 137 (138).

696 Zum Vergleich standardisierter und personalisierter Werbung siehe *Kes/Woisetschläger*, in: Möller/Schultze, Produktivität von Dienstleistungen, S. 372 (379 ff.).

697 Diese Daten werden daher auch als „neue Währung" bezeichnet, *Verbraucherzentrale NRW*, Stellungnahme zum Vorschlag für eine Richtlinie des Europäischen Parlaments und des Rates über bestimmte vertragsrechtliche Aspekte der Bereitstellung digitaler Inhalte [COM(2015 635 final], 28.01.2016, abrufbar unter: https://www.verbraucherzentrale.nrw/sites/default/files/migration_files/media239296A.pdf, S. 3.

698 Vgl. *Gausling*, in: Tagungsband Herbstakademie 2014, S. 674 (678); *Schmidt-Kessel*, K&R 2014, 475 (479).

in § 312 Abs. 1 BGB, dass die folgenden Vorschriften nur auf solche Verträge anwendbar sind, „die eine entgeltliche Leistung des Unternehmers zum Gegenstand haben".[699] Aufgrund dieser Diskrepanz ist eine richtlinienkonforme weite Auslegung des Begriffs der Entgeltlichkeit angezeigt.[700]

Der Umkehrschluss aus § 312 Abs. 1 BGB ist, dass die Vorschriften dieses Abschnittes keine Anwendung finden können, wenn eine Leistung des Unternehmers unentgeltlich zur Verfügung gestellt wird. Dabei bedeutet Unentgeltlichkeit schlichtweg die Abwesenheit einer Gegenleistung.[701] Allerdings kann festgehalten werden, dass die Daten, die der Nutzer für vermeintlich „kostenlose" Produkte des Anbieters zur Verfügung stellt, durchaus einen monetären Wert haben. Darüber hinaus würde der Anbieter seinerseits dieses Produkt erst gar nicht anbieten, wenn er nicht im Gegenzug die Daten erhielte und somit auch keinen Umsatz aus deren Nutzung oder Weiterverkauf generieren könnte. Es liegt also ein klassisches Synallagma vor, das die Daten als Gegenleistung im obigen Sinne enthält.

Damit steht fest, dass die Verträge, bei denen mit der Hingabe personenbezogener Daten „bezahlt" wird, nicht nur originär in den Anwendungsbereich der VRRL fallen („jegliche Verträge"), sondern auch problemlos von den §§ 312 ff. BGB erfasst werden („entgeltlich").[702]

---

699 Kritisch zu dieser Einschränkung bereits die Fraktion BÜNDNIS 90/DIE GRÜNEN im Rechtsausschuss des Bundestages zum Entwurf des Umsetzungsgesetzes für die VRRL, BT-Drs. 17/13951, S. 59; für eine Anpassung des Umsetzungsgesetzes sprach sich auch *Brönneke* aus, vgl. Wortlautprotokoll der Öffentlichen Anhörung zur Umsetzung der VRRL, 17.04.2013, abrufbar unter: www.bundesgerichtshof.de/SharedDocs/Downloads/DE/Bibliothek/Gesetzesmaterialien/17_wp/VerbraucherrechteRL/wortproto.pdf?__blob=publicationFile, S. 4; von einem Umsetzungsdefizit sprechen auch *Schwab/Hromek*, JZ 2015, 271 (273); Kritik ebenfalls bei *Faust*, Gutachten A zum 71. DJT 2016, A 25; *Schärtl*, JuS 2014, 577 (578).

700 *Brönneke/Schmidt*, VuR 2014, 3 (3); *Grüneberg*, in: Palandt-BGB, § 312 Rn. 3; *Martens*, in: BeckOK-BGB, 01.08.2018, § 312 Rn. 10; *Schirmbacher*, in: Spindler/Schuster, § 312 Rn. 27; *Wendehorst*, in: MüKo-BGB, § 312 Rn. 19.

701 *Schmidt-Kessel/Grimm*, ZfPW 2017, 84 (93).

702 So auch *Brönneke/Schmidt*, VuR 2014, 3 (3); *Faust*, Gutachten A zum 71. DJT 2016, A 25; *Grüneberg*, in: Palandt-BGB, § 312 Rn. 3; *Schmidt-Kessel/Grimm*, ZfPW 2017, 84 (95); *Spindler*, MMR 2016, 147 (150); *Wendehorst*, in: MüKo-BGB, § 312 Rn. 19; a. A. *Schirmbacher*, in: Spindler/Schuster, § 312 Rn. 30 und wohl auch *Ehmann/Forster*, GWR 2014, 163 (164).

bb) Anwendungsbereich des DigInRL-E

Schon bei der Entwicklung des DigInRL-E war die Europäische Kommission im Umgang mit diesem digitalen Phänomen einen Schritt weiter. Die Materialien lassen ein geschärftes Bewusstsein für die Bedeutung von Daten als Entgelt erkennen.[703] Das Ergebnis des finalen Entwurfes bestätigt dies: Es wird gleich zu Anfang festgehalten, dass der Anwendungsbereich des Richtlinienvorschlags grundsätzlich auch dann eröffnet ist, wenn „eine andere Gegenleistung als Geld in Form personenbezogener oder anderer Daten"[704] erbracht wird. Ausnahmen hiervon legt Art. 3 Abs. 4 DigInRL-E fest.[705]

Diese eindeutige Positionierung des Richtlinienentwurfes lässt erahnen, dass die eingangs angesprochene Debatte im Falle einer Umsetzung wohl obsolet wäre.

b) Sonstige Berücksichtigung von Nutzerdaten im DigInRL-E

Insbesondere für die Kategorien der zeitweisen Gebrauchsüberlassung und der bloßen Bereitstellung interessant sind weitere Stellen im Richtlinienentwurf, die den Verbleib von Nutzerdaten besonders regeln. Denn hier dürfte es häufiger zur regulären, also nicht auf eine Mangelhaftigkeit der Inhalte zurückgehende, Beendigung des Vertrages kommen, als dies in Fällen der dauerhaften Überlassung vorkommt.

Die entsprechenden Normen, die das Schicksal der Nutzerdaten im Falle einer Vertragsbeendigung regeln,[706] sind Art. 13 Abs. 2 lit. b und c (Vertragsbeendigung wegen Mangelhaftigkeit) sowie Art. 16 Abs. 4 lit. a und b DigInRL-E

---

703 Siehe etwa die Fragen 10, 15 und 22 des Konsultationsfragebogens, zuletzt abgerufen am 17.05.2017 unter: www.ec.europa.eu/justice/contract/files/public_consultation_digital_content_questionnaire_with_annex_de.docx; sowie Erwägungsgründe 13 und 14 zum DigInRL-E, S. 18 f.

704 Art. 3 Abs. 1 DigInRL-E.

705 Siehe zur Kritik an der dort gewählten Formulierung *Verbraucherzentrale NRW*, Stellungnahme zum Vorschlag für eine Richtlinie des Europäischen Parlaments und des Rates über bestimmte vertragsrechtliche Aspekte der Bereitstellung digitaler Inhalte [COM(2015 635 final], 28.01.2016, abrufbar unter: www.verbraucherzentrale.nrw/sites/default/files/migration_files/media239296A.pdf, S. 4; grundsätzlich begrüßt werden die Einschränkungen vom https://www.game.de/wp-content/uploads/2016/04/20160120_game_Stellungnahme_EU_Richtlinie_digitale_Inhalte.pdf, S. 4.

706 Auf die Pflicht des Verbrauchers zur Nutzungsunterlassung der Inhalte nach Vertragsbeendigung wurde oben bereits eingegangen, siehe 4. Teil, F.III.3.b)bb), S. 174.

(Vertragsbeendigung wegen Sonderkündigungsrecht). Demnach hat auch der Anbieter nach Vertragsbeendigung die Nutzung sämtlicher Daten zu unterlassen, die er im Zusammenhang mit diesem Vertrag erhalten hat. Dabei spielt es keine Rolle, ob die Daten als Gegenleistung „gezahlt" oder erst im Laufe des Vertrages gesammelt wurden.

Damit kann auch an dieser Stelle konstatiert werden, dass der Richtliniengeber durch derlei Regeln die Erfassung aller vorgenannten Kategorien ermöglicht. Denn unabhängig von der vertraglichen Ausgestaltung kann der Verbraucher im Falle einer Vertragsbeendigung wegen Mangelhaftigkeit nun sicher sein, dass der Anbieter seine Daten nicht einbehalten darf. Der Grundsatz, dass im Falle einer vertraglichen Rückabwicklung die empfangenen Leistungen zurückzugewähren sind, ist grundsätzlich nicht neu. Mit der Erweiterung dieses Gedankens auf das Schicksal der sonstigen Nutzerdaten, die gerade nicht das Entgelt der Vereinbarung darstellen, wurde jedoch eine Regelung geschaffen, die den Verbraucher ein stückweit mehr in die Lage versetzt auch tatsächlich „Herr seiner Daten" zu sein. Durch eine Parallelvorschrift im Sonderkündigungsrecht bei langfristigen Verträgen wird seine Position außerdem in den Kategorien der zeitweisen Gebrauchsüberlassung und der bloßen Bereitstellung nochmals gestärkt.

c) Stellungnahme

Die besondere (vertragsrechtliche) Berücksichtigung von personenbezogenen Daten als wichtigem Wirtschaftsgut ist für die Zukunft unerlässlich. Dafür spricht nicht nur, dass schon jetzt unzählige Angebote auf dem Markt zu beobachten sind, die außer der Angabe der eigenen Daten nichts „kosten".[707] Es steht darüber hinaus zu erwarten, dass die Bedeutung dieser Daten noch weiter zunehmen wird. Denn immer mehr „smarte" Geräte sammeln fortlaufend große Mengen von Daten, die die Erstellung eines noch genaueren Profils des Nutzers ermöglichen, das gleichzeitig zu einem begehrten Ziel der Marketingabteilungen großer Unternehmen wird. Eine Ungleichbehandlung von Verträgen, bei denen ein Geldbetrag entrichtet wird und solchen, bei denen dem Anbieter Nutzerdaten zur Verfügung gestellt werden, lässt sich in Anbetracht dieser Geschäftsmodelle nicht mehr rechtfertigen. Probleme, mit denen sich die Nutzer konfrontiert sehen, treten in beiden Fällen gleichermaßen auf und können jeweils nachteilige wirtschaftliche Folgen für sie haben. Das ergibt sich für die Preisgabe von Daten nicht zuletzt dann, wenn diese etwa genutzt werden um

707 Vgl. Erwägungsgrund (13) DigInRL-E, S. 17 f.

Profile für Scoring-Verfahren[708] zu erstellen, die bis hin zu einer Verweigerung eines Darlehens führen können.

Der diesbezüglich vom DigInRL-E vorgeschlagene große Anwendungsbereich ist für die Erfassung der hier entwickelten Kategorien ebenso zu begrüßen wie das gezeigte technische Verständnis bei den Rechtsfolgen einer Vertragsbeendigung, die den weiteren Verbleib der Daten konkret regeln.[709]

IV. Ergebnis

Dieses Kapitel wurde mit der Zielsetzung eingeleitet, die Eignung des neuen Richtlinienvorschlages für die hier gebildeten Kategorien zu untersuchen. Im Grundsatz hat sich der Anwendungsbereich des DigInRL-E als derart weit erwiesen, dass alle Kategorien davon erfasst werden können. In engem Zusammenhang mit einem weiten Anwendungsbereich steht die Grundsatzentscheidung des Richtliniengebers, auf eine Festlegung des Vertragstypus zu verzichten und somit alle Freiheiten zu haben, die sich häufig wandelnden Vertragskonstellationen auf dem dynamischen Markt der digitalen Inhalte zu erfassen.

Im weiteren Verlauf hat sich ergeben, dass das Konzept der DigInRL-E stark auf jenem der Verbrauchsgüterkauf-RL basiert und damit von der Kategorie der dauerhaften Überlassung als Standardfall ausgeht. Die Neuerungen im Gewährleistungsrecht halten sich also zumindest konzeptionell in Grenzen. Vereinzelt finden sich immerhin Regelungen, die der zeitlichen Begrenzung vieler Kontrakte Rechnung tragen und damit insbesondere ein wichtiges Element der Kategorien der zeitweisen Gebrauchsüberlassung und der bloßen Bereitstellung erfassen. Sinnvoll ist auch die ausführliche Regelung der Vertragsmäßigkeit digitaler Inhalte, die den bereits bekannten Mangelbegriff in eine „digitale Richtung"

---

708 Unter Scoring versteht man im Datenschutzrecht eine Datenerherbung, -verarbeitung, oder –nutzung zum Zwecke der Entscheidung über die Begründung, Durchführung oder Beendigung eines Vertragsverhältnisses mit dem Betroffenen mit dem Ziel, einen Wahrscheinlichkeitswert für ein bestimmtes, zukünftiges Verhalten des Betroffenen zu ermitteln, siehe *Grützner/Jakob*, Compliance von A-Z, Stichwort „Scoring".

709 Deutliche Kritik hingegen übt der BITKOM: Das Konzept „Daten als Gegenleistung" sei „nicht zu Ende gedacht", *BITKOM*, Stellungnahme zu Vorschlägen der EU-Kommission für zwei Richtlinien über bestimmte vertragsrechtliche Aspekte der Bereitstellung digitaler Inhalte sowie des Online-Warnhandels und anderer Formen des Fernabsatzes, 24.02.2016, abrufbar unter: www.bitkom.org/Publikationen/2016/Positionspapiere/EU-Richtlinien-Entwuerfen-fuer-ein-Vertragsrecht-fuer-digitale-Inhalte-und-den-Onlinewarenhandel/20160225-Bitkom-Stellungnahme-RL-Onlinekaufrecht-u-digitale-Inhalte.pdf, S. 8 ff.

präzisiert sowie die Klarstellung, dass auch die Hingabe persönlicher Daten als Entgelt zu bewerten ist.

Letztlich lassen sich mit dem DigInRL-E, wie er Ende 2015 präsentiert wurde, die hier entwickelten Kategorien besser erfassen, als dies nach derzeit geltendem deutschen Recht der Fall ist. Die wenigsten Regelungen des Entwurfes sind jedoch derart neu, dass sich deren jeweilige Grundidee nicht bereits im BGB wiederfände. Ein Instrument wie der DigInRL-E bietet den Vorteil, dass speziell angepasste und aufeinander abgestimmte Regelungen konzentriert bereitgehalten werden. Hierdurch können digitale Inhalte im Gesetz als eigenständiges Rechtsgut etabliert und deren stetig wachsender Bedeutung in angemessener Weise Rechnung getragen werden.

5. Teil: Schlussbetrachtung

A. Zusammenfassung der Ergebnisse

Die zu Beginn dieser Untersuchung formulierte Frage, ob das BGB ein Update benötigt, kann nur teilweise bejaht werden.

I. Legaldefinition versteckt und erweiterungsbedürftig

Zwar wurde der neu eingeführte Begriff der digitalen Inhalte bereits legal definiert. Sowohl der versteckte Standort der Definition als auch ihre Formulierung sind aber überarbeitungsbedürftig. Eine übersichtliche Auflistung der relevanten Definitionen am Anfang eines Kapitels, wie dies bei Europäischen Richtlinien die Regel ist, würde auch dem BGB gut zu Gesicht stehen. Auch die hier vorgenommene Anpassung der VRRL-Definition dahin gehend, dass der Definitionsbestandteil „digital" erläutert und die Erscheinungsform der „digitalen Hülle" vom Anwendungsbereich ausgenommen wird, würde einen Zugewinn an Klarheit bedeuten.

II. Kategorisierung als Konzept rechtlicher Erfassung

Durch die Kategorisierung der verschiedenen Produkte nach Vertragszweck konnte herausgearbeitet werden, dass sich die dauerhafte Überlassung digitaler Inhalte über § 453 BGB dem Regime des Kaufrechts zuordnen lässt. Normen des Gewährleistungsrechts können entsprechend zur Anwendung gebracht werden. Sobald aber, und dahin geht der Trend, Inhalte nur vorübergehend überlassen werden sollen oder gar nicht erst den Weg zum Nutzer finden und zentral gespeichert abgerufen werden sollen, scheitern die Vertragstypen des BGB. Befriedigende Ergebnisse zur Erfassung dieser Kategorien in bestehende Vertragstypen lassen sich nach hier vertretener Ansicht nicht erzielen.

III. Verschiedene Möglichkeiten für digitale Reformen

Es wurden Lösungsansätze vorgestellt, wie dem Problem der dürftigen rechtlichen Handhabbarkeit im Wege von Gesetzesänderungen beizukommen wäre. Die abermalige Integration umfassender Reformen in die gerade erst geänderte Systematik des BGB im Bereich des Verbraucherschutzes ist abzulehnen. Um der immensen Bedeutung digitaler Inhalte gerecht zu werden, bedarf es eines grundlegend neuen, in sich abgeschlossenen Bereiches, der diese zum Gegenstand hat.

Mit einem Zugewinn an Übersichtlichkeit wäre aber – gegenüber der Integration in das BGB – eine Herauslösung des Bereiches der digitalen Inhalte aus dem BGB verbunden. Als Vorbild könnten Frankreich, Österreich oder Spanien dienen, die sogar das gesamte Verbraucherrecht ausgelagert haben. Insbesondere im Vereinigten Königreich wurden digitale Inhalte mit einem eigenen Abschnitt im Consumer Rights Act 2015 bedacht.

IV. Bekanntes Gewährleistungsrecht mit digitalen Besonderheiten

Einen grundlegend neuen Abschnitt für digitale Inhalte innerhalb oder außerhalb des BGB zu initiieren bedeutet jedoch nicht, dass rechtliche Instrumente außen vorgelassen werden müssen, die sich über Jahrzehnte bewährt haben. Das zeigt sich auch beim DigInRL-E, der sich stark an der Konzeption der Verbrauchsgüterkauf-RL orientiert. Institute wie der Vorrang der Parteivereinbarung oder ein abgestuftes Rechtsbehelfssystem können auch bei Geschäften mit digitalen Inhalten – trotz ihrer Besonderheiten – herangezogen werden. Die hier entwickelten Kategorien der zeitweisen Gebrauchsüberlassung und der bloßen Bereitstellung werden in dem DigInRL-E eher rudimentär behandelt. Deren Besonderheiten sollten im Hinblick auf die stetig wachsende praktische Bedeutung stärker berücksichtigt werden.

B. Ausblick

Mit Spannung kann die weitere Entwicklung des Vorschlages einer *Richtlinie über bestimmte vertragsrechtliche Aspekte der Bereitstellung digitaler Inhalte* erwartet werden. Mit dem GEKR ist erst Ende 2014 ein umfangreiches Instrument, das unter anderem digitale Inhalte zum Gegenstand hatte, auch am massiven Widerstand einiger Mitgliedstaaten gescheitert. Der nun vorgelegte Richtlinienvorschlag, der aus dem GEKR entwickelt wurde, gibt, wie schon die VRRL, das Prinzip der Vollharmonisierung vor. Nationale Abweichungen sind damit grundsätzlich nicht möglich. Anders als noch das GEKR, bei dem es sich sogar um ein nur optionales Instrument handelte, würde eine Umsetzung des DigInRL-E einen gravierenden Eingriff in das Vertragsrecht der Mitgliedstaaten darstellen. Gerade vor diesem Hintergrund könnte auch der DigInRL-E ebenfalls auf Widerstand stoßen, sodass neben den schon bisher geäußerten Bedenken noch weitere Gegenstimmen hinzukommen könnten. Gemeinsamer Konsens dürfte wohl sein, dass hinsichtlich der weitergehenden Regelung digitaler Inhalte dringender Handlungsbedarf besteht. Die Frage nach dem „Wie" löst seither vielschichtige Diskussionen aus.

Dennoch besteht aufgrund der Sachzwänge, die sich aus der rasanten technischen Entwicklung ergeben, die große Hoffnung, dass der Vorschlag für eine DigInRL nicht das Schicksal des GEKR teilen, sondern im Ergebnis ein sinnvolles Update für das BGB mit sich bringen wird.

Literatur*

Alpert, Frank: Kommerzielle Online-Nutzung von Computerprogrammen, CR 2000, S. 345–350.

Apel, Simon: Keine Anwendung der „UsedSoft"-Rechtsprechung des EuGH jenseits von Computerprogrammen – Eine Bestandsaufnahme zur Erschöpfung bei „gebrauchten" digitalen Gütern, ZUM 2015, S. 640–648.

Arlt, Christian: Digital-Rights-Management-Systeme – Der Einsatz technischer Maßnahmen zum Schutz digitaler Inhalte, Diss., München 2006.

Bäcker, Kerstin/Höfinger, Frank Michael: Online-Vertrieb digitaler Inhalte: Erstvertrieb, nachgelagerte Nutzungen und nachgelagerte Märkte, ZUM 2013, S. 623–641.

Ball, Wolfgang: Die Beweislastumkehr nach § 476 BGB, in: Greiner, Hans-Peter (Hrsg.), Neminem laedere – Festschrift für Gerda Müller – Aspekte des Haftungsrechts, Köln 2009, S. 591–598.

Bartsch, Michael: Software als Rechtsgut – Zur Wahrnehmung von Software aus Sicht des Rechts, zur Begriffsbildung im Recht und zu den praktischen Konsequenzen, CR 2010, S. 553–559.

Bartsch, Michael: Software als Schutzgegenstand absoluter Rechte, in: Leible, Stefan/Lehmann, Matthias/Zech, Herbert (Hrsg.), Unkörperliche Güter im Zivilrecht, Tübingen 2011, S. 247–260 [zitiert als *Bartsch*, in: Leible/Lehmann/Zech].

Bartsch, Michael: Software und Abzahlungsgesetz (Anm. OLG Stuttgart 6 U 135/87), CR 1989, S. 694.

Basedow, Jürgen: Gemeinsames Europäisches Kaufrecht – Das Ende eines Kommissionsvorschlags, ZEuP 2015, S. 432–435.

Baumbach, Adolf (Begr.): Zivilprozessordnung mit FamFG, GVG und anderen Nebengesetzen, fortgeführt zunächst von Lauterbach, Wolfgang und sodann von Albers, Jan/Hartmann, Peter, nunmehr verfasst von Hartmann, Peter, 76. Aufl., München 2018 [zitiert als: *Hartmann*, in: Baumbach-ZPO].

Baumgartner, Tobias: Privatvervielfältigung im digitalen Umfeld, Zürich/Baden-Baden 2006.

* Die verwendeten Internetquellen wurden, soweit nicht anders angegeben, im Oktober 2018 letztmalig durch den Verfasser abgerufen. Hinsichtlich der hier verwendeten Abkürzungen sei verwiesen auf: *Kirchner, Hildebert*: Abkürzungsverzeichnis der Rechtssprache, 8. Aufl., Berlin 2015.

Baur, Fritz/Baur, Jürgen F./Stürner, Rolf: Sachenrecht, 18. Aufl., München 2009.

Becher, Johannes: Der Sekundärmarkt für Software – Eine ökonomische Analyse des urheberrechtlichen Erschöpfungsprinzips, Diss., Wiesbaden 2015.

Becker, Maximilian: Aufmerksamkeitsknappheit – Eine weitere Determinante im Urheberrecht?, ZUM 2013, S. 829–836.

Beckmann, Roland Michael/Köhler, Dirk: Das „lizenzrechtliche Element" beim Kauf von Standardsoftware – oder: Wie kommt der Endnutzer zu seiner Nutzungsbefugnis, in: Stamm, Jürgen (Hrsg.), Festschrift für Helmut Rüßmann, Saarbrücken 2012, S. 389–408.

Beck'scher Online-Kommentar BGB, herausgegeben von Bamberger, Heinz Georg/Roth, Herbert, München [zitiert als: *Bearbeiter*, in: BeckOK-BGB, Datum der Kommentierung].

Beck'scher Online-Kommentar Urheberrecht, herausgegeben von Ahlberg, Hartwig/Götting, Horst-Peter, München [zitiert als: *Bearbeiter*, in: BeckOK-UrhG, Datum der Kommentierung].

Behar-Touchais, Martine: Remedies in the Proposed Digital Content Directive, in: Schulze, Reiner/Staudenmayer, Dirk/Lohsse, Sebastian (Hrsg.), Contracts for the Supply of Digital Content: Regulatory Challenges and Gaps, Baden-Baden 2017.

Benrath, Bastian: Jetzt erst? Die CD stirbt, abrufbar unter: *https://www.faz.net/aktuell/wirtschaft/diginomics/cd-kommentar-jetzt-erst-15697037.html* [18.07.2018].

Beuth, Patrick: Musik-Dateien dürfen nicht weiterverkauft werden, abrufbar unter: www.zeit.de/digital/internet/2013-04/urteil-gebrauchte-mp3s-weiterverkauf-verboten [02.04.2013].

Bierekoven, Christiane: Neuerungen für Online-Shops nach Umsetzung der Verbraucherrechterichtlinie – Ein erster Überblick, MMR 2014, S. 283–287.

Bisges, Marcel: Schlumpfbeeren für 3000 Euro – Rechtliche Aspekte von In-App-Verkäufen an Kinder, NJW 2014, S. 183–186.

Boehme-Nessler, Volker: Unscharfes Recht – Überlegungen zur Relativierung des Rechts in der digitalisierten Welt, Berlin 2008.

Böxler, Thomas: Paid Content im Web 2.0 – Strategien und Erfolgsfaktoren für Printverlage, Hamburg 2012.

Bräutigam, Peter: Das Nutzungsverhältnis bei sozialen Netzwerken – Zivilrechtlicher Austausch von IT-Leistung gegen personenbezogene Daten, MMR 2012, S. 635–641.

Brinkmann, Tomas: Zur Aktualität des Vielfaltgebots in den Massenmedien, ZUM 2013, S. 193–201.

Brönneke, Tobias: Widerrufsrecht und Belehrungspflichten – Rechtsdogmatische Analyse und rechtspolitische Vorschläge, Baden-Baden 2009.

Brönneke, Tobias/Schmidt, Fabian: Der Anwendungsbereich der Vorschriften über die besonderen Vertriebsformen nach Umsetzung der Verbraucherrechterichtlinie, VuR 2014, S. 3–7.

Brönneke, Tobias/Tonner, Klaus (Hrsg.): Das neue Schuldrecht – Verbraucherrechtsreform 2014 – Internethandel, Widerrufsrechte, Informationspflichten, Baden-Baden 2014 [zitiert als: *Bearbeiter*, in: Brönneke/Tonner, Das neue Schuldrecht].

Brox, Hans/Walker, Wolf-Dietrich: Allgemeiner Teil des BGB, 42. Aufl., München 2018.

Brunotte, Nico: Urheberrechtliche Bewertung der Streamingfilmportale – Unter besonderer Berücksichtigung der Schrankenbestimmung zu ephemeren Vervielfältigungen und des digitalen Werkgenusses, Diss., Frankfurt am Main 2014.

Buchmann, Felix: Das neue Fernabsatzrecht 2014 (Teil 6) – Besonderheiten bei digitalen Inhalten, K&R 2014, S. 621–625.

Busse, Aliki: Softwarevertrieb in Netzen, CR 1996, S. 389–393.

Bydlinski, Peter: Der Sachbegriff im elektronischen Zeitalter: zeitlos oder anpassungsbedürftig?, AcP 198 (1998), S. 287–328.

Calliess, Christian/Ruffert, Matthias (Hrsg.): EUV/AEUV – Das Verfassungsrecht der Europäischen Union mit Europäischer Grundrechtecharta, 5. Aufl., München 2016 [zitiert als: *Bearbeiter*, in: Calliess/Ruffert AEUV/EUV].

Cebulla, Mario: Die Pacht nichtsächlicher Gegenstände – Rechtspacht und Pacht besonderer Gegenstände im Wirtschaftsleben, Berlin/New York 1999.

Cichon, Caroline: Internet-Verträge – Verträge über Internet-Leistungen und E-Commerce, 2. Aufl., Köln 2005.

Cichon, Caroline: Weitergabe digital vertriebener Werkexemplare wie E-Books im Spannungsfeld zwischen Urheber- und Vertragsrecht, GRUR-Prax 2010, S. 381–385.

Creifelds, Carl (Begr.): Rechtswörterbuch, 22. Aufl., München 2017.

Dauses, Manfred A. (Hrsg.): Handbuch des EU-Wirtschaftsrechts. Loseblatt, Stand: 44. Ergänzungslieferung Februar 2018, München [zitiert als: *Bearbeiter*, in: Dauses (Hrsg.), Hdb. EU-WirtschafsR].

Diegmann, Heinz/Kuntz, Wolfgang: Praxisfragen bei Onlinespielen, NJW 2010, S. 561–566.

Dietrich, Nils: Von UsedSoft II und dessen Folgen, NJ 2014, S. 194–198.

Dilcher, Herrmann: Der Typenzwang im mittelalterlichen Vertragsrecht, SZ 77 (1960), S. 270–303.

Dingeldey, Daniel: Der Pachtvertrag über Internetdomains, GuT 2004, S. 205–207.

Dreier, Thomas: Vom urheberrechtlichen Dürfen und den technischen sowie vertraglichen Grenzen des Könnens, in: Büscher, Wolfgang (Hrsg.), Festschrift für Joachim Bornkamm zum 65. Geburtstag, München 2014, S. 749–760.

Dreier, Thomas/Schulze, Gernot: Urheberrechtsgesetz – Urheberrechtswahrnehmungsgesetz, Kunsturhebergesetz; Kommentar, 6. Aufl., München 2018 [zitiert als: *Bearbeiter*, in: Dreier/Schulze-UrhG].

Druschel, Johannes: Die Behandlung digitaler Inhalte im Gemeinsamen Europäischen Kaufrecht (GEKR), Diss., München 2014 [zitiert als: *Druschel*, Digitale Inhalte im GEKR].

Druschel, Johannes: Die Regelung digitaler Inhalte im Gemeinsamen Europäischen Kaufrecht (GEKR), GRUR Int. 2015, S. 125–138.

Druschel, Johannes/Lehmann, Michael: „Ein digitaler Binnenmarkt für digitale Güter", CR 2016, S. 244–251.

Druschel, Johannes/Oehmichen, Mike: Digitaler Wandel 3.0? – Anregungen aus Verbrauchersicht Teil I – Aktueller Stand der Rechtsordnung für digitale Güter auf nationaler und europarechtlicher Ebene, CR 2015, S. 173–180.

Duisberg, Alexander/Picot, Henriette (Hrsg.): Recht der Computer- und Videospiele – The law of video and computer games, Berlin 2013 [zitiert als: *Bearbeiter*, in: Duisberg/Picot].

de la Durantaye, Katharina/Kuschel, Linda: Der Erschöpfungsgrundsatz – Josef Kohler, UsedSoft, and Beyond, ZGE 2016, S. 195–217.

Ehmann, Timo/Forster, Jens: Umsetzung der Verbraucherrechterichtlinie – Teil 1: Der neue „allgemeine Teil" des Verbraucherschutzrechts, GWR 2014, S. 163–167.

Eisenbarth, Thomas/Stögmüller, Thomas: „Always online" – Technische Entwicklung und rechtliche Herausforderungen des mobilen Internets, CR 2015, S. 794–802.

Engelhardt, Christian/Klein, Sascha: Bitcoins – Geschäfte mit Geld, das keines ist – Technische Grundlagen und zivilrechtliche Betrachtung, MMR 2014, S. 355–360.

Ensthaler, Jürgen: Streaming und Urheberrechtsverletzung, NJW 2014, S. 1553–1558.

Erman, Walter (Begr.): Kommentar zum Bürgerlichen Gesetzbuch, 15. Aufl., Köln 2017 [zitiert als: *Bearbeiter*, in: Erman-BGB].

Ernst, Hartmut/Beneken, Gerd Hinrich/Schmidt, Jochen: Grundkurs Informatik – Grundlagen und Konzepte für die erfolgreiche IT-Praxis – eine umfassende, praxisorientierte Einführung, 6. Aufl., Wiesbaden 2016.

Faust, Florian.: Digitale Wirtschaft – Analoges Recht: Braucht das BGB ein Update? – Gutachten A zum 71. Deutschen Juristentag, München 2016.

Federrath, Hannes: Geoblocking und die Möglichkeiten der Technik, ZUM 2015, S. 929–932.

Föhlisch, Carsten: Das Widerrufsrecht im Onlinehandel, Diss., München 2009.

Föhlisch, Carsten: Endlich Vollharmonisierung im Fernabsatzrecht? – Auswirkungen der geplanten Europäischen Verbraucherrechtsrichtlinie, MMR 2009, S. 75–80.

Föhlisch, Carsten/Dyakova, Tanya: Das Widerrufsrecht im Onlinehandel – Änderungen nach dem Referentenentwurf zur Umsetzung der Verbraucherrechterichtlinie, MMR 2013, S. 71–76.

Föhlisch, Carsten/Dyakova, Tanya: Fernabsatzrecht und Informationspflichten im Onlinehandel – Anwendungsbereich nach dem Referentenentwurf zur Umsetzung der Verbraucherrechterichtlinie, MMR 2013, S. 3–9.

Gabriel, Ulrich/Cornels, Jann Hendrik: Neue Rechtsfragen im Zusammenhang mit Live-Streaming-Angeboten, ITRB 2016, S. 14–16.

Ganzhorn, Marco: Ist ein E-Book ein Buch?, CR 2014, S. 492–497.

Ganzhorn, Marco: Rechtliche Betrachtung des Vertriebs und der Weitergabe digitaler Güter, Diss., Frankfurt am Main 2015.

Gausling, Tina: Die Umsetzung der Verbraucherrechterichtlinie in Deutschland und Anwendbarkeit auf digitalen Content, in: Taeger, Jürgen (Hrsg.), Big Data & Co. – Neue Herausforderungen für das Informationsrecht – Tagungsband Herbstakademie 2014, Edewecht 2014, S. 667–683.

Gessner, Timm: Informationspflichten gegenüber Verbrauchern – ein zahnloser Papiertiger?, in: Knops, Kai-Oliver/Bamberger, Heinz Georg/Hölzle, Gerrit (Hrsg.), Zivilrecht im Wandel – Festschrift für Peter Derleder zum 75. Geburtstag, Berlin, Heidelberg 2015, S. 101–118.

Greco, Sergio: Verwertung von Know-how – Vertragstypologische Zuordnung, Vertragserfüllung und Hinweise zur Vertragsgestaltung, Diss., Frankfurt am Main 2010.

Grübler, Ulrike: Digitale Güter und Verbraucherschutz – Eine Untersuchung am Beispiel des Online-Erwerbs von Musikdownloads, Diss., Baden-Baden 2010.

Grundmann, Stefan: Die EU-Verbraucherrechte-Richtlinie – Optimierung, Alternative oder Sackgasse?, JZ 2013, S. 53–65.

Grünwald, Andreas/Döpkens, Harm-Randolf: Cloud Control? Regulierung von Cloud Computing-Angeboten, MMR 2011, S. 287–290.

Grützmacher, Malte/Schmidt-Bogatzky, Florian: Kompatibilitätshinweise bei Computersoftware und ihre kennzeichenrechtlichen Grenzen, CR 2005, S. 545–554.

Grützner, Thomas/Jakob, Alexander: Compliance von A-Z, 2. Aufl., München 2015.

Gsell, Beate: Die Beweislast für den Sachmangel beim Verbrauchsgüterkauf, JuS 2005, S. 967–972.

Gumm, Heinz-Peter/Sommer, Manfred: Einführung in die Informatik, 10. Aufl., München 2013.

Haberstumpf, Helmut: Verkauf immaterieller Güter, NJOZ 2015, S. 793–804.

Halm, Tatjana: Die Umsetzung der EU-Verbraucherrechterichtlinie – Kommt ein grundlegender Umbruch im neuen Jahr?, VuR 2014, S. 1–2.

Hansen, Hauke: Keine Erschöpfung beim Online-Vertrieb von eBooks, GRUR-Prax 2013, S. 207.

Hansen, Hauke/Libor, Christine: EuGH-Urteil zu gebrauchter Software: Gibt es bald auch einen Zweitmarkt für ePaper, eBooks und MP3s?, AfP 2012, S. 447–450.

Hansen, Hauke/Wolff-Rojczyk, Oliver: Anmerkung zu EuGH, Urt. v. 03.07.2012 – C-128/11 (UsedSoft GmbH/Oracle International Corp.), GRUR 2012, S. 908–910.

Hantschel, Ines: Softwarekauf und -weiterverkauf – Zur Vertragsnatur und Erschöpfungswirkung körperlicher und unkörperlicher Übertragungsformen von Software, Diss., Berlin 2011.

Harke, Jan Dirk: Römisches Recht – Von der klassischen Zeit bis zu den modernen Kodifikationen, 2. Aufl., München 2016.

Härting, Niko/Gössling, Patrick: Online-Kauf in der EU – Harmonisierung des Kaufgewährleistungsrechts – Was würde sich durch den Vorschlag der EU-Kommission v. 09.12.2015 wie verändern?, CR 2016, S. 165–170.

Härting, Niko/Schätzle, Daniel: Music-Download-Plattformen – Vertragsbeziehungen zum Endkunden, ITRB 2006, S. 186–187.

Hartmann, Thomas: Weiterverkauf und "Verleih" online vertriebener Inhalte – Zugleich Anmerkung zu EuGH, Urteil vom 3. Juli 2012, Rs. C-128/11 – UsedSoft./.Oracle, GRUR Int. 2012, S. 980–989.

Hasselblatt, Gordian N. (Hrsg.): Münchener Anwaltshandbuch gewerblicher Rechtsschutz, 5. Aufl., München 2017 [zitiert als: *Bearbeiter*, in: Hasselblatt, MAH GewRS].

Hauck, Ronny: Gebrauchthandel mit digitalen Gütern, NJW 2014, S. 3616–3619.

Haug, Thomas: Gemeinsames Europäisches Kaufrecht – Neue Chancen für Mittelstand und E-Commerce, K&R 2012, S. 1–5.

v. Herget, Harald/Reimer, Mathias: Rechtsformen und Inhalte von Verträgen im Online-Bereich, DStR 1996, S. 1288–1294.

Heydn, Truiken J.: EuGH: Handel mit gebrauchter Software – UsedSoft – Mit Anm. Heydn, MMR 2012, S. 591–593.

Heydn, Truiken J.: Identitätskrise eines Wirtschaftsguts: Software im Spannungsgeld zwischen Schuldrecht und Urheberrecht – Eine grundsätzliche Betrachtung, CR 2010, S. 765–776.

Heymann, Thomas: Der Schutz von Daten bei der Cloud Verarbeitung – Computer und Recht, CR 2015, S. 807–811.

Hilbig-Lugani, Katharina: Neuerungen im Außergeschäftsraum- und Fernabsatzwiderrufsrecht – Teil 1, ZJS 2013, S. 441–452.

Hilgert, Felix: Keys und Accounts beim Computerspielvertrieb – Probleme der Erschöpfung beim Vertrieb hybrider Werke mit Blick auf LG Berlin, Urt. v. 11.03.2014–16 O 73/13, CR 2014, S. 354–360.

Hilty, Reto M.: Der Softwarevertrag – ein Blick in die Zukunft – Konsequenzen der trägerlosen Nutzung und des patentrechtlichen Schutzes von Software, MMR 2003, S. 3–15.

Hilty, Reto M.: Die Rechtsnatur des Softwarevertrages – Erkenntnisse aus der Entscheidung des EuGH UsedSoft vs. Oracle, CR 2012, S. 625–637.

Hoenike, Mark/Hülsdunk, Lutz: Leistungskomponenten und Vertragsbeziehungen bei kommerziellen Musik-Download-Plattformen im Internet, MMR 2004, S. 59–66.

Hoeren, Thomas (Hrsg.): Big Data und Recht, München 2014.

Hoeren, Thomas (Hrsg.): Dateneigentum – Versuch einer Anwendung von § 303a StGB im Zivilrecht, MMR 2013, S. 486–491.

Hoeren, Thomas (Hrsg.): Softwareüberlassung als Sachkauf – Ausgewählte Rechtsprobleme des Erwerbs von Standardsoftware, Diss., München 1989.

Hoeren, Thomas (Hrsg.): Zur Einführung: Informationsrecht, JuS 2002, S. 947–953.

Hoeren, Thomas /Försterling, Matthias: Onlinevertrieb "gebrauchter" Software – Hintergründe und Konsequenzen der EuGH-Entscheidung "UsedSoft", MMR 2012, S. 642–647.

Hoeren, Thomas/Jakopp, Sebastian: Der Erschöpfungsgrundsatz im digitalen Umfeld – Notwendigkeit eines binnenmarktkonformen Verständnisses, MMR 2014, S. 646–649.

Hoeren, Thomas/Sieber, Ulrich/Holznagel, Bernd (Hrsg.): Handbuch Multimedia-Recht – Rechtsfragen des elektronischen Geschäftsverkehrs. Loseblatt, Stand 46. Ergänzungslieferung Januar 2018, München [zitiert als: *Bearbeiter*, in: Hoeren/Sieber/Holznagel].

Hoppen, Peter: Sicherung von Eigentumsrechten an Daten, CR 2015, S. 802–806.

Hörmann, Martin: Der Internethandel und die neue Richtlinie über die Rechte der Verbraucher, Diss., München 2014.

Humpenöder, Urs: Wer liest denn schon das Kleingedruckte? Vodafones-Studie zu Big Data, abrufbar unter: www.faz.net/aktuell/feuilleton/medien/vodafone-studie-europaeer-sehen-big-data-skeptisch-14020502.html [18.01.2016].

Jauernig, Othmar/Berger, Christian/Mansel, Heinz-Peter/Stadler, Astrid/Stürner, Rolf/Teichmann, Arndt (Hrsg.): Bürgerliches Gesetzbuch – Mit Allgemeinem Gleichbehandlungsgesetz (Auszug), 17. Aufl., München 2018 [zitiert als: *Bearbeiter*, in: Jauernig-BGB].

Kes, Isabelle/Woisetschläger, David M.: Interaktionseffizienz in der Neukundenaktivierung, in: Schultze, Wolfgang (Hrsg.), Produktivität von Dienstleistungen, Wiesbaden 2014, S. 372–389.

Kilian, Wolfgang/Heussen, Benno (Hrsg.): Computerrechts-Handbuch – Informationstechnologie in der Rechts- und Wirtschaftspraxis. Loseblatt, Stand: 34. Ergänzungslieferung Mai 2018, München [zitiert als: *Bearbeiter*, in: Kilian/Heussen, CHB].

Kitz, Volker: Anwendbarkeit urheberrechtlicher Schranken auf das eBook, MMR 2001, S. 727–730.

Kluge, Friedrich: Etymologisches Wörterbuch der deutschen Sprache, 25. Aufl., Berlin 2012.

Koch, Frank A.: Auswirkungen des EuGH-Urteils zum Gebrauchtsoftwarehandel auf das Urheberrecht – Teil 2 – Zur Erschöpfung des Verbreitungsrechts bei Online-Überlassung von Software, ITRB 2013, S. 38–41.

Koch, Frank A.: Computer-Vertragsrecht – Umfassende Erläuterungen, Beispiele und Musterformulare für Erwerb und Nutzung von EDV-Systemen, 7. Aufl., Freiburg/München 2009.

Koch, Raphael: Die Erweiterung des Anwendungsbereichs der Beweislastumkehr im Kaufrecht, NJW 2017, S. 1068–1071.

Koch, Raphael: Verbraucherrecht = brauchbares Recht? Ausgewählte Aspekte nach Umsetzung der Verbraucherrechterichtlinie – Zugleich ein Beitrag zu den Grundfragen der Rechtsharmonisierung, GPR 2014, S. 128–135.

Köhler, Helmut/Fritzsche, Jörg: Die Herstellung und Überlassung von Software im bürgerlichen Recht, in: Lehmann, Michael/Brandi-Dohrn, Matthias (Hrsg.), Rechtsschutz und Verwertung von Computerprogrammen – Urheberrecht,

Patentrecht, Warenzeichenrecht, Wettbewerbsrecht, Kartellrecht, Vertrags- und Lizenzrecht, Arbeitsrecht, Strafrecht, Insolvenz- und Vollstreckungsrecht, Prozessrecht, Produzentenhaftung, Recht der Datenbanken, Steuerrecht, 2. Aufl., Köln 1993, S. 513–628.

König, Mark Michael: Das Computerprogramm im Recht – Technische Grundlagen, Urheberrecht und Verwertung, Überlassung und Gewährleistung, Diss., Köln 1991.

König, Mark Michael: Die Qualifizierung von Computerprogrammen als Sachen i. S. des § 90 BGB, NJW 1989, S. 2604–2605.

König, Mark Michael: Software (Computerprogramme) als Sache und deren Erwerb als Sachkauf, NJW 1993, S. 3121–3124.

König, Mark Michael: Zur Sacheigenschaft von Computerprogrammen und deren Überlassung, NJW 1990, S. 1584–1586.

Kort, Michael: Software – eine Sache? – Zivil- und handelsrechtliche Überlegungen anläßlich des Urteils des BGH vom 14.07.1993 – VIII ZR 147/92, DB 1994, S. 1505–1509.

Kramer, Ernst A.: Funktion, rechtliche Problematik und Zukunftsperspektiven der Innominatverträge, in: Kramer (Hrsg.), Neue Vertragsformen der Wirtschaft – Leasing, Factoring, Franchising, 2. Aufl., Bern 1992, S. 23–45 [zitiert als: *Kramer*, in: Neue Vertragsformen für die Wirtschaft].

Kramme, Malte: Die Einbeziehung von Pflichtinformationen in Fernabsatz- und Außergeschäftsraumverträge, NJW 2015, S. 279–284.

Krcmar, Helmut: Einführung in das Informationsmanagement, 2. Aufl., Berlin, Heidelberg 2015.

Kreutzer, Till: Napster, Gnutella & Co.: Rechtsfragen zu Filesharing-Netzen aus der Sicht des deutschen Urheberrechts de lege lata und de lege ferenda – Teil 1, GRUR 2001, S. 193–204.

Kreutzer, Tobias: Freier Zugriff ist der neue Besitz, abrufbar unter: www.faz.net/aktuell/feuilleton/pop/verhaeltnis-zur-musik-zugriff-ist-der-neue-besitz-13146457.html [10.09.2014].

Krüger, Stefan/Biehler, Manuel/Apel, Simon: Keine "Used Games" aus dem Netz – Unanwendbarkeit der "UsedSoft"-Entscheidung des EuGH auf Videospiele, MMR 2013, S. 760–765.

Kubach, Laura: Musik aus zweiter Hand – ein neuer digitaler Trödelmarkt?, CR 2013, S. 279–284.

Kümmerle, Saskia: "Güter und Dienstleistungen" – Vertragstypenbildung durch den EuGH, in: Andrés Santos, Francisco Javier/Baldus, Christian u.a. (Hrsg.), Vertragstypen in Europa – Historische Entwicklung und europäische Perspektiven, München 2011, S. 295–348.

Kuß, *Christian*: Gutenberg 2.0 – der Rechtsrahmen für E-Books in Deutschland, K&R 2012, S. 76–81.

Langhanke, *Carmen/Schmidt-Kessel*, *Martin*: Consumer Data as Consideration, EuCML 2015, S. 218–223.

Larenz, *Karl*: Methodenlehre der Rechtswissenschaft, 6. Aufl., Berlin/New York 1991.

Lassmann, *Wolfgang*: Wirtschaftsinformatik – Nachschlagewerk für Studium und Praxis, Wiesbaden 2006.

Leenen, *Detlef*: Typus und Rechtsfindung – Die Bedeutung der typologischen Methode für die Rechtsfindung dargestellt am Vertragsrecht des BGB, Diss., Berlin 1971.

Lehmann, *Michael*: E-Commerce in der EU und die neue Richtlinie über die Rechte der Verbraucher, CR 2012, S. 261–264.

Lehmann, *Michael/Meents*, *Jan Geert (Hrsg.)*: Handbuch des Fachanwalts Informationstechnologierecht, 2. Aufl., Köln 2011 [zitiert als: *Bearbeiter*, in: Lehmann/Meents, FA IT-Recht].

Leier, *Barbara*: Ein europäisches Muster für die vorvertragliche Information bei Onlineverträgen über digitale Inhalte, VuR 2014, S. 281–284.

Lejeune, *Mathias*: Anmerkung zum Urteil des BGH vom 15.11.2006, CR 2007, S. 75–79.

Lenhard, *Frank*: Vertragstypologie von Softwareüberlassungsverträgen – Neues Urhebervertragsrecht und neues Schuldrecht unter Berücksichtigung der Open Source-Softwareüberlassung, Diss., München 2006.

Lesshaft, *Karl/Ulmer*, *Detlef*: Urheberrechtliche Schutzwürdigkeit und tatsächliche Schutzfähigkeit von Software, CR 1993, S. 607–615.

Leupold, *Andreas/Glossner*, *Silke (Hrsg.)*: Münchener Anwaltshandbuch IT-Recht, 3. Aufl., München 2013 [zitiert als: *Bearbeiter*, in Leupold/Glossner, MAH IT-Recht].

Loos, *Marco/Helberger*, *Natali/Guibault*, *Lucie/Mak*, *Chantal*: The Regulation of Digital Content Contracts in the Optional Instrument of Contract Law, ERPL 2011, S. 729–758.

Looschelders, *Dirk*: Schuldrecht, Allgemeiner Teil, 16. Aufl., München 2018 [zitiert als: *Looschelders*, SchRAT].

Looschelders, *Dirk*: Schuldrecht, Besonderer Teil, 13. Aufl., München 2018 [zitiert als: *Looschelders*, SchRBT].

Lurger, *Brigitta*: Widerrufsrechte, in: Bydlinski, Peter (Hrsg.), Die Richtlinie über die Rechte der Verbraucher – (2011/83/EU vom 25. Oktober 2011); Entstehung – Inhalt – Umsetzung, Wien 2012, S. 53–98.

Luther, Christoph: Die juristische Analogie, Jura 2013, S. 449–453.

Magnus, Ulrich: UN-Kaufrecht – Aktuelles zum CISG, ZEuP 2017, S. 140–164.

Malevanny, Nikita: Die UsedSoft-Kontroverse: Auslegung und Auswirkungen des EuGH-Urteils, CR 2013, S. 422–427.

Manko, Rafal/Tereszkiewicz, Piotr: Digitale Inhalte nach britischem Consumer Rights Act 2015 unter dem Eindruck des Brexit, in: Kramme, Malte/Baldus, Christian/Schmidt-Kessel, Martin (Hrsg.), Brexit und die juristischen Folgen – Privat- und Wirtschaftsrecht der Europäischen Union, Baden-Baden 2017, S. 279–295.

Manthe, Ulrich: Gaius Institutiones – Herausgegeben, übersetzt und kommentiert von Ulrich Manthe, Darmstadt 2004 [zitiert als *Manthe*, Gaius – Institutiones].

Marly, Jochen: Der Handel mit so genannter "Gebrauchtsoftware", EuZW 2012, S. 654–657.

Marly, Jochen: Die Qualifizierung der Computerprogramme als Sache nach § 90 BGB, BB 1991, S. 432–436.

Marly, Jochen: Praxishandbuch Softwarerecht – Rechtsschutz und Vertragsgestaltung; Urheberrecht, Patentrecht, Pflichtverletzungen, Vertragsgestaltung, allgemeine Geschäftsbedingungen, Musterverträge, 7. Aufl., München 2018.

Marly, Jochen/Jobke, Nils, Softwareüberlassung im ASP-Vertrag hat grundsätzlich mietvertraglichen Charakter, LMK 2007, S. 209583.

Marly, Jochen/Wirz, Anna-Lena, Die Weiterverbreitung digitaler Güter, EuZW 2017, S. 16–19.

Martinek, Michael: Moderne Vertragstypen, München 1991.

McGuire, Mary-Rose: Die Lizenz – Eine Einordnung in die Systemzusammenhänge des BGB und des Zivilprozessrechts, Tübingen 2010.

Medicus, Dieter/Lorenz, Stephan: Schuldrecht II – Besonderer Teil, 17. Aufl., München 2014.

Mehrings, Josef: Computersoftware und Gewährleistungsrecht, NJW 1986, S. 1904–1909.

Metzger, Axel: Dienst gegen Daten: Ein synallagmatischer Vertrag, AcP 2016, S. 817–865.

Micklitz, Hans-W.: Brauchen Konsumenten und Unternehmen eine neue Architektur des Verbraucherrechts? – Gutachten A zum 69. Deutschen Juristentag, München 2012.

Mincke, Wolfgang: Die rechtliche Einordnung des Softwareerwerbs – Bedenken gegen die Sachkauf-Theorie, JurPC 1991, S. 932–939.

Möllers, Thomas M. J./Kernchen, Eva: Information Overload am Kapitalmarkt – Plädoyer zur Einführung eines Kurzfinanzberichts auf empirischer psychologischer und rechtsvergleichender Basis, ZGR 2011, S. 1–26.

Moritz, Hans-Werner: Eingeschränkte Zulässigkeit der Weiterveräußerung gebrauchter Software, K&R 2012, S. 456–459.

Müller-Hengstenberg, Claus D.: Computersoftware ist keine Sache, NJW 1994, S. 3128–3134.

Müller-Hengstenberg, Claus D./Kirn, Stefan: Vertragscharakter des Application Service Providing-Vertrags, NJW 2007, S. 2370–2373.

Münchener Kommentar zum Bürgerlichen Gesetzbuch, herausgegeben von Säcker, Franz Jürgen/Rixecker, Roland/Oetker, Hartmut/Limperg, Bettina, München [zitiert als: *Bearbeiter*, in: Müko-BGB]:

Band 1: Allgemeiner Teil, §§ 1–240 BGB, 7. Aufl., 2015.

Band 2: Schuldrecht – Allgemeiner Teil, §§ 241–432 BGB, 7. Aufl., 2016.

Band 3: Schuldrecht – Besonderer Teil I, §§ 433–534 BGB, 7. Aufl., 2016.

Band 4: Schuldrecht – Besonderer Teil II, §§ 535–630h BGB, 7. Aufl., 2016.

Münchener Kommentar zur Zivilprozessordnung mit Gerichtsverfassungsgesetz und Nebengesetzen, herausgegeben von Rauscher, Thomas/Krüger, Wolfgang, München [zitiert als: *Bearbeiter*, in: Müko-ZPO]:

Band 1: §§ 1–354 BGB, 5. Aufl., 2016.

Neuber, Michael: Online-Erschöpfung doch nur für Software?, WRP 2014, S. 1274–1279.

Niemann, Fabian/Paul, Jörg-Alexander (Hrsg.): Rechtsfragen des Cloud Computing – Herausforderungen für die unternehmerische Praxis, Berlin 2014 [zitiert als: *Bearbeiter*, in: Niemann/Paul].

Nordemann, Axel (Hrsg.)/Fromm, Friedrich Karl (Begr.): Urheberrecht: Kommentar zum Urheberrechtsgesetz, Verlagsgesetz, Urheberrechtswahrnehmungsgesetz, 12. Aufl., Stuttgart 2018 [zitiert als: *Bearbeiter*, in: Nordemann/Fromm-UrhG].

Oechsler, Jürgen: Gerechtigkeit im modernen Austauschvertrag – Die theoretischen Grundlagen der Vertragsgerechtigkeit und ihr praktischer Einfluss auf Auslegung, Ergänzung und Inhaltskontrolle des Vertrages, Tübingen 1997.

Oetker, Hartmut/Maultzsch, Felix: Vertragliche Schuldverhältnisse, 4. Aufl., Berlin, Heidelberg 2013.

Ohly, Ansgar: Geoblocking zwischen Wirtschafts-, Kultur-, Verbraucher- und Europapolitik, ZUM 2015, S. 942–950.

Ohly, Ansgar: Urheberrecht in der digitalen Welt – brauchen wie neue Regelungen zum Urheberrecht und dessen Durchsetzung?, in: Ständige Deputation des Deutschen Juristentages (Hrsg.), Verhandlungen des 70. Deutschen Juristentages: Band I – Gutachten – Hannover 2014, München 2014.

Ostendorf, Patrick: Geplanter neuer Rechtsrahmen für Online-Warenhandel und Bereitstellung digitaler Inhalte im Europäischen Binnenmarkt, ZRP 2016, S. 69–72.

Pahlow, Louis: Lizenz und Lizenzvertrag im Recht des Geistigen Eigentums, Tübingen 2006.

Palandt, Otto (Begr.): Bürgerliches Gesetzbuch, Kommentar, 77. Aufl., München 2018 [zitiert als: *Bearbeiter*, in: Palandt-BGB].

Papathoma-Baetge, Anastasia/Iliev, Silke: Vertrieb digitalisierter Produkte, in: Kaminski, Bert (Hrsg.), Rechtshandbuch E-Business – Rechtliche Rahmenbedingungen für Geschäfte im Internet, Neuwied 2002, S. 819–852.

Patalong, Frank: Die digitale Revolution trug Silber – 25/30 Jahre CD, abrufbar unter: http://www.spiegel.de/netzwelt/tech/25-30-jahre-cd-die-digitale-revolution-trug-silber-a-500313.html [17.08.2007].

Peifer, Karl-Nikolaus: Vertrieb und Verleih von E-Books – Grenzen der Erschöpfungslehre, AfP 2013, S. 89–93.

Peintinger, Stefan: Widerrufsrechte beim Erwerb digitaler Inhalte – Praxisvorschläge am Beispiel des Softwarekaufs unter Berücksichtigung von Saas-Verträgen, MMR 2016, S. 3–8.

Peters, Ralf: Internet-Ökonomie, Berlin, Heidelberg 2010.

Peukert, Alexander: Das Sacheigentum in der Informationsgesellschaft, in: Schricker, Gerhard/Ohly, Ansgar (Hrsg.), Perspektiven des geistigen Eigentums und Wettbewerbsrechts – Festschrift für Gerhard Schricker zum 70. Geburtstag, München 2005, S. 149–163 [zitiert als: *Peukert*, in: FS Schricker].

Peukert, Alexander: "Sonstige Gegenstände" im Rechtsverkehr, in: Leible, Stefan/Lehmann, Matthias/Zech, Herbert (Hrsg.), Unkörperliche Güter im Zivilrecht, Tübingen 2011, S. 95–121.

Piller, Tobias: „Welches Problem Volkwagen mit Software lösen kann", abrufbar unter: www.faz.net/aktuell/wirtschaft/vw-abgasskandal/abgasaffaere-kann-volkswagen-seine-probleme-in-europa-mit-software-loesen-13828689.html [30.09.2015].

Proebster, Walter E.: Rechnernetze – Technik, Protokolle, Systeme, Anwendungen, 2. Aufl., München/Wien 2002.

Prütting, Hanns/Wegen, Gerhard/Weinreich, Gerd (Hrsg.): BGB-Kommentar, 13. Aufl., Köln 2018 [zitiert als *Bearbeiter*, in: PWW].

Psczolla, Jan-Peter: Onlinespielrecht – Rechtsfragen im Zusammenhang mit Onlinespielen und virtuellen Parallelwelten, Diss., Marburg 2008.

Raab, Tobias: UK: Selbstregulierungsbehörde rügt Werbung zu Freemium-Spiel "Dungeon Keeper", MMR-Aktuell 2014, 360391.

Rauer, Nils/Ettig, Diana: Verkehrsfähigkeit von E-Books und anderen digitalen Werken, GRUR-Prax 2015, S. 202–204.

Redeker, Helmut: Das Konzept der digitalen Erschöpfung – Urheberrecht für die digitale Welt – Was eigentlich übertragen wird und weitergegeben werden darf, CR 2014, S. 73–78.

Redeker, Helmut: Information als eigenständiges Rechtsgut, CR 2011, S. 634–639.

Redeker, Helmut: IT-Recht, 6. Aufl., München 2017.

Redeker, Helmut: Software – ein besonderes Gut, NJOZ 2008, S. 2917–2926.

Redeker, Helmut: Wer ist Eigentümer von Goethes Werther?, NJW 1992, S. 1739–1740.

Rehbinder, Manfred/Peukert, Alexander: Urheberrecht, 18. Aufl., München 2018.

Riesenhuber, Karl (Hrsg.): Europäische Methodenlehre – Handbuch für Ausbildung und Praxis, 3. Aufl., Berlin 2015.

Rodorff, Christian: Die Grenzbestimmung zwischen Kauf- und Werkvertrag, Diss., Baden-Baden 2011.

Rose, Edgar/Taeger, Jürgen: Reduzierte Informationspflichten für den M-Commerce – Folgen des Kommissionsvorschlags einer EU-Richtlinie über "Rechte der Verbraucher", K&R 2010, S. 159–166.

Rosenberg, Leo: Die Beweislast auf der Grundlage des Bürgerlichen Gesetzbuchs und der Zivilprozeßordnung, 5. Aufl., München 1965.

Rudkowski, Lena/Werner, Deborah: Neue Pflichten für Anbieter jenseits der "Button-Lösung" – Paid Content-Verträge nach der Verbraucherrechte-Richtlinie, MMR 2012, S. 711–715.

Rüthers, Bernd/Fischer, Christian/Birk, Axel: Rechtstheorie – Mit juristischer Methodenlehre, 9. Aufl., München 2016.

Schärtl, Christoph: Der verbraucherschützende Widerruf bei außerhalb von Geschäftsräumen geschlossenen Verträgen und Fernabsatzverträgen, JuS 2014, S. 577–583.

Schippan, Martin: Harmonisierung oder Wahrung der nationalen Kulturhoheit? – Die wundersame Vermehrung der Schrankenbestimmungen in Art. 5 der "Multimedia-Richtlinie", ZUM 2001, S. 116–128.

Schippel, Robert: E-Books im Spiegel des Immaterialgüterrechts – Übertragbarkeit der UsedSoft-Rechtsprechung auf andere digitale Produkte?, MMR 2016, S. 802–807.

Schirmbacher, Martin/Creutz, Auke: Neues Verbraucherrecht: Änderungen beim Widerrufsrecht und erweiterte Informationspflichten für digitale Inhalte, ITRB 2014, S. 44–47.

Schirmbacher, Martin/Schmidt, Stephanie: Verbraucherrecht 2014 – Handlungsbedarf für den E-Commerce – Eine komprimierte Darstellung der wesentlichen Neuerungen, CR 2014, S. 107–119.

Schmidl, Michael: IT-Recht von A-Z: Accessprovider bis Zwischenspeicherung, 2. Aufl., München 2014.

Schmidt, Thorsten Ingo, Grundlagen rechtswissenschaftlichen Arbeitens, JuS 2003, S. 649–654.

Schmidt-Kessel, Martin (Hrsg.), Der Entwurf für ein Gemeinsames Europäisches Kaufrecht – Kommentar, München 2014 [zitiert als: *Bearbeiter*, in: Schmidt-Kessel, GEKR Kommentar].

Schmidt-Kessel, Martin: The application of the Consumer Rights Directive to digital content, abrufbar unter: www.europarl.europa.eu/document/activities/cont/201101/20110113ATT11670/20110113ATT11670EN.pdf [01/2011].

Schmidt-Kessel, Martin: Verträge über digitale Inhalte – Einordnung und Verbraucherschutz, K&R 2014, S. 475–483.

Schmidt-Kessel, Martin: Zum Stand der Beratungen der Horizontalrichtlinie Verbraucherschutz – Meilensteine auf dem Weg zum legistischen Desaster, GPR 2010, S. 129–137.

Schmidt-Kessel, Martin/Erler, Katharina/Grimm, Anna/Kramme, Malte: Die Richtlinienvorschläge der Kommission zu Digitalen Inhalten und Online-Handel – Teil 1, GPR 2016, S. 2–8.

Schmidt-Kessel, Martin/Erler, Katharina/Grimm, Anna/Kramme, Malte: Die Richtlinienvorschläge der Kommission zu Digitalen Inhalten und Online-Handel – Teil 2, GPR 2016, S. 54–70.

Schmidt-Kessel, Martin/Grimm, Anna: Unentgeltlich oder entgeltlich? – Der vertragliche Austausch von digitalen Daten gegen personenbezogene Daten, ZfPW 2017, S. 84–108.

Schmidt-Kessel, Martin/Young, Linda/Benninghoff, Sonja/Langhanke, Carmen/Russek, Crzegorz: Should the Consumer Rights Directive apply to digital content?, GPR 2011, S. 7–15.

Schneider, Jochen/Spindler, Gerald: Der Erschöpfungsgrundsatz bei „gebrauchter" Software im Praxistext – Der Umgang mit dem unabdingbaren Kern als Leitbild für Softwareüberlassungs-AGB und andere praxisrelevante Aspekte aus BGH, Urt. v. 17.07.2013 – I ZR 129/08 – UsedSoft II, CR 2014, S. 213–223.

Schneider, Jochen/Spindler, Gerald: Der Kampf um die gebrauchte Software – Revolution im Urheberrecht? – Das Urteil des EuGH vom 3.07.2012 – Rs. C-128/11 – „UsedSoft" Gebrauchtsoftware, CR 2012, S. 489–498.

Schneider, Mathias: Virtuelle Werte – Der Handel mit Accounts und virtuellen Gegenständen im Internet, Diss., Baden-Baden 2010.

Scholz, Jochen: Nutzung und Weitergabe digitaler Werke nach der UsedSoft-Entscheidung des EuGH, ITRB 2013, S. 17–21.

Schricker, Gerhard (Begr.)/Loewenheim, Ulrich (Hrsg.): Urheberrecht, 5. Aufl., München 2017 [zitiert als: *Bearbeiter*, in: Schricker/Loewenheim-UrhG].

Schulte-Nölke, Hans/Zoll, Fryderyk/Jansen, Nils/Schulze, Reiner (Hrsg.): Der Entwurf für ein optionales europäisches Kaufrecht, München 2012 [zitiert als: *Bearbeiter*, in: Schulte-Nölke/Zoll/Jansen/Schulze].

Schulze, Gernot: Werkgenuss und Werknutzung in Zeiten des Internets, NJW 2014, S. 721–726.

Schulze, Reiner (Hrsg.): Common European Sales Law (CESL) – Commentary, München 2012 [zitiert als: *Bearbeiter*, in: Schulze, CESL Commentary].

Schwab, Andreas/Giesemann, Amelie: Die Verbraucherrechte-Richtlinie: Ein wichtiger Schritt zur Vollharmonisierung im Binnenmarkt, EuZW 2012, S. 253–257.

Schwab, Martin: Der verbraucherschützende Widerruf und seine Folgen für die Rückabwicklung des Vertrags, JZ 2015, S. 644–653.

Schwab, Martin/Hromek, Stefanie: Alte Streitstände im neuen Verbraucherprivatrecht, JZ 2015, S. 271–281.

Schweinoch, Martin: Geänderte Vertragstypen in Software-Projekten – Auswirkungen des BGH-Urteils vom 23.07.2009 auf die vertragstypologische Einordnung üblicher Leistungen, CR 2010, S. 1–8.

Senftleben, Martin: Die Fortschreibung des urheberrechtlichen Erschöpfungsgrundsatzes im digitalen Umfeld – Die UsedSoft-Entscheidung des EuGH: Sündenfall oder Befreiungsschlag?, NJW 2012, S. 2924–2927.

Soergel, Theodor (Begr.): Bürgerliches Gesetzbuch mit Einführungsgesetz und Nebengesetzen, Stuttgart [zitiert als: *Bearbeiter*, in: Soergel-BGB]:

Band 1: Allgemeiner Teil 1, §§ 1–103 BGB, 13. Aufl., 2000.

Solmecke, Christian/Taeger, Jürgen/Feldmann, Thorsten (Hrsg.): Mobile Apps – Rechtsfragen und rechtliche Rahmenbedingungen, Berlin/Boston, Mass. 2013.

Spindler, Gerald: Der Schutz virtueller Gegenstände, in: Leible, Stefan/Lehmann, Matthias/Zech, Herbert (Hrsg.), Unkörperliche Güter im Zivilrecht, Tübingen 2011, S. 261–282.

Spindler, Gerald: Die Entwicklung des EDV-Rechts 2006/2007, K&R 2007, S. 345–356.

Spindler, Gerald: Verträge über digitale Inhalte – Anwendungsbereich und Ansätze – Vorschlag der EU-Kommission zu einer Richtlinie über Verträge zur Bereitstellung digitaler Inhalte, MMR 2016, S. 147–153.

Spindler, Gerald: Verträge über digitale Inhalte – Haftung, Gewährleistung und Portabilität – Vorschlag der EU-Kommission zu einer Richtlinie über Verträge zur Bereitstellung digitaler Inhalte, MMR 2016, S. 219–224.

Spindler, Gerald/Klöhn, Lars: Neue Qualifikationsprobleme im E-Commerce, CR 2003, S. 81–86.

Spindler, Gerald/Schuster, Fabian (Hrsg.): Recht der elektronischen Medien – Kommentar, 3. Aufl., München 2015 [zitiert als: *Bearbeiter*, in: Spindler/Schuster].

Staudenmayer, Dirk: Digitale Verträge – Die Richtlinienvorschläge der Europäischen Kommission, ZEuP 2016, S. 801–831.

Staudinger, Julius von (Begr.): Staudinger BGB, Berlin [zitiert als:. *Bearbeiter*, in: Staudinger-BGB]:

Erstes Buch: Allgemeiner Teil (§§ 90–124; §§ 130–133), Neubearbeitung 2017, Berlin 2017

Zweites Buch: Recht der Schuldverhältnisse (§§ 241–243), Neubearbeitung 2015, Berlin 2015

Zweites Buch: Recht der Schuldverhältnisse (§§ 433–480), Neubearbeitung 2013, Berlin 2013

Zweites Buch: Recht der Schuldverhältnisse (§§ 535–555f), Neubearbeitung 2014, Berlin 2014

Zweites Buch: Recht der Schuldverhältnisse (§§ 581–606), Neubearbeitung 2013, Berlin 2013

Zweites Buch: Recht der Schuldverhältnisse (§§ 631–651), Neubearbeitung 2014, Berlin 2014.

Staudinger, Julius von (Begr.): Eckpfeiler des Zivilrechts, 6. Aufl., Berlin 2018 [zitiert als: *Bearbeiter*, in: Staudinger/Eckpfeiler].

Stichtenoth, Jonas: Softwareüberlassungsverträge nach dem Schuldrechtsmodernisierungsgesetz, K&R 2003, S. 105–111.

Stieper, Malte: Anmerkung zu EuGH, Urteil vom 3. Juli 2012 – C-128/11 – UsedSoft, ZUM 2012, S. 668–670.

Stieper, Malte: Digital ist besser – Die Bereitstellung digitaler Inhalte als eigenständiger Vertragstypus?, in: Alexander, Christian (Hrsg.), Festschrift für

Helmut Köhler zum 70. Geburtstag, München 2014, S. 729–743 [zitiert als: *Stieper*, in: FS Köhler].

Stieper, Malte: Rechtfertigung, Rechtsnatur und Disponibilität der Schranken des Urheberrechts, Tübingen 2009 [zitiert als: *Stieper*, Schranken des Urheberrechts].

Streinz, Rudolf (Hrsg.): EUV/AEUV – Vertrag über die Europäische Union, Vertrag über die Arbeitsweise der Europäischen Union, Charta der Grundrechte der Europäischen Union, 3. Aufl., München 2018 [zitiert als: *Bearbeiter*, in: Streinz EUV/AEUV].

Striezel, Julia: Der Handel mit virtuellen Gegenständen aus Onlinewelten, Diss., Stuttgart 2010.

Struwe, Dario: Zivil- und urheberrechtliche Aspekte virtueller Waren, Diss., Hamburg 2014.

Tamm, Marina: Informationspflichten nach dem Umsetzungsgesetz zur Verbraucherrechterichtlinie, VuR 2014, S. 9–17.

Tamm, Marina/Tonner, Klaus (Hrsg.): Verbraucherrecht – Beratungshandbuch, 2. Aufl., Baden-Baden 2016.

Terhaag, Michael/Telle, Sebastian: Immaterielle Erschöpfung – Gibt es den virtuellen Flohmarkt für gebrauchte Multimediadateien? – Zur Frage, ob Unternehmen die Weitergabe angebotener Downloads rechtlich einschränken können, K&R 2013, S. 549–553.

Tonner, Klaus: Das Gesetz zur Umsetzung der Verbraucherrechterichtlinie – unionsrechtlicher Hintergrund und Überblick, VuR 2013, S. 443–448.

Tonner, Klaus: Die Umsetzung der Verbraucherrechterichtlinie – Auswirkungen der Vollharmonisierung, VuR 2014, S. 23–27.

Unger, Oliver: Die Richtlinie über die Rechte der Verbraucher – Eine systematische Einführung, ZEuP 2012, S. 270–304.

Vicente, Dário Moura: Unkörperliche Güter im romanischen Rechtskreis, in: Leible, Stefan/Lehmann, Matthias/Zech, Herbert (Hrsg.), Unkörperliche Güter im Zivilrecht, Tübingen 2011, S. 75–93 [zitiert als *Vicente*, in: Leible/Lehmann/Zech].

Wandtke Artur-Axel/Bullinger, Winfired: Praxiskommentar zum Urheberrecht, 4. Aufl., München 2014 [zitiert als: *Bearbeiter*, in: Wandtke/Bullinger-UrhG].

Wandtke, Artur-Axel/v. Gerlach, Felix-Tessen: Die urheberrechtliche Rechtmäßigkeit der Nutzung von Audio-Video Streaminginhalten im Internet, GRUR 2013, S. 676–683.

Wandtke, Artur-Axel/Ohst, Claudia (Hrsg.): Medienrecht Praxishandbuch, München [zitiert als: *Bearbeiter*, in: Wandtke/Ohst, Medienrecht Praxishandbuch]:

Band 2: Schutz von Medienprodukten, 3. Aufl., Berlin 2014.

Weiden, Henrike: BMJV nimmt Verbraucherinformationen ins Visier, GRUR 2015, S. 241–242.

Weitz, Manfred: Software als "Sache", Diss., Münster 1998.

Wendehorst, Christiane: Das neue Gesetz zur Umsetzung der Verbraucherrechterichtlinie, NJW 2014, S. 577–584.

Wendehorst, Christiane: Digitale Agenda - was wird aus dem Europäischen Kaufrecht?, ITRB 2015, S. 94–95.

Wendland, Matthias: Ein neues europäisches Vertragsrecht für den Online-Handel? – Die Richtlinienvorschläge der Kommission zu vertragsrechtlichen Aspekten der Bereitstellung digitaler Inhalte und des Online-Warenhandels, EuZW 2016, S. 126–131.

Wendland, Matthias: GEK 2.0? Ein Europäischer Rechtsrahmen für den Digitalen Binnenmarkt – Der Kommissionsvorschlag einer Richtlinie über bestimmte vertragsrechtliche Aspekte der Bereitstellung digitaler Inhalte (Digitalgüter-Richtlinie), GPR 2016, S. 8–19.

v. Westphalen, Friedrich: Richtlinienentwurf der Kommission betreffend die Bereitstellung digitaler Inhalte und das Recht des Verbrauchers auf Schadensersatz, BB 2016, S. 1411–1418.

v. Westphalen, Friedrich/Thüsing, Gregor: Vertragsrecht und AGB-Klauselwerke. Loseblatt, Stand: 41. Ergänzungslieferung April 2018, München 2018.

Wicker, Magda: Vertragstypologische Einordnung von Cloud-Computing-Verträgen – Rechtliche Lösungen bei auftretenden Mängeln, MMR 2012, S. 783–788.

Wiebe, Andreas: Die Krise des Erschöpfungsgrundsatzes im Informationszeitalter, in: Leible, Stefan/Ohly, Ansgar/Zech, Herbert (Hrsg.), Wissen – Märkte – Geistiges Eigentum, Tübingen 2010, S. 203–213.

Wiebe, Andreas: Geoblocking im Lichte von europäischem Recht und europäischer Rechtsprechung, ZUM 2015, S. 932–941.

Wieling, Hans Josef, Sachenrecht, 5. Aufl., Berlin, Heidelberg 2007.

Zahn, Bastian: Die Anwendbarkeit des Gemeinsamen Europäischen Kaufrechts auf Verträge über digitale Inhalte, ZEuP 2014, S. 77–96.

Zech, Herbert: Daten als Wirtschaftsgut – Überlegungen zu einem "Recht des Datenerzeugers" – Gibt es für Anwenderdaten ein eigenes Vermögensrecht bzw. ein übertragbares Ausschließlichkeitsrecht?, CR 2015, S. 137–146.

Zech, Herbert: Information als Schutzgegenstand, Tübingen 2012.

Zech, Herbert: Lizenzen für die Benutzung von Musik, Film und E-Books in der Cloud – Das Verhältnis von Urheber- und Vertragsrecht bei Verträgen über den Werkkonsum per Cloud-Computing, ZUM 2014, S. 3–10.

Zech, Herbert: Vom Buch zur Cloud – Die Verkehrsfähigkeit digitaler Güter, ZGE 2013, S. 368–396.

Zenefels, Alexander: Die digitalen Inhalte im neuen Gemeinsamen Europäischen Kaufrecht, K&R 2012, S. 463–469.

www.ingramcontent.com/pod-product-compliance
Ingram Content Group UK Ltd.
Pitfield, Milton Keynes, MK11 3LW, UK
UKHW021937290926
8980IPUK00016B/1678

9 783631 779705